"中观经济学"系列教材

陈云贤　主编

ZHENGFU CHAOQIAN Y

政府超前引领

徐现祥　王贤彬　编著

中山大学出版社
SUN YAT-SEN UNIVERSITY PRESS
·广州·

版权所有　翻印必究

图书在版编目（CIP）数据

政府超前引领/徐现祥，王贤彬编著. —广州：中山大学出版社，2022.7
"中观经济学"系列教材/陈云贤主编
ISBN 978-7-306-07513-0

Ⅰ.①政… Ⅱ.①徐… ②王… Ⅲ.①中观经济学—教材 Ⅳ.①F015

中国版本图书馆 CIP 数据核字（2022）第 068582 号

出 版 人：王天琪
策划编辑：嵇春霞
责任编辑：刘学谦　王延红
封面设计：曾　斌
责任校对：蓝若琪
责任技编：靳晓虹
出版发行：中山大学出版社
电　　话：编辑部 020-84110283，84113349，84111997，84110779，84110776
　　　　　发行部 020-84111998，84111981，84111160
地　　址：广州市新港西路 135 号
邮　　编：510275　　传　　真：020-84036565
网　　址：http://www.zsup.com.cn　E-mail：zdcbs@mail.sysu.edu.cn
印 刷 者：佛山市浩文彩色印刷有限公司
规　　格：787mm×1092mm　1/16　20.25 印张　346 千字
版次印次：2022 年 7 月第 1 版　2022 年 7 月第 1 次印刷
定　　价：78.00 元

如发现本书因印装质量影响阅读，请与出版社发行部联系调换

"中观经济学"系列教材

编委会

主　编　陈云贤
副主编　李善民　徐现祥　鲁晓东
编　委（按姓氏笔画排序）
　　　　　才国伟　王贤彬　王顺龙　刘　楼
　　　　　李建平　李粤麟　陈思含　顾文静
　　　　　顾浩东　徐　雷　徐现祥　黄秋诗

"中观经济学"系列教材

总 序

1955年，威廉·阿瑟·刘易斯（William Arthur Lewis）面对世界各国的经济发展情况，指出了一个矛盾的现象，即著名的"刘易斯悖论"——"政府的失败既可能是由于它们做得太少，也可能是由于它们做得太多"[①]。如今，面对中国经济改革开放的成功，新制度经济学者运用产权理论、交易费用理论、制度变迁理论和县际竞争理论等进行了解释；新古典经济学者做出了政府有针对性地选择新古典的"药方"，并采取渐进的实施方式等的解释；发展经济学者做出了对外开放论、后发优势论、"二元经济"发展论和经济发展阶段论等的解释；转轨经济学者做出了由易到难推进、通过利益补偿化解改革阻力、通过"价格双轨制"演绎市场关系、通过分权转移改革成本和由局部制度创新带动全局制度创新等的解释。[②] 笔者认为，关于政府与市场的关系，或政府在中国经济改革开放进程中的作用，经济学同人做出了积极的探讨和贡献，但不管是刘易斯还是各主流经济学者，他们的研究仍然存在碎片化和外在性问题。[③] 纵观经济学说发展的历程，不难发现以下三点：第一，19世纪及以前的经济学基本上把市场作为配置资源的唯一力量，认为政府只是维护市场自由竞争的政府，是在经济生活中无所作为的政府；第二，20世纪以来的经济学对市场配置资源的唯一性提出了质疑，并开始探讨政府在市场失灵时的相关作用，以及应当采取的措施和策略；第三，在世界各国经济得到发展尤其

---

① Lewis W A. "Reflections on Unlimited Labour". in Marco L E (ed.). *International Economics and Development*. New York: Academic Press, 1972, p. 75.

② 黄剑辉：《主要经济学流派如何阐释中国改革开放》，载《中国经济时报》2018年6月14日第A05版。

③ 陈云贤：《市场竞争双重主体论——兼谈中观经济学的创立与发展》，北京大学出版社2020年版，第16～31页。

是在中国经济改革开放取得显著成效的今天，经济学理论的研究仍然远远滞后于或外在于经济实践的发展。现实经济运行中反馈出来的多种问题，并没有完全表明"市场失灵"或"政府失灵"，而是更多地反映了传统经济学体系或传统市场理论的缺陷。当然，也可以这样认为，深化探讨政府与市场的关系，将开启现代经济学体系的构建或拓展现代市场理论的空间。中观经济学学科也由此产生。

中国经济改革开放的全过程，始终贯穿着如何处理好政府与市场的关系问题。20世纪50年代，中国实施高度集中的计划经济体制，把政府作为配置资源的唯一主体。1978年开始，中国实施从农村到城市的经济体制改革：一方面，扩大企业自主权，承接发达国家和新兴工业化国家及地区的产业转移，开展"三来一补"外资企业投资，等等；另一方面，开始建立股份制企业和现代企业制度，它既厘清了政府与（国有）企业的产权关系，又界定了政府与企业在资源调配中各自的作用。中国经济在继20世纪80年代劳动密集型轻纺工业迅速发展，以及90年代资本密集型的原材料、能源等基础工业和交通、市政、水利等基础设施建设迅速发展之后，21世纪开始，中国东部地区地方政府作为市场竞争主体的现象屡屡出现。战略性新兴产业在前10年也得以起步腾飞。中国经济改革开放的实践进程存在四个方面的现象。第一，其焦点集聚在使市场在资源配置中起决定性作用和更好地发挥政府作用的问题上。第二，中国经济的发展，企业是市场竞争主体，但区域政府作为市场竞争主体的现象也屡见不鲜。第三，区域政府在经济领域发挥着扶植产业发展、参与城市建设、保障社会民生的重要作用。第四，区域政府承担了三大经济角色：一是通过掌控资本，以国有企业的股东方式参与项目和市场竞争；二是通过财政政策、货币政策和法律等政策手段，调控产业发展、城市建设和社会民生；三是监督管理市场，维护市场秩序。因此，中国在实践中逐渐成长的市场经济呈现出有为政府与有效市场相融合的效果。作为有为政府，其不仅在有效保障社会民生方面促成了社会稳定、优化了经济发展环境，而且在引领、扶持和监管产业发展方面推进了市场"三公"（公开、公平、公正）原则的落实、提高了社会整体生产效率，还通过直接参与城市建设推动了经济社会的全面可持续发展。有为政府结合有效市场体现出的市场充分竞争、法制监管有序、社会信用健全的客观要求，表现出中国政府在尊重市场规律、维护经济秩序、参与市场竞争的进程中，正逐步沿着中国特色社会主义市场经济方向演进。因此，深化认识现代市场理论、破解政府与市场关系的难题以及探讨经济学体系改革，应该更加注重对系统性和内在性问题的研究。

一、现代市场经济具有纵横之分

（一）现代市场经济横向体系

传统的市场理论主要聚焦于产业经济。亚当·斯密（Adam Smith）在批判了重商主义和重农学派之后，其《国富论》[①]重点着笔于产业经济来研究商品、价格、供求、竞争与市场。约翰·梅纳德·凯恩斯（John Maynard Keynes），试图通过政府撬动城市基础设施投资建设来解决工人失业和有效需求的问题，但又囿于用产业经济的市场理论去解释城市化进程中的政府行为作用而难以自圆其说。[②] 对此，有关理论提出，应重视对生成性资源领域的研究。在世界各国城镇化进程中，城市经济的形成与发展就是一个例子。它可以解释作为公共物品提供者的政府为什么既是市场规则的维护者，又可以成为城市基础设施投资的参与者和项目的竞争者；也可以解释作为城市基础设施的公共物品，为什么有一部分能够转化为市场体系中的可经营性项目而不断地助推区域经济发展等一系列问题。[③]

生成性资源领域不仅涉及城市经济资源，而且涉及国际经济资源（如深海资源、太空资源、极地资源和深地资源等）的投资开发事宜。在这个高投资可能带来高回报率的领域，大国之间已经展开竞争。针对这种情况，"航天经济学"应该如何立意？如何发展？预估成效几何？可以说，在城镇化进程中以基础设施为主体的城市经济投资开发，以及深海经济、太空经济、极地经济和深地经济等的投资开发，同样面临此类问题。生成性资源具有动态性、经济性、生产性和高风险性四大特征，其投资开发受到前期投资额大、建设周期长、成本高、市场窄小以及可能面临失败或遭遇突发性事件等的影响。因此，在投资开发生成性资源的过程中，一方面需要不断地拓展市场领域，另一方面亟须有与产业经济不同的投资主体和

[①] ［英］亚当·斯密：《国富论》，郭大力、王亚南译，商务印书馆1972年版。
[②] ［英］凯恩斯：《就业、利息和货币通论：倡导减税、扩大政府财政支出》，房树人、黄海明编译，北京出版社2008年版。
[③] 陈云贤：《市场竞争双重主体论——兼谈中观经济学的创立与发展》，北京大学出版社2020年版，第211～229页。

游戏规则用以解读。在现代市场经济横向体系（包括产业经济、城市经济、国际经济）中，不仅有产业经济中的市场主体——企业，而且有城市经济中的市场主体——区域政府，还有在国际经济中提供准公共物品的市场主体、在太空资源和深海资源等领域的投资开发者——政府或企业。这就是说，第一，市场不仅仅存在于产业经济中，而且存在于其他经济形态中；第二，在现代市场经济横向体系中，存在企业和区域政府双重竞争主体；第三，企业作为竞争主体，主要集中在产业经济领域，区域政府作为竞争主体主要集中在城市经济等领域；第四，产业经济是市场经济中的基础性领域，城市经济和国际经济等是市场经济中的生成性领域，二者既相互独立又相互联系，分属于现代市场经济中不同区间的竞争体系。由此可见，多区间的市场竞争体系构成了现代市场经济横向体系的内在性。

（二）现代市场经济纵向体系

与传统市场体系相比，现代市场经济纵向体系强调市场功能结构的系统性，其至少包括六个方面的内容。第一，市场要素体系。它既由各类市场（包括商品市场、要素市场和金融市场等）构成，又由各类市场的最基本元素，即价格、供求和竞争等构成。第二，市场组织体系。它由市场要素与市场活动的主体或管理机构构成，包括各种类型的市场主体、各类市场中介机构和市场管理组织。第三，市场法制体系。规范市场价值导向、交易行为、契约行为和产权行为等法律法规的整体构成了市场法制体系，它包括与市场相关的立法、执法、司法和法制教育等。第四，市场监管体系。它是建立在市场法制体系基础上的、符合市场经济需要的政策执行体系，包括对机构、业务、市场、政策法规执行等的监管。第五，市场环境体系。它主要包括实体经济基础、现代产权制度和社会信用体系三大方面。对这一体系而言，最重要的是建立健全市场信用体系和以完善市场信用保障机制为目标的社会信用治理机制。第六，市场基础设施。它是包含各类软硬件的完整的市场设施系统。其中，市场服务网络、配套设备及技术、各类市场支付清算体系、科技信息系统等都是成熟市场经济必备的基础设施。

现代市场经济纵向体系及其六个子体系具有五大特点。其一，现代市场经济纵向体系的形成是一个渐进的历史过程。其二，现代市场经济纵向体系的六个子体系是有机统一的。其三，现代市场经济纵向体系的六个子体系是有序的。其四，现代市场经济纵向体系的六个子体系的功能是脆弱的。其原因在于：首先是认识上的不完整，其次是政策上的不及时，最后是经济全球化的冲击。其五，现代市场经济纵向体系六个子体系的功能将全面作用于现代市场横向体系的各个领域。这就是说，在历史进程中逐渐完整的现代市场体系，不仅会在世界各国的产业经济中发挥作用，而且伴随着各类生成性资源的开发和利用也会逐渐在城市经济、国际经济（包括深海经济和太空经济等）中发挥作用。区域政府作为城市经济的参与主体，在资源生成领域的投资、开发、建设中首先成为第一投资主体，同企业作为产业经济的参与主体一样，必须同时受到现代市场经济纵向体系六个子体系功能的约束，并在现代市场经济不断提升与完善的过程中逐渐发挥作用。

二、成熟的有为政府需要超前引领

成熟的有为政府应该做好超前引领，即企业做企业该做的事，政府则做企业做不了、做不好的事。二者都不能缺位、虚位。政府的超前引领，就是遵循市场规则，依靠市场力量，做好产业经济的引导、调节、预警工作，做好城市经济的调配、参与、维序和民生经济的保障、托底、提升工作。这需要政府运用规划、投资、消费、价格、税收、利率、汇率、法律等政策手段，进行理念、制度、组织、技术等创新，有效推动供给侧或需求侧结构性改革，形成经济增长的领先优势，推动企业科学可持续发展。

在理论上，政府超前引领与凯恩斯主义的政府干预有着本质性区别：一是行为节点不同，二是调节侧重点和政策手段不同，三是政府的职能角色不同，四是运行模式不同，等等。

现实中，世界各国多数区域正处于经济转轨、社会转型或探索跨越"中等收入陷阱"的关键时期，中国政府通过超前引领促进产业转型、城市升级，已为世界各国区域发展探索出一条成功的路径。

每个国家或区域都存在非经营性、可经营性、准经营性三类资源，而如何配置这三类资源则界定了有为政府的类型。对于非经营性资源（民生经济），政府的配套政策应遵循"公平公正、基本托底、有效提升"原则；对于可经营性资源（产业经济），政府的配套政策应体现"规划、引导、扶持、调节、监督、管理"原则；对于准经营性资源（城市经济乃至太空经济、深海经济等），政府的配套政策应遵循"既是竞争参与者，又是调配、监督者"的原则。也就是说，国家或区域政府在配置上述三类资源的过程中，应根据各类资源的不同特点，配制与之相匹配的政策，以促进社会经济的均衡、高质量发展，而这类政策即政府行为就是有为政府的应有之义。中国改革开放40多年来，围绕着区域三类资源的有效配置，促进区域经济增添活力、环境优化、科学可持续发展，区域政府之间竞争与合作、超前引领、有所作为的事例比比皆是。

首先，它表现为区域政府之间开展项目竞争、产业链配套竞争和进出口竞争。这直接决定区域经济的发展水平。

第一，区域政府之间开展项目竞争。这主要包括三类：一是国家重大项目，包括国家科技重大专项、国家科技支撑计划重大项目、国家重大科技基础设施建设项目、国家财政资助的重大工程项目和产业化项目；二是社会投资项目，比如高技术产业、新兴产业、装备制造业、原材料产业以及金融、物流等服务业；三是外资引进项目，比如智能制造、云计算与大数据、物联网、智能城市建设等。区域政府之间展开项目的竞争，一则可以直接引进资金、人才和产业；二则可以凭借项目政策的合法性、公共服务的合理性来有效解决区域内筹资、融资和征地等问题；三则可以通过项目落地，引导开发区域土地、建设城市设施、扩大招商引资、带动产业发展、优化资源配置、提升政策能力，最终促进区域社会经济的可持续发展。因此，项目竞争成为我国区域政府的竞争重点和发展导向，项目意识、发展意识、效率意识、优势意识、条件意识、政策意识和风险意识成为我国区域政府竞争市场化的必然要求。

第二，区域政府之间开展产业链配套竞争。一般来说，每个区域都有自己的产业基础和特色——多数取决于本区域内的自然资源禀赋。如何保持和优化区域内的资源禀赋并汇聚区域外的高端资源，产业结构优化、产业链有效配置是其关键，向产业高端发展、形成产业集聚、引领产业集群是其突破点。我国区域政府的产业链配套竞争主要从两个方面展开：一是在生产要素方面。低端或初级生产要素无法形成稳定持久的竞争力，只有引进并投资于高端生产要素，如工业技术、现代信息技术、网络资源、交通设施、专业人才、研发智库等，才能建立起强大且具有竞争优势的产业。二是在产业集群、产业配套方面。区域竞争力理论告诉我们，以辖区内现有产业基础为主导的产业有效配套，能减少企业交易成本、提高企业盈利水平。产业微笑曲线告诉我们，价值最丰厚的地方集中在产业价值链的两端——研发和市场。培植优势产业，构建配套完整的产业链条，按照产业结构有的放矢地招商引资，是我国各区域可持续发展的重要路径。

第三，区域政府之间开展进出口竞争。在开放型的国际经济体系中，一个国家的区域进出口竞争成为影响各区域竞争力的重要环节之一。这主要体现在四个层面：一是在加工贸易与一般贸易的发展中，各个区域政府力图减少加工贸易占比、提高一般贸易比重，以增强区域商品和服务贸易的原动力；二是在对外投资上，各个区域政府力图推动企业布局海外，竞争海外项目，以促使本区域的利益布局和市场价值链条延伸至海外；三是在资本输出上，各个区域政府力图推进资本项目可兑换，即在国际经常项目投资便利化的情况下，采取各项措施以促进货币资本流通、货币自由兑换便利化等；四是在进口方面，尤其是对高科技产品、项目、产业的引进，各个区域政府全面采取优惠政策措施，予以吸引、扶持，甚至不惜重金辅助对其投入、布点和生产。进出口竞争的成效成为影响我国各个区域经济增长的重要因素之一。

其次，它表现为区域政府之间开展基础设施建设竞争，如人才、科技竞争和财政、金融竞争等。这由区域政府推动的经济政策措施决定。

第一，区域政府之间开展基础设施建设竞争。它包括城市基础设施的软硬件乃至现代化智能城市的开发运用等一系列项目建设。硬件基础设施包括高速公路、铁路、港口、航空等交通设施，电力、天然气等能源设施，光缆、网络等信息化平台设施，以及科技园区、工业园区、创业孵化园区、创意产业园区等工程性基础设施；软件基础设施包括教育、科技、医疗卫生、体育、文化、社会福利等社会性基础设施；现代化智能城市包括大数据、云计算、物联网等智能科技平台。一个区域的基础设施体系支撑着该区域社会经济的发展，其主要包括超前型、适应型和滞后型三种类型。区域基础设施的供给如能适度超前，将不仅增加区域自身的直接利益，而且会增强区域竞争力，创造优质的城市结构、设施规模、空间布局，提供优质服务，从而减少企业在市场竞争中的成本，提高其生产效益，进而促进产业发展。也就是说，我国各个区域基础设施的完善程度将直接影响该区域经济发展的现状和未来。

第二，区域政府之间开展人才、科技竞争。这一领域的竞争，最根本的是要树立人才资源是第一资源、科学技术是第一生产力的理念；最基础的是要完善本土人才培养体系，加大本土人才培养投入和科技创新投入；最关键的是要创造条件吸引人才，引进人才，培养人才，应用人才。衡量科技人才竞争力的主要指标包括该区域科技人才资源指数、每万人中从事

科技活动的人数、每万人中科学家和工程师人数、每万人中普通高校在校学生人数、科技活动经营支出总额、科技经费支出占区域生产总值比重、人均科研经费、科技拨款占地方财政支出百分比、人均财政性教育经费支出、地方财政性教育支出总额、高校专任教师人数等。我国各个区域政府通过努力改善、提升相关指标来提高本土的人才和科技竞争力。

第三，区域政府之间开展财政、金融竞争。区域政府之间的财政竞争包括财政收入竞争和财政支出竞争。区域政府财政收入的增长主要依靠经济增长、税收和收费收入等的增加。财政支出是竞争的关键，包括社会消费性支出、转移性支出和投资性支出。其中，财政投资性支出是经济增长的重要驱动力。财政支出竞争发生在投资性支出领域，包括区域政府的基础设施投资、科技研发投资、政策性金融投资（支持亟须发展的产业）等。在财政收支总体规模有限的条件下，我国各个区域政府积极搭建各类投融资平台，最大限度地动员和吸引区域、国内乃至国际各类金融机构的资金、人才、信息等金融资源，为本区域的产业发展、城市建设、社会民生服务。各个区域政府在各种优惠政策上也积极开展竞争，如财政支出的侧重、吸纳资金的金融手段等。

最后，它表现为区域政府之间开展政策体系竞争、环境体系竞争和管理效率竞争。这由区域政府表现出来的经济管理效率所决定。

第一，区域政府之间开展政策体系竞争。它分为两个层次：一是各个区域政府对外的政策体系；二是各个区域政府对内出台的系列政策。由于政策本身是公共物品，具有非排他性和易效仿性的特点，因此，有竞争力的政策体系一般包含五大特征：一是求实性，即符合实际的，符合经济、社会发展要求的；二是先进性，即有预见性的、超前的、创新性的；三是可操作性，即政策是清晰的、有针对性的和可实施的；四是组织性，即由专门机构和人员负责与执行的；五是效果导向性，即有检查、监督、考核、评价机制，包括发挥第三方作用，有效实现政策的目标。我国各个区域政府政策体系的完善程度对该区域的竞争力具有极大的影响。

第二，区域政府之间开展环境体系竞争。此处的环境主要指生态环境、人文环境、政策环境和社会信用体系等。发展投资与保护生态相和谐、吸引投资与政策服务相配套、追逐财富与回报社会相契合、法制监督与社会信用相支撑等，均是各个区域政府竞争所必需、必备的发展环境。良好的环境体系建设成为各个区域政府招商引资、开发项目、促进经济持续发展的成功秘诀，这已被我国一些区域的成功经验所证明。

第三，区域政府之间开展管理效率竞争。我国各个区域政府的管理效率是其行政管理活动、速度、质量、效能的总体反映。它包括宏观效率、微观效率、组织效率、个人效率四类。就行政的合规性而言，各个区域政府在管理效率竞争中应遵循合法性标准、利益标准和质量标准；就行政的效率性而言，各个区域政府应符合数量标准、时间标准、速度标准和预算标准。各个区域政府的管理效率竞争，本质上是组织制度、主体责任、服务意识、工作技能和技术平台的竞争。我国经济发达区域的政府运用"并联式""一体化"的服务模式，在实践中开创了管理效率竞争之先河。

在此，决定我国各个区域政府竞争的目标函数是各个区域的财政收入决定机制，决定我国各个区域政府竞争的指标函数是各个区域的竞争力决定机制。而影响各个区域政府竞争目标函数和指标函数的核心因素则是各个区域的经济发展水平，其包含三个要素——项目投资、产业链配套和进出口贸易；关键支持条件是各个区域的经济政策措施和经济管理效率，前者包括基础设施投资政策，人才、科技扶持政策和财政、金融支持政策，后者包括政策体系效率、环境体系效率和管理体系效率。笔者将其称为区域政府的"三类九要素竞争理论"①，如图 1 所示。

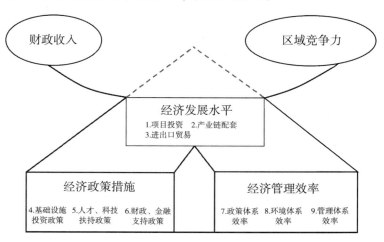

图 1　各个区域政府的"三类九要素竞争理论"

---

① 陈云贤：《市场竞争双重主体论——兼谈中观经济学的创立与发展》，北京大学出版社 2020 年版，第 108～115 页。

从图1中可知，中国经济改革开放40多年的实践表明，区域政府也是现代市场经济的主体。一方面，它通过项目投资、产业链配套和进出口贸易等竞争提升区域经济发展水平，通过基础设施投资、人才科技争夺和财政金融扶持等政策措施提升区域竞争力，通过政策体系、环境体系和管理体系配套改善区域营商环境，从而推动区域的产业发展、城市建设和社会民生投入持续增长。另一方面，随着区域经济社会的发展，需要有为政府超前引领。政府超前引领是区域竞争与发展的关键。竞争需要创新，创新就是竞争力，持续的创新就是持续的竞争力，而政府超前引领则是中国乃至世界各国区域政府竞争的核心。其中，"理念超前引领"是区域经济发展处于要素驱动阶段时的重要竞争力，"管理超前引领"是区域经济发展处于投资驱动阶段时的竞争关键，"制度与技术超前引领"是区域经济发展处于创新驱动阶段时的竞争制胜点，"全面超前引领"是区域经济发展处于财富驱动阶段时的竞争必然选择。

三、市场经济存在双重主体

综上分析可知：第一，区域政府与企业都是资源调配的主体。如罗纳德·哈里·科斯（Ronald Harry Coase）所述，企业是一种可以和市场资源配置方式相互替代的资源配置机制，其对拥有的资源按照利润最大化原则进行调配。[1] 相应的，区域政府也拥有一定的公共资源，其运用规划引导、财政预算支出、组织管理和政策配套，形成区域资源调配的主体。第二，区域政府与企业都以利益最大化为初始目标。其中，区域政府作为独立的竞争主体，其主要行为目标是财政收入的最大化。区域政府通过开展理念、技术、管理和制度创新，并通过一系列政策和措施对项目投资、产业链配套和进出口贸易进行引导与调节，促使区域的投资、消费、出口等增长来发展地区生产总值和增加税收等，以达到提高区域内财政收入水平的目的。第三，区域政府竞争与企业竞争成为区域经济发展的双驱动力。企业竞争是产业经济发展的原动力，区域政府竞争则是区域经济发展的原动力。如前所述，区域政府通过项目投资、产业链配套、进出口贸易三要素的竞争来提升区域经济发展水平，通过对基础设施投资、人才科技争夺、财政金融扶持三措施的竞争来提升区域经济政策水平，通过政策、环境、

---

[1] Coase R H. "The Nature of the Firm". *Economica*, 1937, 4 (16), pp. 386–405.

管理三体系的配套竞争来提升区域经济管理效率，从而形成区域间"三类九要素"的竞争与合作，推动区域经济的可持续增长。第四，区域政府行为与企业行为都必须遵循市场规则。企业通过对市场规律的不断探索和对市场形势的准确判断来调配企业资源。区域政府对产业经济实施产业政策，在城市经济发展中充当投资者角色和对民生条件不断改善与提升的过程中，也要遵循市场规则，只有如此，才能促使该区域的经济社会不断发展，走在区域间的前沿。

为此，市场竞争"双重主体"的关系表现在三个方面。

（一）企业竞争主要在产业经济领域展开，区域政府竞争主要在以城市经济为主的资源生成领域展开

企业竞争在产业经济领域展开的过程中，任何政府都只能是企业竞争环境的营造者、协调者和监管者，从政策、制度和环境上维护企业开展公开、公平、公正的竞争，而没有权力对企业的微观经济事务进行直接干预。区域政府间"三类九要素"的竞争，是围绕着企业竞争生存的条件、环境、政策和效率等配套服务展开的。区域政府间的竞争以尊重企业竞争为前提，但不会将企业竞争纳入区域政府竞争层面。因此，在现代市场经济体系中，区域政府竞争源于现代市场体系的健全和完善过程中，政府对区域内重大项目落地、产业链完善、进出口便利和人才、科技、资金、政策、环境、效率等的配套所产生的功能。企业与区域政府共同构成市场经济双重竞争主体。企业竞争是基础，区域政府竞争以企业竞争为依托，并对企业竞争产生引导、促进、协调和监管作用，它们是两个不同层面既各自独立又相互联系的双环运作体系，如图2所示。

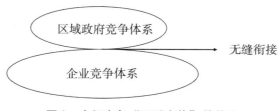

图2　市场竞争"双重主体"的关系

图2表明了区域政府竞争与企业竞争之间互不交叉，但二者相互支撑、紧密连接，是两个无缝衔接的独立竞争体系。区域政府竞争与企业竞

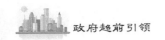

争的有效"边界划分",是我们处理好这两个竞争体系关系问题的关键。

(二)企业竞争的核心是在资源稀缺条件下的资源优化配置问题,区域政府竞争的核心是在资源生成基础上的资源优化配置问题

笔者认为,企业竞争行为及其效用研究是在微观经济运行中对资源稀缺条件下的资源优化配置的研究,其研究焦点是企业竞争中的主要经济变量即价格决定和价格形成机制问题,其研究的内容及其展开形成了供给、需求、均衡价格理论,消费者选择理论,完全竞争与不完全竞争市场理论,以及一般均衡、福利经济学、博弈、市场失灵和微观经济政策论,等等。而区域政府竞争行为及其效用研究是在中观经济运行中对资源生成基础上的资源优化配置的研究,其研究焦点是影响区域政府竞争的主要经济变量即区域财政收入决定与财政支出结构机制问题,其研究的内容及其展开形成了资源生成理论、政府双重属性理论、区域政府竞争理论、竞争型经济增长理论、政府超前引领理论、经济发展新引擎理论以及市场竞争双重主体理论和成熟市场经济"双强机制"理论等。它们与宏观经济主体——国家共同构筑成现代市场体系竞争的双重主体脉络图,如图3所示。①

现代市场经济的驱动力不仅有来自微观经济领域的企业竞争,而且有来自中观经济领域的区域政府竞争。它们是现代市场经济体系中的双重竞争体系,共同构成现代市场经济发展的双驱动力,推动着区域经济或一国经济的可持续发展。

(三)企业竞争与区域政府竞争的结果,都出现了"二八定律"现象

美国哈佛大学迈克尔·波特(Michael E. Porter)教授在其《国家竞争优势》一书中描绘了企业竞争发展的四阶段论,即要素驱动阶段、投资驱动阶段、创新驱动阶段和财富驱动阶段②;有关理论清晰地阐述了区域政府竞争的递进同样存在四阶段论,即产业经济竞争导向的增长阶段、城市经济竞争导向的增长阶段、创新经济竞争导向的增长阶段和竞争与合作经

---

① 陈云贤:《市场竞争双重主体论——兼谈中观经济学的创立与发展》,北京大学出版社2020年版,前言第Ⅳ页。

② [美]迈克尔·波特:《国家竞争优势》,李明轩、邱如美译,中信出版社2007年版,第63~68页。

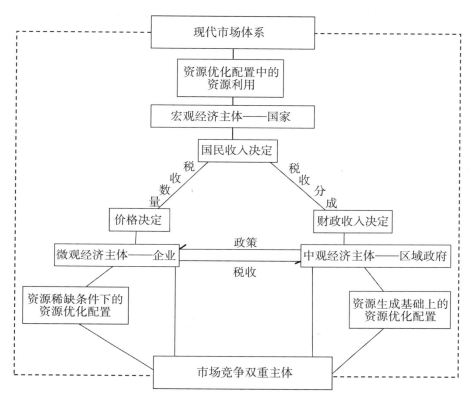

图 3　市场竞争双重主体理论结构体系

济导向的增长阶段。① 从经济学理论的分析和中国乃至世界各国经济发展实践的进程看，不管是企业竞争还是区域政府竞争，其实际结果都呈现梯度推移状态，并最终表现出"二八定律"现象。即两类竞争主体在其竞争进程中围绕目标函数，只有采取各种超前引领措施，以有效地推动企业或区域在理念、技术、管理和制度创新上发展并实现可持续增长，最终才能脱颖而出，成为此行业或此区域的"领头羊"，而那些滞于超前引领和改革创新的企业或区域将会处于落后状态。此时，在经济发展的梯度结构中，处于领先地位的 20% 的企业或区域将占有 80% 的市场和获得 80% 的盈利，而处于产业链发展中的 80% 的中下游企业和经济发展中的 80% 的

---

①　陈云贤：《市场竞争双重主体论——兼谈中观经济学的创立与发展》，北京大学出版社 2020 年版，第 128～152 页。

滞后区域将可能只占有20%的市场或获得20%的收益。"二八定律"现象会呈现在企业竞争或区域政府竞争的结果上，如图4所示。

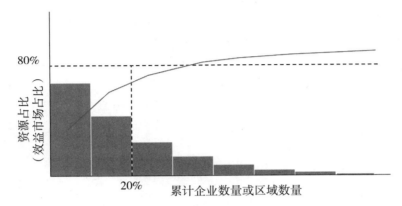

图4 "二八定律"现象

注：图中黑色方块表示资源占比份额，弯实线表示企业（区域）数量（这是一个动态的增长过程）。

当然，在现实经济发展中，随着企业竞争和区域政府竞争的双轮驱动，将在客观上历史地形成世界各国经济社会日益丰富的思想性公共产品、物质性公共产品、组织性公共产品和制度性公共产品，它们将为落后企业或区域带来更多的发展机会，并使企业或区域经济增长成果更多地体现出普惠性、共享性，即企业间发展或区域间发展都将从非均衡逐步走向均衡。但经济学理论和经济实践的发展清晰地告诉我们，此时的均衡应该是经济发展梯度结构的均衡，而非经济发展平面结构的均衡。

四、区域竞争呈现三大定律

在中国乃至世界各国，现代市场经济的双重竞争体系——企业竞争与区域政府竞争，成为一国推动产业发展、城市建设和社会民生的双驱动力。它们在实际经济运行中呈现出三大定律。

一是二八效应集聚律。二八效应集聚律是"二八定律"在区域政府竞争过程中的一个翻版。此定律表现出三大特征：第一，企业竞争与区域政府竞争同生共长。也就是说，微观经济在研究资源稀缺条件下的资源优化配置问题时企业是资源调配的主体，中观经济在研究资源生成基础上的资源优化配置问题时区域政府是资源调配的主体（宏观经济在研究资源优化配置前提下的资源利用问题时国家是资源利用的主体）；二者在现代市场经济纵横体系中，各自在产业经济和城市经济领域发挥着不同作用，在现代市场经济的竞争体系中同生共长。第二，企业竞争与区域政府竞争的发展轨迹不同。企业竞争在经济发展的要素驱动阶段、投资驱动阶段、创新驱动阶段和财富驱动阶段的运行轨迹，主要体现为企业完全竞争、垄断竞争、寡头垄断竞争和完全垄断竞争的演变与争夺过程，企业完全竞争的轨迹在区域经济发展各个阶段的递进过程中呈现出"由强渐弱"的迹象；而区域政府竞争从一开始就表现在产业经济竞争导向的增长阶段，而后逐渐进入城市经济竞争导向的增长阶段、创新经济竞争导向的增长阶段和竞争与合作经济导向的增长阶段，因此区域政府竞争的范围及其"三类九要素"竞争作用在区域经济发展各个阶段的递进过程中呈现的是"由弱渐强"的轨迹。第三，企业竞争与区域政府竞争最终形成"二八定律"现象。也就是说，在中国乃至世界各国区域经济的发展过程中，或者说在市场经济条件下，区域经济发展首先表现的是竞争型的经济增长，区域经济增长呈现出梯度发展趋势，产业链集聚、城市群集聚、民生福利提升等都主要集中在先行发展的区域中。二八效应集聚律表现为随着不同经济发展阶段的历史进程，中国和世界各国区域经济的发展在企业竞争和区域政府竞争的双轮驱动下，正逐渐出现先行发展区域或先行发达国家的产业集群、城市集群和民生福利越来越集中的现象，中国乃至世界经济发展的结果呈现出梯度格局。

二是梯度变格均衡律。此定律的作用表现在三个阶段：第一阶段，区域的资源配置领域出现资源稀缺与资源生成相配对阶段。资源稀缺是企业竞争的前提条件，资源生成是区域政府竞争的前提条件，当经济发展从企业竞争延伸到区域政府竞争、从微观经济延伸到中观经济、从产业资源延伸到城市资源，甚至逐步涉及太空资源、深海资源、极地资源的时候，世界各国区域经济均衡发展将迈出实质性的步伐。第二阶段，区域的资源生成领域出现正向性资源（原生性资源和次生性资源）与负向性资源（逆生性资源）相掣肘阶段。正向性资源领域的开发将为企业竞争和区域政府竞争提供新的平台，并助推区域经济发展和不断创造出新的区域经济增长点；而负向性资源领域的产生则给区域经济增长或人类社会的和谐带来诸多弊端。二者相互掣肘，促使区域经济均衡化发展。第三阶段，区域的经济增长目标由单一转向多元的阶段。此阶段也是实际经济运行中从要素驱动阶段、投资驱动阶段向创新驱动阶段和财富驱动阶段演进的过程。此时，经济增长的目标不仅仅是追求投资、消费和出口的均衡，而是更多地追求产业、生态、民生事业的均衡。产业发展、城市建设、社会进步的均衡和一国各区域宜居、宜业、宜游的全面均衡，对经济增长多元化目标的追求与有效配套相关政策措施的实施，将促进区域经济均衡化发展。梯度变格均衡律既表现为某一区域产业发展、城市建设和社会民生进步的均衡性趋势，又表现为区域间产业发展、城市建设和社会民生进步的均衡性趋势。区域间产业发展、城市建设和社会民生进步的均衡性趋势，在实践中表现出来的是梯度结构的均衡性，我们称之为梯度均衡，它是我们需要在经济学领域认真思考并采取有效分析方法去深化研究的课题。

三是竞争合作协同律。既然区域间（国家之间）经济发展的均衡性趋势呈现梯度结构的均衡状态，竞争合作协同律作为客观的必然性就将主要集中在区域间经济发展的三大协同上。第一，政策协同性。企业竞争对产业资源起调节作用；区域政府竞争对城市资源和其他生成性资源起调节作用；政府参与某一具体项目的竞争将由其载体——国有企业或国有合资企业或国有股份制企业介入其中。因此，企业竞争中的产业政策适度和竞争中性原则运用问题，区域政府竞争中的系列政策配套与措施推动问题，以及区域间（国家之间）新型工业化、新型城镇化、智能城市开发、科技项目投入、基础设施现代化和农业现代化等推进过程中的政策协同性问题，就显得特别重要。企业竞争和区域政府竞争的结果要求各竞争主体政策的协同性，是一种客观必然现象。第二，创新协同性。它表现在三个方面：一是科技重大项目的突破带来资金投入大、周期长、失败可能性高和风险大等一系列问题，需要各竞争主体的创新协同；二是科技新成果的突破需要综合运用人类智慧，需要各竞争主体的创新协同；三是跨区域、跨领域、跨国域的思想性、物质性、组织性和制度性公共产品不断出现和形成，需要各竞争主体的创新协同。在中国乃至世界各国区域经济发展模式转换和社会转型的深化阶段，区域间的创新协同性也是客观趋势所在。第三，规则协同性。区域间经济竞争规则（公平与效率）、区域间共同治理规则（合作与共赢）、区域间安全秩序规则（和平与稳定）等，也将随着区域经济发展阶段的深化而客观地出现在各竞争主体的议事日程中。竞争合作协同律，实质上就是在区域经济发展的不同阶段，各竞争主体为了共同的发展目标，依靠各种不同产业、投资、创新平台，汇聚人才、资本、信息、技术等要素，实现竞争政策的协同、创新驱动的协同和竞争规则的协同，从而突破竞争壁垒、有效合作、共同发展。该定律促进了中国和其他各国区域间的经济同生共长，发展合作共赢，并且这将成为一种客观必然趋势。

五、成熟市场经济是有为政府与有效市场相融合的经济

政府与市场的关系一直以来都是传统经济领域争论的核心问题之一，其焦点便是政府在市场经济资源配置中的作用及其对产业发展、城市建设、社会民生的影响。

当我们回到现代市场体系的市场要素、市场组织、市场法制、市场监管、市场环境、市场基础设施六大功能结构中，当我们直面当代世界各国必须要面对的可经营性资源、非经营性资源、准经营性资源的有效配置时，就会发现，政府与市场的关系并不是简单的一对一的矛盾双方的关系。"弱式有效市场""半强式有效市场"和"强式有效市场"的划分，既是可量化的范畴，更是历史的真实进程；"弱式有为政府""半强式有为政府"和"强式有为政府"的界定，既是世界各国在现实市场经济中的真实反映，又可解决迎面而来的政府与市场关系的一系列疑难杂症。有为政府与有效市场的组合在理论上至少存在九种模式，具体内容如图5所示。

注　模式1："弱式有为政府"与"弱式有效市场"；模式2："弱式有为政府"与"半强式有效市场"；模式3："弱式有为政府"与"强式有效市场"；模式4："半强式有为政府"与"弱式有效市场"；模式5："半强式有为政府"与"半强式有效市场"；模式6："半强式有为政府"与"强式有效市场"；模式7："强式有为政府"与"弱式有效市场"；模式8："强式有为政府"与"半强式有效市场"；模式9："强式有为政府"与"强式有效市场"。

图5　有为政府与有效市场的九种组合模式

模式1中，政府对经济基本没能发挥调控作用，市场发育也不完善，市场竞争机制常被隔断，法制欠缺，秩序混乱，这类主体通常为中低收入国家。模式2在现实经济中难以存在，因为"半强式有效市场"必定存在市场法制体系和市场监管体系，它不可能由"弱式有为政府"去推动。模式3纯属理论上的一种假定，现实中世界各国并没有实际案例加以支持。模式4表明政府在非经营性资源调配上可以较好地履行职责，提供基本公共产品；同时，政府也开始具备对可经营性资源的调配和相应扶持能力，但对市场发展趋势把握不好，市场运行中出现的问题还有待成熟的市场去解决。这种模式类似于中国改革开放的1978—1984年期间，属于市场经济初期的运行调控模式。模式5属于半成熟市场经济模式，其一方面表明政府规划、引导产业布局以及扶持、调节生产经营与"三公"监管市场运行的机制和力度在加强，另一方面表明市场监管机制、法律保障机制、环境健全机制等在推进。此状况出现在市场经济发展处于中期阶段的国家。中国在加入世界贸易组织（WTO）之前就类似这一模式。模式6与现在的美国很对应。美国政府依靠市场配置资源的决定性力量来获取高效市场收益，在非经营性资源的调配中发挥着重要作用，碍于制度和理念的限制，对可经营性资源的调配和准经营性资源的开发或者界定模糊，或者言行不一，或者难以突破，整体经济增长、城市提升弱于其规划，缺乏系统性与前瞻性。模式7在目前的现实中还难以存在。"强式有为政府"的功能作用起码也是与"半强式有效市场"相对应的。计划经济国家不属于此模式类型。模式8与现阶段的中国相类似，其发展方式通常被世人看作政府主导型的逐渐成熟的市场经济，其经济成就也是世界瞩目的，但又面临着市场竞争、市场秩序、市场信用以及市场基础设施进一步提升与完善的更大挑战。模式9是政府与市场组合的最高级模式，也是最佳模式。它是世界各国经济运行中实践探索和理论突破的目标，也是真正成熟的市场经济所应体现的目标模式。

综上可见，"政府有为"是指：①能对非经营性资源有效调配并制定配套政策，促使社会和谐稳定，提升和优化经济发展环境；②能对可经营性资源有效调配并制定配套政策，促使市场公开、公平、公正，有效提高社会整体生产效率；③能对准经营性资源有效调配并参与竞争，推动城市建设和经济社会全面可持续发展。政府有为，是对上述三类资源功能作用系统的有为，是对资源调配、政策配套、目标实现三者合一的有为。"有为政府"的标准有三个：标准一，尊重市场规律，遵循市场规则；标准二，维护经济秩序，稳定经济发展；标准三，有效调配资源，参与区域竞争。"市场有效"是指：①市场基本功能（包括市场要素体系和市场组织体系）健全；②市场基本秩序（包括市场法制体系和市场监管体系）健全；③市场环境基础（包括市场环境体系和市场基础设施）健全。市场有效，是对现代市场体系六大功能整体发挥作用的表现，是对生产竞争、市场公平、营商有序三者合一的反映。"有效市场"的标准有三个：标准一，市场充分竞争；标准二，法制监管有序；标准三，社会信用健全。

现实中，世界各国的有为政府至少需要具备三个条件：①与时俱进。这里主要强调的是政府有为亟须"跑赢"新科技。科技发展日新月异，其衍生出来的新业态、新产业、新资源、新工具将对原有的政府管理系统产生冲击。新科技带来了生产生活的新需求和高效率，同时也带来了政府治理应接不暇的问题。因此，政府如果要在产业发展、城市建设、社会民生三大职能中，或在非经营性资源、可经营性资源、准经营性资源等三类资源调配中有所作为，其理念、政策、措施应与时俱进。②全方位竞争。即有为政府需要超前引领，运用理念创新、制度创新、组织创新和技术创新等，在社会民生事业（完善优化公共产品配置，有效提升经济发展环境）、产业发展过程（引领、扶持、调节、监管市场主体，有效提升生产效率）和城市建设发展（遵循市场规则，参与项目建设）中，必须全要素、全过程、全方位、系统性地参与竞争。它以商品生产企业竞争为基础，但不仅仅局限于传统概念层面上的商品生产竞争，而是涵盖实现一国经济社会全面可持续发展的目标规划、政策措施、方法路径和最终成果的全过程。③政务公开。包括决策公开、执行公开、管理公开、服务公开、结果公开和重点事项（领域）信息公开等。政务公开透明有利于推动和发挥社会各方的知情权、参与权、表达权和监督权，优化与提升产业发展、城市建设、社会民生等重要领域的资源调配效果。透明、法制、创新、服务型和廉洁型的有为政府将有利于激发市场活力和社会创造力，造福各国，造福人类。

至此，可以说，政府和市场的关系堪称经济学上的"哥德巴赫猜想"。而有为政府和有效市场的有机结合造就了中国改革开放40多年来在产业发展、城市建设、社会民生方面的巨大成效，中国经济改革开放的成功，以及在实践中摸索出来的中国特色现代市场经济具有纵横体系、成熟有为政府需要超前引领、市场竞争存在双重主体、区域竞争呈现三大定律、成熟市场经济是有为政府与有效市场相融合的经济等有关理论，不仅为中国特色社会主义市场经济探索了方向，也为世界各国有效解决政府与市场关系的难题提供了借鉴。

自2019年以来，北京大学、复旦大学、中山大学等十多所高校先后开设了"中观经济学"课程。中山大学等高校已在理论经济学一级学科下设置"中观经济学"作为二级学科，形成相对独立的专业，划分和确定研究方向，招收硕博研究生，建设相关且独特的必修课程体系，从学科体系建设层面系统阐释和研教中观经济学原理。此外，中山大学还专门设立了中观经济学研究院。"中观经济学"系列教材的出版，必将进一步推动并完善该学科的建设和发展。

中山大学对此套教材的出版高度重视，中山大学中观经济学研究院组织编写，成立了以陈云贤为主编，李善民、徐现祥、鲁晓东为副主编的"中观经济学"系列教材编委会。本系列教材共10本。10本教材的撰写分工如下：陈云贤、王顺龙负责《资源生成理论》，陈云贤、顾浩东负责《区域三类资源》，刘楼负责《产业经济概说》，陈思含负责《城市经济概说》，顾文静负责《民生经济概说》，徐雷负责《竞争优势理论》，徐现祥、王贤彬负责《政府超前引领》，李粤麟负责《市场双重主体》，才国伟负责《有为政府与有效市场》，李建平负责《经济增长新引擎》。陈云贤负责系列教材的总体框架设计、书目定编排序、内容编纂定稿等工作。

"中观经济学"系列教材是中山大学21世纪经济学科重点教材，是中山大学文科重点建设成果之一。它作为一套面向高年级本科生和研究生的系列教科书，力求在主流经济学体系下围绕"中观经济学"的创设与发展，在研究起点——资源生成理论、研究细分——区域三类资源（产业经济概说、城市经济概说、民生经济概说）的基础上，探索区域政府竞争、政府超前引领、市场双重主体、有为政府与有效市场相融合的成熟市场经济以及经济增长新引擎等理论，以破解世界各国理论与实践中难以解答的关于"政府与市场"关系的难题。本系列教材参阅、借鉴了国内外大量专著、论文和相关资料，谨此特向有关作者表示诚挚的谢意。

祝愿"中观经济学"系列教材的出版以及"中观经济学"学科建设与理论的发展，既立足中国，又走向世界！

2022 年 3 月

目　　录

序言 ··· 1

第一章　目标引领的理论基础 ·· 1
第一节　区域政府的双重属性 ··· 1
第二节　市场竞争的双重主体 ··· 5
第三节　经济发展的双重路径 ··· 12
第四节　政府超前引领的应用：目标引领 ···································· 18
本章小结 ·· 29
思考讨论题 ·· 30

第二章　增长目标体系 ··· 31
第一节　引言 ·· 31
第二节　增长目标体系的识别 ··· 34
第三节　增长目标体系的特征 ··· 41
第四节　制定增长目标的能力 ··· 48
本章小结 ·· 58
思考讨论题 ·· 60

第三章　目标引领的绩效：中国样本 ·· 61
第一节　引言 ·· 61
第二节　识别策略 ·· 64
第三节　数据来源 ·· 67
第四节　实证结果 ·· 73
第五节　排除竞争性解释 ·· 82
本章小结 ·· 87

  思考讨论题 ……………………………………………………… 88

第四章 目标引领的绩效：全球样本 …………………………… 89
  第一节 引言 …………………………………………………… 89
  第二节 数据来源 ……………………………………………… 91
  第三节 识别策略 ……………………………………………… 98
  第四节 实证结果 ……………………………………………… 102
  第五节 稳健性检验 …………………………………………… 111
  第六节 异质性分析 …………………………………………… 119
  第七节 机制分析 ……………………………………………… 124
  本章小结 ………………………………………………………… 125
  思考讨论题 ……………………………………………………… 126

第五章 目标引领的绩效：对冲冲击 …………………………… 127
  第一节 引言 …………………………………………………… 127
  第二节 识别方法 ……………………………………………… 130
  第三节 数据来源 ……………………………………………… 133
  第四节 实证结果 ……………………………………………… 141
  第五节 排除竞争性解释 ……………………………………… 148
  第六节 机制检验 ……………………………………………… 153
  本章小结 ………………………………………………………… 156
  思考讨论题 ……………………………………………………… 157

第六章 目标引领的政策：宏观政策 …………………………… 158
  第一节 引言 …………………………………………………… 158
  第二节 识别策略 ……………………………………………… 161
  第三节 数据来源 ……………………………………………… 164
  第四节 政策力度 ……………………………………………… 168
  第五节 政策特征 ……………………………………………… 178
  本章小结 ………………………………………………………… 182
  思考讨论题 ……………………………………………………… 183

第七章　目标引领的政策：微观渠道 184
- 第一节　引言 184
- 第二节　识别策略 187
- 第三节　数据来源 192
- 第四节　实证结果 194
- 第五节　排除竞争性解释 213
- 本章小结 219
- 思考讨论题 220

第八章　目标引领的挑战：效率损失 221
- 第一节　引言 221
- 第二节　实证策略与数据说明 226
- 第三节　实证分析 230
- 第四节　稳健性检验 232
- 第五节　机制分析 236
- 第六节　异质性分析 243
- 本章小结 247
- 思考讨论题 248

第九章　目标引领的挑战：目标冲突 249
- 第一节　引言 249
- 第二节　识别策略 252
- 第三节　数据来源 256
- 第四节　实证分析 259
- 第五节　机制分析 267
- 本章小结 270
- 思考讨论题 271

参考文献 272

后记 288

序　言

　　中国经济发展的实践，是为现有理论提供第 N + 1 个证据，还是产生新的理论贡献？这既是一道选择题，更是一道中国经济学人的必答题。显然，学界还没有标准答案。前者表明中国经济实践具有一般性，却忽视了中国经济实践的丰富性和独特性。最终结局必然是，一个世人瞩目的中国经济实践遭遇"平庸"的学术叙事，仅仅作为第 N + 1 个案例被收录到主流经济学的教科书中。后者则意味着，基于中国实践创新提出新的科学问题，形成新的理论，从而拓展现有理论。这个选择需要理论创新，更需要理论自信。

　　近年来，基于区域政府的发展实践，选择后者的理论创新多了起来。陈云贤教授提出中观经济学，林毅夫教授提出新结构经济学，周黎安教授提出政治晋升锦标赛理论，李稻葵教授提出政府与市场经济学。这些学说的侧重点虽然不尽相同，但是都强调中国经济实践超越了主流经济学关于政府与市场两分的研究范式，聚焦政府与市场，聚焦区域政府发展行为，尝试为中国经济实践的重大成就和经验教训提供内在逻辑一致的解释。

　　本书拟运用中观经济学的超前引领理论，系统考察目标引领现象。陈云贤教授开宗明义地指出，政府超前引领，是指政府遵循市场规则、依靠市场力量，发挥对产业经济的导向、调节、预警作用，对城市经济的调配、参与和维序作用，以及对民生经济的保障、托底和提升作用。区域政府超前引领的核心和关键点在于区域政府的理念、制度、组织和技术创新。在实践中，区域政府的理念、制度、组织和技术创新都需要载体，需要相关政策工具。目标引领正是中国各级政府对政府超前引领的创新性应用，综合地体现了政府的理念、制度和组织等方面的创新，驱动政府实施政策创新，展开区域政府竞争，推动经济发展。基于此，本书聚焦目标引领，分析目标引领的理论基础、增长目标体系、引领绩效、引领政策以及面临的挑战及其解决方案。

中国经济增长的一个基本事实是，中央通过增长目标引领经济增长。从党的十二大到十八大，历次党代会都明确提出经济增长翻番的目标。党的十二大报告提出，"从一九八一年到本世纪末的二十年，我国经济建设总的奋斗目标是，在不断提高经济效益的前提下，力争使全国工农业总产值翻两番"。党的十三大、十四大报告则一以贯之，确保实现翻番目标。党的十五大报告提出，"我们的目标是，第一个十年实现国民生产总值比二〇〇〇年翻一番"。党的十六大报告则再次提出经济翻两番的目标，党的十七大则明确提出"实现人均国内生产总值到二〇二〇年比二〇〇〇年翻两番"。党的十八大报告的表述是，到二〇二〇年，"实现国内生产总值和城乡居民人均收入比二〇一〇年翻一番"。显然，党的十二大至十八大报告都将经济增长目标放在了非常重要的位置。中央的增长目标通过"五年规划"、政府工作报告等转化为国家公开承诺的增长目标。国家的增长目标通过行政层级分解到各级地方政府，成为各级地方政府公开承诺的增长目标。在一个多层次的政府体系当中，既存在着不同层级政府之间的互动，也存在着相同层级政府之间的横向竞争互动，区域政府的增长目标不是相互独立的，而是互动的。因此，增长目标就会构成一个体系。这是第二章的主要内容。

第三、四、五章分别采用中国、全球和自然灾害冲击等样本考察目标引领的绩效。政府期初制定的目标是否影响随后的经济增长，与市场密切相关。当市场能够自发实现期初的增长目标时，政府无须实施针对性政策，增长目标对实际经济增长不应产生任何实质性的影响。当市场无法自发实现期初的增长目标时，政府只有出台相关政策措施，才可能实现期初的增长目标。这表明，目标引领经济增长是有条件的。地方官员既要尽可能实现期初的增长目标，又要发挥市场在经济增长中的决定性作用。因为，前者意味着政治上的必要，后者意味着经济上的可行。

第三章贡献了一个识别目标引领增长程度的简洁方法。在第三章中，笔者通过采用 2001—2013 年间的中国地级市样本数据研究发现，在经济上行期，目标对实际经济增长无显著影响；在经济下行期，目标对经济增长的引领程度约为 1/3。在第四章中，笔者通过采用收集的全球 114 个经济体的经济增长目标样本数据研究发现，在经济上行期，经济增长目标对实际经济增长没有影响；在经济下行期，经济增长目标对实际经济增长有显著的正向引领作用，并且引领程度平均为 76%。第五章则聚焦一种特殊

情形。当遭遇不利冲击时，经济向下偏离当年增长目标，政府迅速实施目标引领政策，以对冲不利冲击的负面影响，从而使经济较快恢复增长。通过采用洪水这一准自然实验，第五章发现，2001—2016年间，洪水对中国当年经济的负面冲击约为1.07个百分点，目标对冲效应约为1.11个百分点，对冲了洪水冲击的负面影响，经济因而快速恢复增长。

第六、七章分别采用全球样本和中国样本考察目标引领的政策。未能实现增长目标是一个全球现象。在114个公布增长目标的经济体中，超过90%的经济体都曾出现未达到目标的现象；从公布的增长目标来看，也有将近3/4的增长目标未能实现。当政府设定的增长目标即将落空时，政府是无动于衷，还是积极采取行动来实现目标呢？从实际来看，当增长目标无法实现时，政府往往会面临巨大的舆论压力，并出台一系列相关政策来刺激经济增长。在第六章中，笔者通过采用收集的全球114个经济体的经济增长目标样本数据研究发现，当经济体无法自发实现增长目标时，政府事先设定的增长目标每增加1个百分点，随后目标期内的政府支出将平均增加1.1个百分点。

政策落地最终由微观企业完成。企业按是否承担政府目标约束可分为两类：承担目标约束的企业和不承担目标约束的企业。当政府进行目标引领时，承担政府目标约束的企业响应政府号召增加投资，挤出不承担政府目标约束企业的投资。在第七章中，笔者通过采用1998—2013年中国工业企业数据研究发现，当政府进行经济增长目标管理时，平均而言，经济增长目标每提高1个百分点，国有企业投资增加约2个百分点，非国有企业投资减少约2.5个百分点。这表明，目标引领增长最终通过企业的微观渠道得以实现，特别是以国有企业为代表的承担政府目标约束的企业发挥了关键作用。

第八、九章则考察目标引领可能面临的两个挑战。目标引领，其实就是政府引领企业"有选择地"去完成那些"被选择的工作"。因此，当政府采取特惠政策而不是普惠政策引领辖区经济发展时，可能会导致因资源错配而带来的效率损失。在第八章中，笔者通过采用全国各省份1998—2016年制造业面板数据研究发现，经济增长目标压力降低了绿色全要素生产率。要应对这个挑战，政府的政策需要从特惠型转向普惠型。另一个挑战就是经典的多目标问题。目标引领下的目标冲突难题，主要是经济增长速度目标与质量目标之间的权衡。显然，当政府的目标引领政策工具是要素投入，比如投资驱动增长时，经济增长速度目标将"侵蚀"经济发展质量。在第九章中，笔者通过采用2000—2012年中国省区增长目标数据研究发现，经济增长目标每提高1个百分点，发展质量下降约1个百分点。解决这个挑战，经济增长引擎需要从要素驱动转向创新驱动。

  本书是我们团队长期合作的阶段性结果。自2006年起，我和王贤彬一起探索中国区域政府的发展行为，逐步聚焦目标引领。本书的大部分章节已经在学术期刊上刊出。第二章在《世界经济》2021年第4期刊出，作者是刘勇、杨海生和徐现祥；第三章在《经济学季刊》2021年第5期刊出，作者是李书娟和徐现祥；第四章是陈邱惠博士学位论文中的一章，尚未正式发表；第五章在《经济研究》2021年第7期刊出，作者是李书娟、陈邱惠和徐现祥；第六章在《经济学季刊》2021年第2期刊出，作者是陈邱惠和徐现祥；第七章在《财贸经济》2021年第4期刊出，作者是李书娟、徐现祥和王贤彬；第八章在《宏观质量研究》2021年第9期刊出，作者是王贤彬和陈春秀；第九章在《世界经济》2018年第10期刊出，作者是徐现祥、李书娟、王贤彬和毕青苗。与团队、同行、各期刊责任编辑和匿名审稿人之间的互动，是我们难得的学习机会，在此表示感谢。特别要感谢陈云贤教授。三年多来，我们团队有幸系统地学习了中观经济学，并在陈云贤教授的指导下，聚焦地方政府行为研究，特别是目标引领，才逐步形成了这部书稿。陈云贤教授多次审阅全书稿，从标题到章节结构，再到具体内容，逐一给出具体的修改意见。

  新目标开启新征程。中国经济发展长期面临两道必答题：要什么样的发展目标？怎样发展？举旗定向，中央设定发展目标，在全面建成小康社会的基础上乘势而上，中央提出从中等收入跨入高收入国家行列的新目标，开启全面建设社会主义现代化国家的新征程。实现发展目标不容易，没有改革创新就无法实现。历史不会重复她的事实，但会再现她的逻辑。

  愿基于中国实践的理论创新，能够为中国实践创新提供智力支持。愿中国如期实现新的发展目标，实现中华民族的伟大复兴。

徐现祥

2022年2月

第一章 目标引领的理论基础

政府超前引领，是指政府遵循市场规则、依靠市场力量，发挥对产业经济的导向、调节、预警作用，对城市经济的调配、参与及维序作用，以及对民生经济的保障、托底、提升作用。政府综合运用各类政策和手段，开展理念、制度、组织、技术四大方面的创新，有效推动供给侧或需求侧结构性改革，形成区域经济发展优势，促进经济科学、可持续发展。

从经济学角度来看，区域发展的目标应当包括区域产业发展、城市建设进步和社会民生改善三个方面。区域政府进行超前引领，是实现区域发展目标的关键理念和战略。区域政府超前引领的核心和关键点在于区域政府的理念、制度、组织和技术创新。在实践中，区域政府的理念、制度、组织和技术创新都需要载体，需要相关政策工具。目标引领正是对政府超前引领的创新性应用，综合地体现了政府的理念、制度和组织等方面的创新，也驱动政府实施政策创新，展开区域政府竞争，推动经济发展。

本书旨在从政府超前引领的切入点，即政府目标引领入手，分析目标引领的理论基础、增长目标体系、引领绩效、引领政策以及面临的挑战及其解决方案。

本章旨在介绍目标引领理论，为全书的实证分析提供一个较完整的理论框架。

第一节 区域政府的双重属性

区域政府是指管理一个国家行政区域事务的政府组织。通常，行政区域具有相对稳定的地域和相对集中的人口。在中国，区域政府分为省级、地级、县级和乡（镇）级四级。① 2020 年，除香港、澳门及台湾地区外，中国有省级政府 31 个、地级政府 333 个、县级政府 2844 个、乡（镇）级政府 38741 个。

区域政府最主要的特征是强制性和公共性。区域政府的强制性主要表现为拥有政治权力（即立法权、司法权和行政权）和经济权力（即财权和事权）。当然，区域政府的政治权力和经济权力取决于中央与地方之间的分权程度，以及自身经济社会发展实力。区域政府的公共性主要表现为：区域政府是整个区域的正式代表，集中反映和代表整个区域的意志和利益。相对于中央政府和区域内的非政府主体（如市场主体、民众等），区域政府是两者利益的双重代表，处于被领导和领导的地位，② 扮演着中介代理角色。

区域政府同时具有准宏观和准微观两个角色。前者是指区域政府代表国家对本区域经济进行宏观管理和调控，后者是指区域政府代表本区域的非政府主体与其他区域开展竞争，以实现本区域经济利益最大化。

一、准宏观属性

区域政府是中央政府在区域的代表，在一定区域范围内代表中央政府履行国家职能，行使国家行政权力，在一定程度上可将其视为中央政府职能在区域的缩影和体现。比如在结构上，区域政府一般都是中央政府各分支机构在地区级别上的延续，各部门行使的职能也与中央政府基本一致，只是权限、力度不同。在中国，这被称为条块结构。

经济学一般将政府经济职能归为提供公共产品和服务、市场监管与宏观经济调控三类，区域政府也具有这三大类经济职能。一是区域政府具有提供公共产品和服务职能。区域政府为区域市场提供政策、法规等无形公共产品和基础设施等有形公共产品。区域政府既要宣传解释、贯彻落实中央政策法规，又要根据本区域具体情况出台一些区域性的政策法规等，还要提供一些区域性的有形公共产品，比如建设基础设施、美化环境、增强

---

① 《中华人民共和国宪法》第三十条规定："中华人民共和国的行政区域划分如下：（一）全国分为省、自治区、直辖市；（二）省、自治区分为自治州、县、自治县、市；（三）县、自治县分为乡、民族乡、镇。"

② 国家结构形式不同，区域政府的职能也有区别。在复合制国家，国家整体与其组成部分的权限范围由宪法规定，区域政府在各自规定的权限范围内享有高度自治的权力。

排污能力和改善人民福利事业等。

二是区域政府具有市场监管职能。市场具有其固有的缺陷，需要区域政府进行管理和监督，以确保市场秩序正常运行，保证公平竞争和公平交易，维护企业的合法权益。[①] 同时，当市场缺失时，还需要政府推动市场化改革，培育市场以推动社会转型。在中国市场经济体制改革的过程中，出现了很多区域政府先行一步进行市场化改革的典型案例。

三是区域政府具有宏观经济调控职能。区域政府也承担实现本区域经济增长、充分就业和物价稳定等职责，既要运用财政收支政策等影响区域总需求，使得区域经济平稳运行，又要运用产业政策等影响区域总供给，推动区域经济增长，进行区域社会经济事务的综合协调管理。

二、准微观属性

区域政府的准微观属性根植于中央与地方之间的相关制度安排。当中央与地方之间进行财政分权时，区域政府追求财政收入最大化与辖区经济产出最大化，两者是利益兼容的。具体而言，当中央与地方实行财政分权时，每个区域政府的财政收入一般取决于两个因素：一个是本区域经济发展所产生的财政收入，另一个是区域政府与上一级政府的财政收入分成比例。上下级政府之间的财政收入分成比例一般是预先确定的，一旦确定，短期内不会改变。这表明，分成比例一旦确定，区域政府的财政收入便不再依赖上一级政府，而是直接与本地区社会总产出水平密切相关。由于区域政府本身无权直接增设税种和变更税率，能够取得合法利益的途径就是发展辖区经济，辖区经济产出越大，区域政府财政收入就越多。因此，区域政府为实现自身利益最大化，追求本地经济快速增长及相应的获利机会，追逐本地经济利益最大化，从而具有准微观属性。

一是区域政府将区域管辖权转化为区域经营权。区域政府是基于行政管理的需要而建立的，是在某个区域执行法律和管理的行政机构，本质上是一个政治组织。但从区域政府的微观角色看，区域政府并非单纯地以法律和行政手段管理辖区，而是把辖区当作企业来经营。区域政府主动将自

---

① 《中华人民共和国反垄断法》第十条规定："国务院规定的承担反垄断执法职责的机构（以下统称国务院反垄断执法机构）依照本法规定，负责反垄断执法工作。国务院反垄断执法机构根据工作需要，可以授权省、自治区、直辖市人民政府相应的机构，依照本法规定负责有关反垄断执法工作。"

己定位为独立的区域经营者，依法经营。从政治企业家的视角判断经济形势，主动适应市场环境变化，调配整合区域资源以实现区域经济增长。需要明确指出的是，区域政府的区域经营行为必须建立在尊重和顺应市场规律的基础上。那种抛弃市场规律、政府主导一切的做法，已经被证明不是最优的资源调配方式，基本退出了历史舞台。当今，无论是发达经济体还是转型经济体，政府都致力于消除经济体系中存在的各种扭曲，建立完善有效的市场经济体系。

二是区域政府以区域利益最大化为中心调配资源。政府行为的主要目的是给辖区民众提供非营利性的产品和服务，实现社会福利最大化，通常是免费或象征性收费，资金来源主要靠税收，经费预算属于公共支出，不能由政府人员任意支配，必须公开化，接受纳税人的监督。区域政府的重要职责是配置和利用这些公共资源以激发最高的产出效率。区域政府拥有计划、组织、人事、预算等进行资源调配的手段。所以，区域政府与企业一样，也具有资源调配的功能，目的是使区域利益最大化。区域利益既包括以GDP（国内生产总值）为核心的经济效益指标，也包括反映收入分配、教育水平的社会指标，还有生态环境、市场监管、基础设施建设和行政效率等诸多衡量区域状况的发展指标。与企业利润最大化相比，区域政府的区域利益最大化具有多重性，不可能只定位于经济利益。

三是区域政府面临经济约束和政治约束。与企业行为受到成本约束等一样，区域政府的"准微观行为"也会受到一系列约束，比如自身能力、可支配政府收入、制度法律、民众意愿和本地资源等多种因素的制约，可归纳为经济约束和政治约束两类。前者是指区域政府手中掌握的财权和资源支配权，后者是指上级政府的认同和辖区居民的认同，认同的底线是法律认同。在一些国家，上级政府的认同对官员的前途至关重要，对区域政府行为的约束力极强，因此，区域政府在行为过程中会重点关注上级政府的认同。从中国区域政府实践看，过去的40年中，政府的主要目标是经济增长，没有变化，[①] 但是区域政府的行为发生了很大变化，其原因在于

---

① 1982年，党的十二大正式提出，从1981年到2000年，工农业总产值翻两番，建设小康社会。2002年，党的十六大提出，从2000年到2020年，中国经济翻两番，全面建设小康社会。2012年，党的十八大提出，从2010年到2020年，中国经济翻一番，全面建成小康社会，共同富裕的道路上一个也不能少。目标引领发展，10年翻一番，一个小康社会引领中国发展40年。从人类经济发展史的角度看，这本身就是一个奇迹。

约束条件的变化。① 总之,区域政府的"准微观行为"具有在一定的预算约束和市场竞争下趋利避害的收益最大化特征。

第二节 市场竞争的双重主体

市场竞争是市场经济的固有属性和促进经济发展的源动力。市场竞争的客体是经济资源的配置。企业可以配置资源,区域政府具有准微观属性,也可以配置资源,因而企业和区域政府都可以成为市场竞争的主体。企业参与微观层面的经济竞争,区域政府参与中观层面的经济竞争。由此,企业和区域政府成为市场竞争的双重主体。

一、市场竞争的三类资源

市场是资源配置的一种方式,并可通过市场竞争实现资源的最优配置。在考察市场竞争主体之前,有必要先考察市场竞争客体。资源是指经济体所拥有的物力、财力、人力等各种物质,根据不同分类标准可分为不同类型(如图1-1所示)。

图1-1 资源的分类②

注:横轴度量竞争性,越往右,竞争性越强;纵轴度量排他性,越往上,排他性越强。

---

① 财权分权后,区域政府形成较为独立的财政运行体系,区域政府间竞争领域和竞争程度不断加大。在20世纪90年代中期整体推进的激进的民营化运动中,区域政府深知,区域经济发展在于企业活力的增强和市场机制的运用,对市场竞争能力强、自身经营状况和财务状况良好的优质企业给予大力扶持,对有损于竞争优势发挥的基础设施和宏观条件进行及时完善。

② 本书以实证分析为主,采用的数据较多,在相应的章都有一节专门讨论数据及其来源,因此,本书中的图表除个别专门标注了资料来源外,未注明资料来源的,均为作者自制。

经济学通常根据竞争性和排他性对产品进行分类。产品的竞争性对产品进行指一方的使用减少其他方的使用,排他性是指一方的使用排除其他方的使用。显然,根据产品是否具有竞争性和排他性,我们可以把资源分为四类。第一类是同时具有竞争性和排他性的资源,称为私人资源(private goods),可通过市场达到最优配置。第二类是同时具有非竞争性和非排他性的资源,称为公共资源(public goods)。公共资源无法通过市场达到最优配置,需要政府提供。第三类是具有竞争性和非排他性的资源,称为共有资源(common goods)。共有资源意味着任何人都可以自由使用,比如空气、水、海洋、矿产等,通常会被过度使用。第四类是具有非竞争性和排他性的资源,称为俱乐部资源(club goods),比如知识技术等。

从区域政府和市场在区域资源配置上的关系入手,根据经营项目的不同性质对资源进行分类,可以分为可经营性资源、非经营性资源和准经营性资源。

私人资源是可经营性资源。可经营性资源以各区域产业资源为主,包含产品或商品、产业或行业、与商品或产业相关联的服务设施及其机构三个层次。这类资源应完全遵循市场机制,由企业经营才能最大限度地实现资源最优配置,所以称为可经营性资源。市场通过自由选择机制和竞争淘汰机制,推动可经营性资源的优化配置,实现消费者效用最优和企业利润的最大化。在可经营性资源中发挥主体作用的机构,主要是公司和企业。政府主要发挥协调、监督与管理作用,相应机构名称各有异同,但是调配此类资源的政策原则主要是"搞活"。

公共资源是非经营性资源。非经营性资源以各区域社会公益、公共产品为主,是与社会民生相对应的资源。这类资源因其消费的非排他性和非竞争性,很难通过市场交易实现"谁生产谁获益",难以有效激励以追求利润最大化为主要宗旨的企业,企业在这方面的生产动力严重不足。在市场达不到的领域,政府应责无旁贷地配置、管理这类非经营性资源。政府主要采用公共生产和公共提供的方式,确保基本保障供给公共产品或服务。

共有资源和俱乐部资源是准经营性资源。准经营性资源是可经营性资源和非经营性资源以外的各类资源,以各区域城市资源为主,主要包括为社会生产生活提供公共服务的软硬件基础设施及系统等。在中国,准经营性资源至少可包括五类:①国有资产、重大项目;②国土资源、环境保护、城乡建设；③林业、水利、海洋渔业；④教育科技、文化卫生、体育、传媒；⑤太空资源、深海资源、极地资源和地球深探资源等。政府和市场都可以介入准经营性资源的经营，二者可相互替代。如果由市场进行开发与管理，通过市场机制提供一定的产出，此时，它是商品性的，是可经营性资源；如果由区域政府进行开发与管理，通过政府直接提供一定的产出，此时，它是公益性的，是非经营性资源。不过，区域政府可以采用独资、合资、合作、股份制甚至国有民营等方式组建项目载体，配置、开发、运营、管理准经营性资源。从世界各国的实践看，常常对于存量准经营性资源的载体进行产权改造，采取改制为国有民营、股份制、合资、合作、拍卖给国内外投资者等形式，使其成为符合市场经济运行规则的载体，参与市场竞争；对于新增准经营性资源的载体，则一开始就以独资、合资、合作或股份制等形式入手组建载体，使其按照市场规律参与市场竞争。总之，准经营性资源的配置、开发、运营和管理可采取"政府推动、社会参与、市场运作"的方式。

二、市场竞争的双重主体

在现代市场经济中，企业作为微观层面的市场主体，主要在可经营性资源和准经营性资源领域活动，在企业间开展竞争。区域政府作为中观层面的市场主体，主要在非经营性资源领域和准经营性资源领域活动，在区域政府间开展竞争。企业和区域政府作为市场竞争的双重主体，共同构筑起现代市场经济体系。

区域政府和企业都是调配资源的主体。企业的本质是一种可以和市场相互替代的资源配置机制，通过计划、组织、人事、预算等手段对企业拥有的资源按照利润最大化的原则进行配置。区域政府拥有一定的非经营性资源和准经营性资源，合理配置和利用这些资源以取得最大的产出效率，也是区域政府的重要职责。正如前面所述，区域政府具有准微观属性，调配资源、实现区域利益最大化是其内在要求。区域政府和企业都具有资源调配的功能，只是在范围和目标等方面存在差异。

区域政府和企业都以利益最大化为目标来调配资源。企业以利润最大化为目标参与市场竞争，从而实现自身利益最大化。在市场经济活动中，区域政府与其他市场主体一样，都是具有相对独立利益的主体，具有追求自身利益最大化的内在要求，会选择政绩、物质利益最大化和权力、职位最高化的行动决策。对于区域选民，投谁的票取决于政治家提供的公共产品和服务是否能够满足其欲望，并承担最小化的税收负担。区域政府的这些利益能否实现，与区域政府能否增加自身收入直接相关，因此其主要目标首先表现为政府收入最大化。

区域政府间竞争和企业间竞争都是经济发展的源动力。企业是理性的，竞争是企业发展和经济发展的源动力。区域政府也是理性的，其追求自身财政收入最大化和区域经济产出增长。区域政府的准微观属性使其成为本区域非政府主体的集中代理，通过理念创新、技术创新、组织创新、制度创新等方式，与其他区域政府在区域项目的招商开发、投资运营等方面展开竞争。因此，区域政府间竞争具有内在必然性，[1] 成为区域经济发展的源动力。

区域政府和企业都必须在尊重市场规则的前提下活动。在市场经济环境下，企业必须尊重市场规律，接受市场价格信号，适应市场需求，才能生存和发展。同时，市场还是一个不断纠正错误的机制。在市场经济中，一个企业犯了错误，另一个企业则获得赚钱的机会。前者亏损，甚至退出市场；后者盈利，甚至"弯道超车"。区域政府也只有在遵循市场决定资源配置原则的前提下，更好地发挥政府调配区域资源的作用，才能使本区域在竞争中脱颖而出。不可否认，有的区域政府在发展经济中纠正错误的动机不强，通常的做法是掩盖错误，而一旦小错误累积成大错误，区域经济发展在区域竞争中停滞甚至被超越，则需要新一届政府重新回到尊重市场规则的正轨。

既然区域政府和企业作为市场竞争的双重主体，共同构筑起现代市场经济体系，我们需要进一步厘清两者的关系。区域政府和企业作为市场竞争的双重主体，分别属于两个层面的竞争体系，即区域政府之间的竞争体系和企业之间的竞争体系。两个竞争体系是双环运作体系，两者既相互独立又相互联系。企业竞争主要体现在产业经济领域，而区域政府竞争主要体现在城市经济领域。企业竞争体系作用于微观企业，区域政府不能直接

---

[1] 亚当·斯密在其《国富论》中明确指出，"土地是不能够移动的，而资本则容易移动。土地所有者，必然是其地产所在国的一个公民。资本所有者则不然，他很可能是一个世界公民，他不一定要附着于哪一个特定国家。一国如果为了要课以重税而多方调查其财产，他就要舍此他适了。并且他会把资本转移到任何其他国家，只要他在那里能比较随意地经营事业，或者比较安逸地享有财富"。

参与企业竞争,也不应对企业微观经济事务进行直接干涉。区域政府竞争体系只在区域政府之间展开,企业竞争并不直接进入区域政府层面。区域政府竞争体系以企业竞争体系为依托,并对企业竞争体系发挥引导、协调和监管作用。现代市场经济的驱动力,既来自微观经济领域的企业竞争,也来自中观经济领域的区域政府竞争。只有企业竞争体系和区域政府竞争体系同时发挥作用,才能够形成现代市场竞争体系。

三、双重竞争主体的组合

现代市场经济的驱动力,不仅来自微观经济领域的企业竞争,还来自中观经济领域的区域政府竞争。企业和区域政府是现代经济体系中的双重竞争主体,构成现代市场经济发展的双动力,推动区域经济的发展。我们可以将二者进行结合,考察双重主体的不同组合所具有的功能和特点。

我们可根据双重竞争主体自身的强弱来划分二者可能的组合。市场的强弱主要体现在功能结构体系上:利益调节体系、竞争体系和信息传播体系。具体而言,市场体系至少应包括六个方面:一是市场要素体系,由各类市场的最基本元素,如价格、供求和竞争等构成;二是市场组织体系,包括各种类型的市场实体、中介机构和管理组织;三是市场法治体系,包括市场相关的立法、执法、司法和法治教育等;四是市场监管体系;五是市场环境体系,包括企业治理结构和社会信用体系等;六是市场基础设施,包括各类软硬件市场基础设施。按照现代市场体系的六个方面的成熟与完善程度,可以将市场经济分为三个层次。只存在市场要素体系和市场组织体系的市场经济,称为"弱有效市场";在此基础上又具备市场法治体系和市场监管体系的市场经济,称为"半强有效市场";在此基础上具备市场环境体系和市场基础设施的市场经济,称为"强有效市场"。

在区域经济竞争中,区域政府的强弱主要体现在对三类资源的配置上。一是只关注非经营性资源的调配和相关政策配套的区域政府。这类政府将自身职能局限于基本的社会公益保障方面,忽略了可经营性资源和准经营性资源的配置问题。二是只关注非经营性资源和可经营性的调配和相关政策配套的区域政府。这类政府在履行社会保障等基本公共职能外,开始关注市场在配置可经营性资源上可能存在的市场失灵等问题,并进行市场干预;但依然忽略了准经营性资源的配置问题。三是关注三类资源的配置和相关政策配套的区域政府。这类政府通过"政府推动、社会参与、市场运作",把准经营性资源转化为可经营性资源或非经营性资源,在资源生成的基础上进行资源优化配置,成为强有为政府。我们可以相应地把三类政府称为"弱有为政府""半强有为政府"和"强有为政府"。

根据市场和政府强弱的划分,有九种可能的组合(如图1-2所示),这九种组合分别是"弱有效市场+弱有为政府""半强有效市场+弱有为政府""强有效市场+弱有为政府""弱有效市场+半强有为政府""半强有效市场+半强有为政府""强有效市场+半强有为政府""弱有效市场+强有为政府""半强有效市场+强有为政府""强有效市场+强有为政府"。

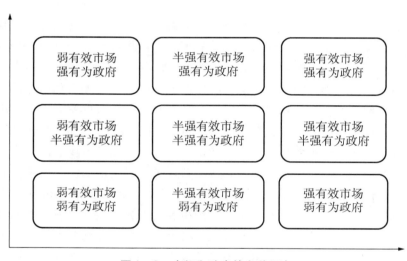

图1-2 市场和政府的九种组合

"弱有效市场+弱有为政府"的组合,对应的是一种初始的市场经济。这种情形的典型特征是:市场具备基本功能,比如具有市场要素体系和市场组织体系,其他四个体系尚不具备;政府只局限于基本的社会公益保障。在这种情形下,市场发育不完善,市场竞争机制常被阻断,区域政府间几乎没有竞争,经济发展的双动力都比较弱,市场和区域政府都难以有效配置资源,经济发展水平较低。显然,这是一种欠发达的市场经济。从人类经济发展实践看,大多数经济体在历史上都曾经长期处于这种类型,只不过到了现代,这样的区域少了,只剩下一些低收入国家和地区比较接近这种类型。

"强有效市场+强有为政府"的组合，对应的是一种成熟的市场经济。这种情形的典型特征是：市场功能完备，能够有效配置私人资源；区域政府在资源生成的基础上优化配置资源，成为有为政府。在这种情形下，市场有效竞争，区域政府充分竞争，经济发展的双动力都很强，"双轮驱动"下，经济发展水平高。显然，这是市场与区域政府组合的最佳模式，是世界各国市场运行中实践探索和理论突破的目标，也是真正成熟的市场经济所要体现的目标模式。

除了"弱有效市场+弱有为政府"和"强有效市场+强有为政府"两种模式，其他七种组合都处于两者之间。其中，"半强有效市场+半强有为政府"模式是一种半成熟的市场经济模式，是一种中间过渡状态的市场经济。一方面，政府能够规划引导产业布局，扶持调节生产贸易；另一方面，政府能够不断改善市场监管机制、法律保障机制、环境支撑机制。在这种中间状态的市场经济下，市场和政府的力量相对均衡，均能发挥基础性的作用，如果能够进一步发展，则有望进入更强的市场经济模式。

除了"半强有效市场+半强有为政府"组合，其他处于中间状态的组合模式都具有一个特点，就是市场的有效程度和政府的有为程度处于不均衡状态。这些组合模式具体包括以下两大类。

第一类是市场有效程度强于政府有为程度的组合模式。"半强有效市场+弱有为政府"在现实中很难见到，或者这是一种短期的过渡状态，因为"半强有效市场"意味着存在市场法治体系和市场监管体系，而"弱有为政府"无法构建市场法治体系和市场监管体系。同理，"强有效市场+弱有为政府"纯属一种理论假定，无法在现实中存在。相较之下，"强有效市场+半强有为政府"则是一种较为常见的情况，此时市场在资源配置方面具有决定性作用，同时政府在非经营性资源调配中发挥重要作用，但在可经营性资源和准经营性资源的调配、开发上作用较为欠缺，经济增长和城市发展缺乏系统性和前瞻性。这些组合都属于市场力量相对较强而政府作用相对较弱的情形，是一种发展中的市场经济，类似于大市场、小政府的经济模式。在这种情形下，区域政府无法进行资源生成，市场只能够在给定资源约束的条件下优化资源配置，不是"双轮驱动"经济发展，而是"一轮驱动"经济发展。

第二类是市场有效程度弱于政府有为程度的组合模式。"弱有效市场+强有为政府"在现实中难以存在，"强有为政府"至少与"半强有效市场"相适应,"有为政府"不会放任市场失灵和混乱。"弱有效市场+半强有为政府"组合在现实中可以存在,政府在非经营性资源调配上可以较好地履行职责,提供基本公共物品;同时,政府也开始具备对可经营性资源的调配和扶持能力,但对市场发展趋势的把握能力有限,难以解决市场失灵问题。在"半强有效市场+强有为政府"模式下,政府主导经济发展,但是市场秩序和市场信用等方面仍然具有完善的空间。这些组合都属于市场力量相对较弱而政府作用相对较强的情形,也是一种发展中的市场经济,类似于"政府主导"的经济模式。这种情形的典型特征是:政府几乎主导三类资源的调配,市场机制受到束缚,民营经济不发达。在这种情形下,企业和政府联盟形式居多,强调政府、企业员工之间的彼此忠诚和协调,市场竞争不充分,市场配置资源的效率不高;政府具有较强的资源调动和配置能力,甚至可以推动各项制度安排的顺利实施,同时也承担着决策失误的风险,经济可能会呈现出较大波动。

第三节 经济发展的双重路径

既然"强有效市场+强有为政府"才是成熟市场经济的目标模式,那么一个经济体,如何从初始的市场经济成长为成熟的市场经济呢?如果从1776年《国富论》的出版算起的话,这是200多年来人类经济发展的必答题。经济发展的路径无疑有多条,但主要有市场超前引领和政府超前引领两条。

一、市场超前引领

市场超前引领,是指从初始的"弱有效市场+弱有为政府"市场状态,到发展的"强有效市场+半强有为政府"市场状态,最终走向成熟的"强有效市场+强有为政府"市场状态。在这个过程中,市场功能体系率先完善发育,市场机制自发优化资源配置;随着"市场失灵"的暴露和经济危机的爆发,政府在三类资源中的配置功能则不断得到认可、完善。因此,市场超前引领的主要特征是:人们在"强有效市场"上具有高度共识,在"强有为政府"上具有高度争议。其实,无论是从西方经济思想史的演进看,还是从市场经济发展史的实践看,市场超前引领都是一条"主流"发展路径。

从经济思想史的演进看,经济学强调的就是市场超前引领,即从强调市场是配置资源的唯一主体逐步转向市场并非唯一主体。1776年,亚当·斯密（Adam Smith）的《国富论》出版,强调自由市场"看不见的手"的调节作用,政府应扮演"守夜人"的角色,提供基本的社会公益保障。这表明经济学从一开始就是强调市场超前引领。1803年,萨伊（Jean-Baptiste Say）的《政治经济学概论》出版,提出供给自动创造需求。萨伊定律渗透着亚当·斯密的自由经济思想,否定了生产过剩带来经济危机的可能性。1890年,马歇尔（Alfred Marshall）的《经济学原理》出版,认为经济自由竞争是大工业时代的特征,市场在资源配置中具有决定性作用。进入20世纪后,经济学家越来越多地观察到市场失灵,逐渐开始强调政府在经济活动中的作用。1920年,庇古（Arthur Cecil Pigou）的《福利经济学》出版,提出外部性等因素带来的市场失灵以及社会成员间的公平再分配等须依靠政府才能够解决。1936年,凯恩斯的《就业、利息和货币通论》出版,提出政府干预理论,在经济危机期间,政府应采取财政政策等措施进行宏观经济管理。1954年,萨缪尔森强调市场无法有效供给公共产品,认为提供公共产品是市场经济条件下的政府职能。在随后的经济学发展中,尽管凯恩斯学派与新古典学派之间在政府作用的大小上存在着争论,但一个基本的共识是,政府的作用不可或缺,特别是在发生经济危机时。

从经济发展史的实践看,欧美发达经济体几乎都走了市场超前引领之路。以美国为例,在1933年以前,美国经济以自由放任的市场经济制度为主,尽管1890年出台了旨在反垄断的《谢尔曼法案》。1929年3月,胡佛就任美国第31任总统,同年10月,经济危机爆发。胡佛坚信马歇尔的自由市场经济理论,反对联邦政府介入经济领域。1933年3月,罗斯福就任第32任总统,迅速实施了名为"新政"的政府干预政策,开启了政府大规模实施财政政策应对经济危机的先河,从自由放任的经济制度演变为政府引导、调节、监管型市场经济制度。1944年7月,美国邀请同盟主要国家政府代表筹建联合国,召开联合国货币及金融会议,确立了布雷顿森林货币体系,开启了美国政府对世界经济干预和调控的历程。1961年肯尼迪政府的"登月"计划和1985年里根政府的"星球大战"计划,开启和拓展了美国政府对太空经济的探索和竞争过程。面对2008年的经济

危机和2020年的新冠肺炎疫情，美国政府开始全面干预经济，积极运用货币政策、财政政策、监管政策，推出科技投资计划、政府采购计划以及基础设施建设计划等，并为市场提供日趋完善的法治保障。总之，在市场超前引领之路上，欧美发达经济体在实践中不断完善政府的作用，推动经济从"强有效市场＋半强有为政府"状态不断走向"强有效市场＋强有为政府"的成熟市场经济。

二、政府超前引领

政府超前引领，是指从初始的"弱有效市场＋弱有为政府"市场状态，到发展的"弱有效市场＋半强有为政府"或者"半强有效市场＋强有为政府"市场状态，最终走向成熟的"强有效市场＋强有为政府"市场状态。在这个过程中，政府率先积极主动调配资源，引领经济发展；随着"政府失灵"的暴露和经济危机的爆发，市场在资源中的配置功能则不断得到认可、完善。因此，政府超前引领的主要特征是，人们在"强有为政府"上具有高度共识，在"强有效市场"上却争议不断。

政府超前引领是发展经济的另外一条路径，部分国家和地区进行了曲折的探索。19世纪中叶，马克思主义经济学脱颖而出，继承和发展了亚当·斯密的劳动价值论，并指出生产无限发展与劳动群众购买力相对缩小的矛盾，以及单个企业生产有组织有计划与整个社会生产无政府状态的矛盾，认为这将引起生产相对过剩的周期性经济危机，需要把生产资料的私人占有改变为社会占有，按照社会化大生产的要求，有计划地把资源配置到各个生产部门。理论指导实践。1928—1932年间，苏联通过第一个五年计划等实现政府全面配置各类资源，探索从"弱市场弱政府"向"弱市场强政府"转变。苏联由此开始由农业国向工业国转变，初步建起了独立的比较完整的国民经济体系，为社会主义工业化奠定了物质基础。新中国成立后，1953—1957年间，中国通过第一个五年计划等全面配置各类资源，开始从"弱有效市场＋弱有为政府"向"弱有效市场＋半强有为政府"转变，为中国的工业化奠定了初步基础。不过，政府全面配置各类资源，真正的市场主体消失、市场竞争消失。同时，随着市场竞争的消失，区域政府间的竞争随之演变为区域政府间的协调。结果，生产效率降低，经济长期处于疲软状态。

在政府超前引领的路上，市场化改革就成为必答题。1978年，中国开始推进经济体制改革,从农村到城市,从安徽省凤阳县小岗村的"包产到户",到重庆钢铁公司等企业"扩大企业自由权"试点,再到国有企业利改税改革、全民所有制企业承包经营责任制的实施,"存量"市场主体开始自主配置可经营性资源。自20世纪80年代开始,中国加快市场化进程,尤其是东南沿海地区,积极承接发达经济体和新兴工业化经济体的产业转移,吸引外资企业投资,大力兴办乡镇企业,"增量"市场主体自主配置可经营性资源。同时,股份制企业诞生并不断发展。1990年12月1日,深圳证券交易所正式开业,同年12月19日,上海证券交易所随之正式开业,1992年,国家颁布股份制企业试点办法等,由此开始建立并不断完善现代企业制度。随着国内产品市场、劳动力市场、资本市场等不断发育成熟,微观市场主体在农村和城市被充分激活,开始主导对可经营性资源的配置,政府则不断减少对可经营性资源的直接配置。

随着企业成为市场竞争主体,区域政府成为市场竞争主体的现象也开始出现。一方面,区域政府开始进行资源生成,即把准经营性资源转变为可经营性资源。以城市基础设施投资、开发、建设为例,"政府推动、企业参与、市场运作"的资源生成机制最早在深圳迈出实质性步伐。深圳在开放之初集中力量推动城市基础设施建设,利用外资兴建赤湾港、蛇口港、东角头码头、蛇口油库、市话工程、华侨城、大亚湾核电站、广深高速等一批基础设施,开发建设一批工业区,创造了"深圳速度",告别了"小渔村"。"政府推动、企业参与、市场运作"的资源生成机制也可运用到城市改造上。随着经济的发展,日益凸显的土地供需矛盾已成为城市未来发展的主要瓶颈,"旧城改造"成为一个绕不开的课题。早在2007年,佛山出台《关于加快推进旧城镇旧厂房旧村居改造的决定》(简称"三旧改造")并在2009年正式推出"三旧"用地25.3万亩,按照"政府出政策、所有者出土地、开发商出资金"的市场化改造模式,头3年成功引入社会资金357亿元,启动"三旧"改造项目730个,新增建筑面积2399万平方米。佛山"政府推动、企业参与、市场运作"的城乡"三旧"改造,迅速改善了区域建设面貌,大大提升了土地利用效率,被广东省和国家推广为"佛山经验"。总之,在遵循市场规则的基础上,政府开发、利用和管理各类准经营性资源,将其转化为可经营性资源,既拓展了市场经济发挥作用的范围,又放松了辖区企业所面临的整体资源约束。

另一方面,区域政府不断优化营商环境建设,便利市场主体创业兴业。这主要是从两个方面不断深化政务服务市场建设：一是精简办事事项，解决政务服务市场"审什么"；另一个是优化办事流程，解决政务服务市场"怎么批"。前者回答"生产什么"，其实质是精简审批职能，必须通过制度改革才能够完成，需要中央顶层设计、统筹推进。后者回答"如何生产"，其实质是规范审批程序，主要通过行政审批的机制创新、再造审批流程来完成，需要各级行政部门的行为自觉，具有常态化的特征。行政审批制度改革主要是取消调整审批事项，解决政府"审什么"的问题。行政审批直接涉及公民、法人及其他社会组织的权益授予或禁止解除，必须在法律框架内进行。自2001年10月18日至2020年底，国务院24次发文取消调整行政审批事项，精简市场主体需办事项，确立了政务服务事项法定。"怎么批"是政务服务市场改革要解决的另一个核心问题。从中国20世纪八九十年代的行政审批实践看，在部门分治的实施体制下，审批部门职能交叉严重、多头审批现象突出、审批流程烦琐。因此，打破部门分割和多头审批、优化办事流程，建设全国一体化政务服务市场，就成为政府"怎么批"的改革主线。自1997年起，各地政府不断建设完善政务服务中心，为市场主体提供"统一办理、联合办理、集中办理"的政务服务；自2012年起，国家不断深化商事制度改革和"放管服"改革、优化营商环境建设等，解决市场主体办事的"难点"和"堵点"，优化政务服务；自1993年起，各地政府先后实施电子政务、"互联网+"政务服务和数字政府建设等，为市场主体办事提供新渠道。这些改革提高了政府的办事效率，优化了市场主体创业兴业的营商环境，成为区域政府竞争的核心竞争力。

总之，在政府超前引领的路上，强化政府对三类资源的直接配置，在理论上，无法推动经济从"强有为政府+弱有效市场"或者"强有为政府+半强有效市场"或者"半强有为政府+弱有效市场"状态走向"强有效市场+强有为政府"的成熟市场经济；在实践上，无法实现经济长期繁荣富强。从"强有为政府+弱有效市场"或者"强有为政府+半强有效市场"或者"半强有为政府+弱有效市场"状态走向"强有效市场+强有为政府"的成熟市场经济，必然要求政府培育各类市场、维护市场竞争，退出对可经营性资源的直接配置，并在市场竞争中开展区域政府竞争，约束自身行为。

三、发展路径比较

从出发点的视角看,市场超前引领与政府超前引领的本质区别,主要体现在政府是否拥有先验信息上。尽管不同经济体可能选择不同的发展模式,但是世界范围内的经济发展路径大致相同。从纵向维度看,最近500多年来,经济发展大致走了一条工业化、城市化、国际化之路;从横向维度看,不同发展水平的经济体在世界产业链中所处的位置不同,相应地,其在产业升级、推动经济增长发展时所拥有的信息也不同。发达经济体处于世界产业链的最前沿,企业难以在"谁是下一个有前景的新产业"上达成共识,政府也没有更准确的信息。因此,政府没有引领经济发展的先验信息,在发达经济体产业升级主要靠市场,只能走市场超前引领之路。而欠发达经济体处于世界产业链的中后端,产业升级时,投资的是技术成熟、产品市场已经存在、处于世界产业链内部的"新产业",是有先验信息的。因此,在欠发达经济体打开国门后,企业很容易对哪一个是有前景的"新产业"达成共识,政府官员相对于企业具有总量信息优势,可以利用这一信息优势制定产业政策主导产业升级、引领辖区经济发展,走上政府引领发展之路。以中国为例,1952年中国人均GDP为119元,1978年为381元,一直属于低收入国家,处于世界产业链的低端。改革开放以来,区域政府逐渐了解到世界产业发展的路线图,通过局部地区的"先行先试"筛选出具有引领辖区产业发展的先验信息。具体而言,中国经济改革的一个重要特点是先在部分地区实验后再推广。地区实验本身就是信息筛选的过程,逐步筛选出符合中国国情的"先验信息",并被形象地称为"窗口",比如特区是中国了解世界的窗口,也是世界了解中国的窗口。随着改革的推进、试验、调整和推广,周而复始,中国逐渐明晰了适合自身国情的世界产业发展路线图。

从市场的视角看,市场超前引领与政府超前引领的本质区别主要有四点。一是市场来源的不同。市场超前引领强调的是市场在资源配置中的基础性作用,但是并没有说明市场是怎么来的,其基本的逻辑起点是,假定市场就在那里,然后开始讨论市场的作用。政府超前引领面临的最大挑战就是,市场并不在那里,政府需要建设各类市场,维护市场竞争,并在市场竞争中开展区域政府之间的竞争。二是市场范围的不同。市场超前引领强调的是市场对可经营性资源的配置。政府超前引领强调政府在资源生成

中的作用，扩大了市场的作用范围。经济资源除了可经营性资源，还有准经营性资源。以城市基础设施投资开发建设为例，政府可将其转化为可经营性资源，从而把市场经济的作用范围从产业经济领域拓展到资源生成领域。三是市场主体的不同。市场超前引领强调的市场主体主要是企业，政府克服了市场失灵，但并没有成为市场主体。政府超前引领强调政府具有双重属性，其准微观属性使其成为市场主体，参与区域竞争，从而使经济中存在双重竞争主体，形成市场竞争中的"双强"机制。四是市场作用的不同。市场超前引领强调市场配置资源，政府独立于市场之外。政府超前引领强调政府要培养市场、遵循市场规则，维护市场竞争、稳定经济发展，有效生成资源、参与区域竞争。政府与市场是交织在一起的，政府竞争与市场竞争构成经济发展的"双强"机制。

从政府的视角看，市场超前引领与政府超前引领的本质区别主要有四点。一是政府干预模式不同。市场超前引领中的凯恩斯主义侧重于需求总量调节，进行有效需求管理，在短期内熨平经济波动。政府超前引领的特征是，政府侧重供给侧推动，开拓资源生成领域，在区域政府竞争中获得竞争优势，推动辖区长期发展。二是政府干预的政策手段不同。市场超前引领中的凯恩斯主义侧重于对财政政策、货币政策等的总需求予以调节；政府超前引领侧重于对产业资源、城市资源和民生资源的引导、调节和监督，政策手段是全方位、全过程的。三是政府干预的时间节点不同。市场超前引领中的凯恩斯主义侧重于事中、事后政府干预。比如，经济体遭受了不利冲击，经济衰退，政府则逆周期操作，对冲不利冲击。政府超前引领侧重于事前干预。比如，把准经营性资源转变为可经营性资源，放松辖区企业所面临的整体资源约束。四是政府的作用不同。在市场超前引领中，政府的作用主要是克服市场失灵，比如凯恩斯主义在理论上就是把政府置于市场之外。在政府超前引领中，政府具有准微观属性，就是市场主体之一，参与市场竞争。

第四节　政府超前引领的应用：目标引领

本节在经济增长目标这个具体场景下，讨论政府超前引领的应用。目标引领是政府超前引领的应用，是量化的政府超前引领。

一、目标引领发展

区域政府对辖区宏观经济负责,从而使辖区宏观指标有了具体的负责人。宏观经济指标是微观经济主体活动的宏观反应,宏观指标有了具体的负责人,是指区域政府是对整个区域生产总值负责,而不是对某一个企业负责。不妨考察一个由两个区域构成的经济体。两个区域分别记为区域A和区域B,都各有1万家企业,每家企业一年创造的生产总值为100元。按照国民经济核算的基本原理可知,区域A和区域B的生产总值就是1万家企业的增加值之和,为100万元。这表明,区域生产总值是一个宏观指标,更确切地说,是对辖区内所有市场主体经济活动结果的一种事后核算。区域政府对辖区宏观经济负责,必然对区域生产总值的高低负责。

区域政府超前引领辖区发展,将事前设置具体的宏观目标。接着上面的例子,区域政府A将如何事前设置区域生产总值目标呢?至少要考虑参照系、工具箱和可行性三点。首先考察设置目标的参照系。从区域政府的视角看,有三个可能的参照系。一是上级政府的目标。在上面的例子中,经济体政府是两个区域政府的上级,对整个经济体负责。如果经济体政府明确了自己的目标,必将其分解到区域政府,那么区域政府则可据此制定自己的目标。二是同级政府的目标。在上面的例子中,区域政府只有2家,在区域竞争中,自然相互关注对方行为,并做相应的策略性调整。三是区域市场的情况。在上面的例子中,在没有政府干预与外生冲击的情况下,如果区域A内的1万家企业数量短期内保持不变,每家企业产值不变,那么这意味着,区域市场目前能够创造的产值就是100万元。显然,区域市场的情况是区域政府制定辖区目标的核心参照系,也是经济体政府制定目标的核心参照系。

基于这个市场参照系,我们把区域政府制定的一个不低于参照系的目标视为目标引领的前提条件。背后的逻辑非常明显:如果区域政府制定的目标低于市场参照系,那么市场自发运行的宏观结果就会实现这个目标。这时,事前的宏观目标对随后的市场经济运行不会有任何影响,至多就是对宏观经济运行的一个预测。比如在上面的例子中,区域政府A事先制定的产出目标是"区域A的生产总值将达到100万元"。从事后核算结果可知,区域A的市场所能够创造的产值就是100万元。我们能够说,事前制定了"区域A的生产总值将达到100万元"的目标导致了区域A的生产总值达到100万元吗？显然不能。因为，在我们构建的这个例子中，根本不存在这个因果关系。

接下来，我们讨论工具箱和可行性。区域政府制定了一个不低于参照系的目标，市场自发力量无法实现，需要工具箱。比如在上面的例子中，区域政府A事先制定的产出目标不是100万元，而是"区域A的产值将达到120万元"。我们已经知道，区域A的市场所能够创造的产值就是100万元，如果区域政府A没有采取措施，那么超出市场能力的20万元的产出目标自然不会实现。因此，区域政府A制定了一个不低于参照系的目标，需要相应的政策，或者说目标导向的政策。根据政府引领发展理论可知，区域政府A可采用资源生成的办法。随着区域政府A把辖区准经营性资源转化为可经营性资源，区域A的市场将迎来两个可能的变化：一个是区域A的可经营性资源增加了，另一个是区域A的市场主体数量增加了。

图1-3揭示了区域政府进行资源生成，增加可经营性资源带来的影响。图中，横轴为生成要素资本，记为K，纵轴为劳动，记为L。在区域A，一个代表性企业投入资本和劳动进行生产，其可能的产出水平记为等产量线。图1-3中的上图画出了3条凸向原点的等产量线，产出水平分别为120、100和80；同时，上图还画出了代表性企业所面临的资源约束线，即一条向右下方倾斜的直线。从图形上看，产出为100的等产量线与约束线相切，是代表性企业所能够实现的最大产出水平。因为，产出水平高于100时，等产量线将向外平移，将在约束线以外，比如产出为120的等产量线在约束线之外，现有资源无法支撑更高的产出。如果区域政府进行资源生成，将辖区的部分准经营性资源转化为可经营性资源，比如资本，那么经济体的可经营性资源总量增加了，每个企业所获取的资源则会随之增加。这时，代表性企业所面临的资源约束线则会以纵轴上的截距为原点向右旋转。如图1-3中的下图所示，当资源约束线旋转到与产出为120的等产量线相切时，代表性企业的最大产出则从100提高到120。相应地，投入的最优资本则从K^*增加到K^{**}。同理，其他企业的产出也可以提高到120。因此，随着每个企业的最优产出水平提高到120，区域A的生产总值将达到120万元，能够实现事前制定的目标。当然，每个企业资源约束线旋转幅度的大小，取决于区域政府资源生成的总量以及每个企业获取增量资源的能力与方式。不过，以上讨论至少揭示了一种可能性：当区域政府制定一个不低于参照系的目标，并进行资源生成时，高于参照

系的目标是可能实现的。

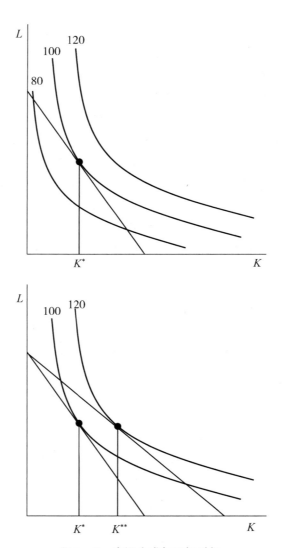

图1-3 资源生成与目标引领

区域政府进行资源生成也会影响区域内的市场主体数量。正如前面所讨论的，区域政府可以采用独资、合资、合作、股份制甚至国有民营等方式组建项目载体，成立新的市场主体，配置、开发、运营、管理准经营性资源。因此，区域政府把准经营性资源转变为可经营性资源的过程，从一

定意义上说，就是准经营性资源市场化的过程，一批新的市场主体将会进入这个新的可经营性领域。具体而言，可通过两个不同的渠道进入这个新领域。一是产权改制。对于存量准经营性资源的载体进行产权改革，采用改制为国有民营、股份制、合资、合作、拍卖给投资者等形式，使其成为新的市场主体，参与市场竞争。另一个是新设立。对于新增准经营性资源的载体，则一开始就从独资、合资、合作或股份制等形式入手，成立新的市场主体，参与市场竞争。这些新的市场主体在新生成的资源领域运营，向市场供给新产出，从而为高于参照系的目标提供新的支撑。

以上分析表明，在经济目标这个场景下，政府超前引领就具体化为目标引领，区域政府首先制定一个高于参照系的目标，接着进行资源生成，吸引新市场主体，实现这个目标，从而引领区域经济发展。

二、目标"倒逼"创新

区域政府执行国家统一的政策，如何进行资源生成、吸引新市场主体呢？主要是靠创新。区域政府创新是指区域政府主动采取不同于上级要求的新政策，以期获得更好的绩效。在经济体内，上级政策具有统一性，各个区域政府全部采取"统一"政策，则不存在区域创新。如果出现了区域创新，必然是某个下级地方政府采取了不同于上级要求的新政策，形成新的区域竞争优势。因此，区域创新是新政策替代旧政策的过程，旨在上级的领导下取得更好的绩效。从纵向的维度看，一个典型的区域创新可分为以下三步。

第一步，某个区域政府先行一步。也就是说，与经济体的其他地方相比，目标引领的区域主动采取新政策，先行一步。区域创新的必要条件是上级的默许、同意、支持。在任命制经济体里，下级官员由上级任命，对上级负责，落实上级所要求的政策。如果某个下级地方官员主动实施了有别于上级要求的做法，必有上级的默许、同意或支持。从实践看，每一个成功的区域创新背后，都有支持改革的上级。上级默许、同意、支持下级改革的一个具体表现是：上级划定区域创新的清晰边界。正如《春天的故事》所唱的，"一九七九年，那是一个春天，有一位老人在中国的南海边画了一个圈"。特区具有清晰的边界。现今亦如是，无论是自贸区还是新区，都有清晰的边界。相应地，区域创新在边界内进行。

区域创新的充分条件是执行新政策的绩效足够大。区域政府官员由上级任命,却选择不执行上级的统一政策,主动选择创新,尝试其他新政策。这种"你走你的阳关道,我过我的独木桥"的底气来自何方?来自上级更看重执行政策的绩效,而非执行政策的过程;来自下级地方政府执行新政策的绩效足够大,不仅远高于本地过去执行上级统一政策的绩效,而且也高于其他地区现在执行上级统一政策的绩效。只有如此高的绩效,才能够使下级地方官员在竞争中脱颖而出,才能够向上级证明,新政策是正确的。

区域创新的关键,是要有敢于创新的区域政府官员。从现实看,人民群众总能够从实际出发,创造性地提出能够解决问题的新方法。关键之处在于,在任的地方领导人能正视这些新方法,把其转变成新政策,执行新政策。因为,实施新政策时,放弃上级统一政策的成本已经产生了,而新政策的绩效只是预期收益,并非确定能够实现的收益。区域创新是有风险的,需要区域政府官员有勇气和胆魄来承担这个风险。显然,并不是每一个区域政府官员都有这个勇气和胆魄,但是每个区域政府创新的背后,几乎都站着一位"胆子要大一些"的领导人。一言以蔽之,区域创新的充分条件是,目标"倒逼"有担当的区域政府官员创新。

第二步,上级认可。上级认可是一个过程,一个典型的上级认可过程包括视察、定性和推广等环节。视察是上级实地核查区域创新绩效的过程,是认可的起点。上级默许支持区域创新的措施,也承担了改革的风险。在绩效自证新政策合理的规则下,上级只有看到了区域创新足够明显的绩效,认可了新政策,才能消除上下级承担的风险。因此,区域创新取得足够明显的绩效后,上级来视察,对于上下级官员来说,是双赢。另外,区域创新取得足够明显的绩效后,同级官员来参访,对于参访者和被参访者来说,也是双赢。毕竟,来参访的同行越多,则意味着新政策的价值越大。

定性是上级认可的核心。区域创新是一项试验,所进行的政策创新更是一项试验。上级责无旁贷地成为最终裁判,鉴定区域创新。虽然绩效能自证新政策的合理性,但是区域创新所实验的新政策,符合整个经济体的实际吗?上级是最终裁判。以特区为例,在创立之初,从中央到地方,从理论界到普通百姓,对经济特区的性质也都持有不同的观点,久久未能够达成共识。1984年1月24日,邓小平亲自视察经济特区的发展情况。"经济特区是我提议的,中央决定的。五年了,到底怎么样,我要来看看。"

同年2月1日，邓小平题词："深圳的发展和经验证明，我们建立经济特区的政策是正确的。"邓小平对特区的定性，给有关特区的争论基本画上了句号。

推广是上级认可的目的。上级默许、支持区域创新的动机，就是尝试通过地方试验，风险相对可控地筛选出解决经济体所面临问题的政策方案。上级在视察中如果肯定了区域创新，必然会在经济体里推广先行一步地区所试验出的新政策。当然，为了稳妥起见，上级可能会选择先向经济体里的部分地方推广，然后再向其他地区推广。

第三步，区域政府同步。上级认可、推广区域创新后，先行一步地区的优势消失了，整个经济体的区域政府进入同步期。上级推广了新政策，其他地区采用了新政策，结果经济体的各个地区都执行了新政策，先行一步地区的政策优势不再。其实，这是先行一步地区所期盼的结果。因为先行一步地区发自内心地期盼上级认可其创新的政策，认可的最好结果就是在整个经济体推广其创新的政策。不可否认，区域创新一旦到了这个阶段，难免会出现质疑或失落的声音。比如"特区为什么不特了"等。对于经济体而言，各个地区重新执行统一的新政策。在新的初始状态下，经济体将进入新一轮区域创新周期。

以上分析表明，当区域政府实施目标引领时，目标将"倒逼"有担当的区域政府官员进行创新，为辖区生成新的可经营性资源，以实现目标引领。从纵向的维度看，一个典型的区域政府创新可分为某个区域政府先行一步、上级认可和区域政府同步三个阶段，构成一个完整的区域创新周期。上级掌握着创新周期的进程，构成了经济体的空间渐进创新。从横向的维度看，一个典型的区域政府创新包括理念创新、技术创新、管理创新和制度创新四类。

区域发展的思路、方向和方式至关重要，需要依靠先进的理念来引领。区域政府理念创新既包括对区域资源的整体把握和调控，全面规划区域未来发展的战略定位和发展模式，也包括在顶层设计上解决好发展方式和发展动力等问题。比如，在改革开放之初，解放思想、把工作重心转移到经济建设上来，进入新时代以后提出的新发展理念等。

技术创新是经济发展的核心驱动力，催生新产品、新产业、新模式和新业态。区域政府技术创新既包括对区域创新的参与、调配和维序，也包括运用新技术提升政务服务水平。比如，随着信息时代的来临，政府积极推进数字政府建设。1993 年，国家启动"金桥""金卡""金关"三金工程。2002 年，国务院 17 号文件提出建设"一站""两网""四库"和"十二金"，构成中国电子政务的基本框架。一批大型业务系统逐步按照"条条"模式建立起来，成为贯通全国上下的信息通道，也是"数据烟囱"的源头。2017 年底，中央提出"加快建设数字中国"。2018 年，广东、浙江等积极部署开展数字政府建设，并把数字政府建设作为优化营商环境建设的着力点和突破口。2019 年 11 月 8 日，全国一体化在线政务服务平台上线试运行，全国各级政务服务平台应接尽接、政务服务事项应上尽上。从此，全国一体化在线政务服务平台联通各省市区各部门，形成全国政务服务"一张网"，促进政务服务跨地区、跨部门、跨层级数据共享和业务协同。

区域政府的组织管理能力创新是辖区市场主体创业、创新、兴业的关键因素。因为，区域政府对辖区经济的组织管理构成了企业全生命周期的制度性成本。从我国 20 世纪八九十年代的行政审批实践来看，在部门分治的实施体制下，职权部门、审批部门职能交叉严重，多头审批现象突出，审批流程烦琐。早在 20 世纪 90 年代中期，各地为了招商引资，已开始思考"怎么审批、如何加快"的问题，探索从分散办理审批转向集中办理审批。1995 年，深圳市建立外商投资服务中心，1997 年，第一家地级政务服务中心在广东省江门市建立，随后各地不断建立健全政务服务中心。政务服务中心将企业"依照自己意愿找政府办事"与审批部门"依法依规提供办理服务"有机结合起来，在物理空间上便于企业办事。在体制机制上，各地经过 20 多年的实践，大致探索出三种模式，即职能部门的归并模式、部门业务的集合模式和受审分离的代办模式，优化办事流程，便于市场主体办事。地方政府推动政务服务从分散办理到集中办理，主要是从供给端优化审批流程，还需要从需求端进一步优化审批流程。因为，方便部门审批的办事流程未必方便企业办事。从涉及企业全生命周期的办事痛点和堵点出发，深化改革就是当下优化营商环境建设的核心内容。

制度创新是理念创新、技术创新和管理创新的根本保障，能够促进三者的融合发展。制度创新的关键是"有效激励"，为地方官员提供有效的激励，构成地方官员决策与行为的动机。地方官员在特定的激励之下，才有动机生成资源，培育市场。自 1978 年改革开放以来，中央所创设的激

励机制至少包括政治激励和财政激励。改革开放后，中央确立了"发展是硬道理"，重新明确发展的量化目标，并为此积极推进干部人事制度改革，重塑了中央对各级官员的激励。中央考察下级职位的可能人选的标准也随之变化，会选择性和差别化地侧重能更好地发展辖区经济的官员。地方官员为了自身职业发展，自然也随之转向致力于辖区经济增长，并为增长而竞争，以获得更多的政治升迁机会。这构成了中国各级官员积极致力于辖区经济发展的政治激励基础。与此同时，中央不断推进财政体制改革，给予官员致力于发展辖区经济的财政激励。财政激励对于地方政府组织而言显然是重要的，它关系到政府组织的可支配收益，对于处于各级政府组织最高位置的主要领导而言，财政激励带来自由裁量权，是政治激励的有力补充。总之，改革开放以来，中央重新确立经济发展的量化目标，通过改革重置政治激励和财政激励，官员辖区经济发展不仅能够带来财政上的收益，还能够带来政治上的收益。

三、面临的挑战

区域政府制定目标、引领辖区经济发展也面临着一些挑战。本章接下来主要讨论以下四个可能的挑战。

其一，目标的非长期性。非长期性是指目标短期化。目标是区域政府官员制定执行的，区域政府官员是有任期的。区域政府官员的更替不可避免地会影响目标执行，新主政官员上任后即调整原目标或制定新目标也是常见的现象。区域政府官员任期的不确定性更是加剧了目标的短期化。按照规定，地方官员任期一届通常是5年；但是从现实看，省级、地厅级、县处级官员的实际任期，平均而言都不到5年，有的职位甚至平均只有3年左右。任期短期化可以提高各级官员的流动性，但又会造成各级地方官员目标短期化、行为短期化，还难免会出现烂尾的"政绩工程"、荒废的工业园和"鬼城"等。目标短期化根植于我国区域政府官员的任期制度执行当中，其所造成的负面影响也应当首先从优化区域政府官员的任期入手。

其二，目标的非普惠性。非普惠性，是指新生成资源的使用是特惠的。为实现既定的发展目标，区域政府会进行资源生成，如何运用及配置这些资源本身是一个至关重要的问题，不仅关系到效率，而且涉及公平。在区域政府掌握大量生成性资源的情况下，各种政治联系不可避免地出现、存在乃至盛行。因为，当政治关联作为一种市场替代机制能够影响企业微观层面上的资源配置和产权保护时，一个企业有无政治关联，对其获取资源和经营发展必然具有显著影响。国有企业具有先天性的政治关联，并据此对这些要素资源具有很强的排他性或优先性的使用权和配置权，获得了对自己有利的法规、政策和监管措施，难免会出现市场竞争非中性。另外，政企关联直接影响政府的运行及官员的行为，扭曲政府有序治理和导致组织化腐败。

其三，目标的非协调性。非协调性，是指当目标多维时，多维目标无法同时实现。比如经济增长与转变经济增长方式。自党的十二大以来，历次党代会不仅明确提出经济增长速度的目标，而且强调转变经济增长方式的目标。从党代会上的表述看，对转变经济增长方式先后有三种表述。一是最初的表述，以提高经济效益为中心。① 党的十二大明确提出，"把全部经济工作转到以提高经济效益为中心的轨道上来"，"在不断提高经济效益的前提下"实现目标翻番。二是在党的十三大至十六大期间的表述，转变经济增长方式。党的十三大第一次明确提出转变经济增长方式，强调实现经济翻番目标的矛盾焦点是"经济活动的效益太低"，"要从粗放经营为主逐步转上集约经营为主的轨道"。党的十四大和十五大则分别强调要促进和积极推进经济增长方式转变。② 三是党的十七大以来的表述，加快转变经济发展方式。党的十七大强调，"实现未来经济发展目标，关键要在加快转变经济发展方式、完善社会主义市场经济体制方面取得重大进展"③。党的十八大报告则采用一节的篇幅论述要"加快转变经济发展方式"。这表明，从党的十二大到十八大，党中央越来越重视转变经济增长

---

① 时任总理李鹏在1995年9月25日《关于制定国民经济和社会发展"九五"计划和2010年远景目标建议的说明》中明确表述，"转变经济增长方式与中央多年来强调的以提高经济效益为中心，精神是一致的"。参见 http://www.china.com.cn/ch-80years/lici/14/14-0/9.htm。

② 党的十四大报告提出"努力提高科技进步在经济增长中所占的含量，促进整个经济由粗放经营向集约经营转变"。党的十五大报告则提出更高要求，"要积极推进经济体制和经济增长方式的根本转变"。党的十六大报告里并没有针对转变经济增长方式的专门论述，只是强调"必须发挥科学技术作为第一生产力的重要作用，注重依靠科技进步和提高劳动者素质，改善经济增长质量和效益"。

③ 党的十七大报告给出了转变经济发展方式与转变经济增长方式之间的区别与联系。转变经济发展方式是指"经济增长由主要依靠投资、出口拉动向依靠消费、投资、出口协调拉动转变，由主要依靠第二产业带动向依靠第一、第二、第三产业协同带动转变，由主要依靠增加物质资源消耗向主要依靠科技进步、劳动者素质提高、管理创新转变"。

方式。最近几次党代会也坦承转变经济增长方式的目标至今尚未完全实现。江泽民在党的十四届五中全会闭幕式上的讲话明确指出,"这种转变的基本要求是,从主要依靠增加投入、铺新摊子、追求数量,转到主要依靠科技进步和提高劳动者素质上来,转到以经济效益为中心的轨道上来。这一思想,早在改革开放之初就已明确提出,虽然取得了一定进展,但总体效果还不明显"[①]。党的十七大和十八大报告则分别坦承"长期形成的结构性矛盾和粗放型增长方式尚未根本改变"和"转变经济发展方式任务艰巨"。这表明,尽管党中央一直都明确提出,但是保增长与转方式这两个目标至今还未同时实现。

其四,目标的不确定性。不确定性,是指目标引领发展的不确定性。从全球视野来看,当经济处于初级阶段时,追赶的方向和路径相对清晰;当越来越接近世界前沿时,引领方向的选择就会成为一个棘手问题。目标引领发展的成功,一定程度上依赖于区域政府所具有的信息优势。由于处于发展的初级阶段,从世界产业链的角度来看,产业转型升级的路径相对清晰,从中央到地方,从国企到民企,难免"英雄所见略同",在产业发展的行业选址以及项目选择上很容易达成共识。随着产业不断迈上中高端,越来越接近世界前沿,区域政府在追赶过程中所拥有的先验信息逐步消失,目标引领发展则不再具有信息优势。当官员热衷于推动发展而又缺乏先验信息时,可能导致经济发展出现方向性失误。在企业、行业层面,这样的例子较多。成功的例子如中国目前的高铁,不成功的例子也不少,大都是当新技术的开发前景极为不确定时,政府深入参与,一旦失误,将导致巨额成本的损失。

目标引领所面临的挑战,表明了区域政府实施政府超前引领过程受到许多约束,这些约束涉及但不限于技术、信息乃至制度等方面。如果区域政府不能有效地应对和处理这些约束而机械地推动目标引领,就会出现上述一系列风险和挑战。政府超前引领在理论上意味着政府能够超越单纯市场发挥作用的状态,既构筑更加完善的市场体系,又积极推动资源生成和资源配置效率提升,促进经济高质量发展;但现实中,政府超前引领在实

---

① 江泽民 1995 年 9 月 28 日在党的十四届五中全会闭幕式上的讲话《正确处理社会主义现代化建设中的若干重大关系》。参见 http://www.china.com.cn/ch-80years/lici/14/14-0/lici-14-0.htm。

践上要取得成功，依赖于许多条件，也需要政府正确理解真正的超前引领的本质。总之，目标的非长期性、非普惠性、非协调性和不确定性，既是目标引领发展面临的挑战，也为深化目标引领指明了方向。

❋ 本章小结 ❋

"强有效市场＋强有为政府"是成熟市场经济的目标模式。一个经济体从初始的市场经济成长为成熟的市场经济主要有两条路径：市场超前引领和政府超前引领。

市场超前引领，是指从初始的"弱有效市场＋弱有为政府"状态，先发展到"强有效市场＋半强有为政府"状态，最终走向成熟的"强有效市场＋强有为政府"状态。在这个过程中，市场功能体系率先完善发育，市场机制自发优化资源配置；随着"市场失灵"的暴露和经济危机的爆发，政府在三类资源中的配置功能不断得到认可、完善。因此，市场超前引领的主要特征是：人们在"强有效市场"上具有高度共识，在"强有为政府"上具有高度争议。

政府超前引领，是指从初始的"弱有效市场＋弱有为政府"状态，先发展到"弱有效市场＋半强有为政府"或者"半强有效市场＋强有为政府"状态，最终走向成熟的"强有效市场＋强有为政府"状态。在这个过程中，政府率先调配资源，引领经济发展；随着"政府失灵"的暴露和经济危机的爆发，市场的作用不断得到认可、完善。因此，政府超前引领的主要特征是，人们在"强有为政府"上具有高度共识，在"强有效市场"上争议不断。

从出发点的视角看，市场超前引领与政府超前引领的本质区别，主要体现在政府是否拥有先验信息上。尽管不同经济体可能选择不同的发展路径，但是世界范围内的经济发展路径大致相同。从纵向维度看，最近500多年来，经济发展大致走了一条工业化、城市化、国际化之路；从横向维度看，不同发展水平的经济体在世界产业链中所处的位置不同，面临的信息也不同。发达经济体处于世界产业链的最前沿，政府没有引领经济发展的先验信息，产业升级只能主要靠市场，只能走市场超前引领之路。欠发达经济体处于世界产业链的中后端，政府拥有引领经济发展的先验信息，可引领辖区经济发展，走上政府引领发展之路。

目标引领是政府超前引领的应用。目标引领定量地体现了政府在理念、制度和管理等方面的创新，也驱动区域政府实施政策创新，展开区域政府竞争，推动经济发展。不过，区域政府制定的目标通常具有非长期性、非普惠性、非协调性和不确定性，与中央政府应该追求的长期、全面、多维发展目标存在内在冲突。因此，目标引领发展是特定阶段的发展路径，既需要深化自身改革，又需要不断加强市场体制改革，以实现"强有效市场＋强有为政府"的成熟市场经济。

思考讨论题

1. 你如何理解三类资源划分理论？准经营性资源有何特点？如何配置准经营性资源？

2. 你如何理解区域政府双重属性和市场经济双重主体理论？二者有何内在联系？

3. 你如何理解经济发展双重路径理论？市场超前引领与政府超前引领有何区别？

4. 目标引领发展的理论机制是什么？请结合具体经济发展实践来说明。

5. 目标引领发展可能面临的挑战有哪些？请结合具体经济发展实践来说明。

6. 制定发展目标是中国特色吗？世界其他地区也有类似实践吗？如有，请举例说明。

第二章 增长目标体系

目标引领由各级区域政府做出，在一个多层次的政府体系当中，既存在着不同层级之间的政府互动，也存在着相同层级政府间的横向竞争互动，区域政府的增长目标不是相互独立的，而是互相关联的，因此增长目标就会构成一个体系。实际上，政府不是完全依据辖区经济实际情况来独立制定增长目标，而是锚定其他政府制定的目标。基于1991—2016年间国家、省级增长目标数据和混合截面全局向量自回归模型，本章发现各级、各区域政府的增长目标确实形成了增长目标体系，具有三个特征：一是在纵向互动上，呈单向性互动。表现为国家增长目标每调整1个百分点，省级增长目标随之平均调整1.35个百分点；中央对任何单个省级增长目标的调整没有显著反应。二是在横向互动上呈选择性互动。表现为在目标调整上，区域政府主要与其空间相近或发展水平相似的区域政府互动。三是区域政府独立制定目标的能力越强，目标互动程度越低。本章印证了目标引领属于政府的超前引领，这种超前引领内嵌于政府体系当中，是区域政府参与区域政府之间的竞争的重大战略举措。

第一节 引　　言

在中国区域经济发展中，一个基本的事实是，各级政府都事前制定并公布辖区经济增长目标。比如，总理在年初的全国两会公布全国的增长目标，省长在年初的省级地方两会上公布本省的增长目标，市长在年初的市级地方两会上公布本市的增长目标。这些增长目标是相互独立的，还是存在一定的互动关系而构成一个目标体系？

这一问题无疑是要紧的。因为，增长目标之间的关系在一定程度上反映了政府是否根据本辖区经济实际情况独立制定经济增长目标。当政府完全依据辖区经济实际情况独立制定增长目标时，区域政府制定的增长目标之间是相互独立的；而当政府在一定程度上锚定其他政府所制定的增长目标而不是根据本辖区的实际情况独立制定本辖区的增长目标时，区域政府制定的增长目标之间就具有一定的互动关系，从而构成了一个增长目标体系。如果区域政府的增长目标构成了一个增长目标体系，那么上下级的增长目标如何互动？同级不同地区的增长目标如何互动？互动程度有多高？影响互动程度的因素又是什么？至少在我们的认知范围内，鲜有文献系统考察这些问题。

这些问题具有丰富的现实意义。各地区由于资源禀赋、发展阶段、经济环境等差异，客观上需要依据本地实际情况确定不同的增长目标。① 然而，由于政府能力、激励机制等因素的影响，现实中，政府制定增长目标时或多或少锚定上级政府或同级其他地方政府制定的目标，而不是完全依据本地的实际情况。这可能导致增长目标与本地实际情况脱节，进而对经济发展质量造成影响。②

因此，对目标间互动程度进行定量估计，有助于定量地把握各级政府在多大程度上是依据本地实际情况制定增长目标，从而能够为进一步完善目标引领提供决策依据。

基于此，本章首先尝试从增长目标体系的视角考察中国经济增长目标的特征。具体而言，本章采用混合截面全局向量自回归（Mixed Cross-section Global Vector Autoregression，MCS-GVAR）模型，估计出上下级以及同级不同地区政府制定的增长目标之间的互动程度。MCS-GVAR 模型最早由 Gross and Kok（2013）在 Pesaran et al.（2004）提出的 GVAR 模型的基础上拓展而来。③ 与现有文献所采用的计量模型相比，MCS-GVAR 模型不仅能够在同一个框架内同时估计出上下级以及同级不同地区政府制定的增长目标的互动程度，从而避免遗漏偏误，而且能够很好地捕捉到这些互动程

---

① 习近平在主政浙江期间就已提出："各地必须彻底改变计划经济体制下的指标观念，实事求是地确定本地区的预期增长目标，防止盲目攀比速度，更不要层层加码。"参见 http://leaders.people.com.cn/GB/6517555.html。

② 现实中的例子有历史上"大跃进"期间的"高指标""浮夸风"（Kung and Chen, 2011），以及更常见的各地区之间因相互攀比而造成重复建设、产能过剩等后果（周黎安等，2015；余泳泽等，2019）。

③ MCS-GVAR 模型在金融风险传导、货币政策传导等领域已有不少应用（Gross and Kok, 2013；Georgiadis，2015；黄佳琳和秦凤鸣，2018）。

度的异质性，估计结果更为可靠。① 其次，MCS-GVAR 模型估计得到的是所有目标互动关系的全集，而不只是均值，② 能够更好地定量展示互动关系的全貌，并能够讨论其影响因素。

本章通过分析 1991—2016 年间国家、省级增长目标数据发现，在中国，各级、各地政府的经济增长目标不是相互独立的，至少在一定范围内是相关联的，并构成了一个增长目标体系。具体而言，中国增长目标体系呈现出三个主要特征。一是下级对上级目标变动有显著反应。国家经济增长目标每调整 1 个百分点，各省经济增长目标便随之平均调整 1.35 个百分点。二是上级对单个下级目标变动没有显著反应。对于任何单一省级增长目标的调整，中央经济增长目标都不会做出显著反应。三是同级不同地区政府的增长目标在一定范围内存在互动。③ 省级政府调整经济增长目标时更倾向于参考空间相邻或发展水平相近省份的目标，而忽略其他省级目标的影响。这些发现说明，政府制定增长目标时在一定程度上锚定了其他政府的目标，而不是完全依据本辖区经济实际情况独立制定增长目标。

接着，本章考察影响互动程度的可能因素。经济增长目标是各级政府制定并公布的。当政府越有能力根据其辖区实际情况独立制定本辖区增长目标，而不是锚定其他政府所制定的目标时，目标间的互动程度越低。因此，基于政府能力的视角，本章提出的理论假说是，地方政府独立制定目标的能力越强，增长目标体系中的互动程度越低。

本章从综合领导能力和与上级沟通的能力两个维度来度量地方政府独立制定目标的能力。一方面，从同级互动的维度出发，本章考察省委书记曾经任职地的数量及其代理地方政府的综合领导能力。地方官员的能力是政府能力的重要体现，经历多地任职的官员，通过在不同地方任职的历

---

① 对于经济增长目标体系来说，存在着上级目标对下级目标、下级目标对上级目标以及同级不同地区政府目标之间的三种互动关系，这三种互动关系是相互影响的，遗漏任意一种都可能造成估计偏误（Revelli，2003）。较少文献考虑了下级目标对上级目标的可能影响，而从现实看，上级在制定增长目标时通常会通过调研、座谈、下级汇报等方式，广泛听取下级意见（周黎安，2014；韩博天和奥利佛·麦尔敦，2013），因此，理论上，上级制定目标时有可能受到下级目标的影响。

② 以地方目标对中央目标的响应程度为例，本章估计出每个省份目标各自对中央目标的响应程度，而其他文献通常采用线性回归模型，仅能得到一个平均的响应程度。

③ 在考察同级不同地区政府的增长目标的互动时，已经控制了各地区对上级政府增长目标的共同反应及各地区面临的共同经济趋势。

练，与任职地单一的同级官员相比，通常具有更强的综合领导能力（徐现祥和王贤彬，2011；Shi et al.，2018），独立制定辖区经济增长目标的能力越强。另一方面，从上下级互动的维度出发，本章考察省委书记是否直接来源于中央部委及其代理地方政府与上级沟通的能力，并发现：来源于中央的官员与中央联系较为密切，与中央沟通的能力较强。

最后，采用1991—2016年间国家、省级增长目标数据来检验本章的理论假说。计量分析发现，一方面，省委书记来自中央的比重每提高一个标准差，对中央增长目标的反应便显著地降低0.12个百分点，而对其他省份增长目标反应程度的影响不显著；另一方面，省委书记经历的任职地数量每提高一个标准差，对中央目标的反应程度的影响不显著，而对其他省份目标的反应程度则显著地下降0.01个百分点。这些发现是稳健的，验证了本章的理论假说。

第二节 增长目标体系的识别

一、经济增长目标体系的构建

本节构建中国经济增长目标体系的 MCS-GVAR 模型。该模型能够在统一框架下同时考察经济增长目标体系中的上下级之间的和同级不同地区之间的互动关系。

对应我国经济增长目标体系的多层级特征，MCS-GVAR 模型包含两个层级（如图2-1所示），第一个层级是中央，由1个 VARX 模型组成；第二个层级是省级，由29个 VARX 模型组成，分别代表29个省份[①]。模型由式（2-1）和式（2-2）组成。[②]

$$y_t^{(C)} = \alpha^{(C)} + \Phi^{(C)} y_{t-1}^{(C)} + \Gamma_1^{(C,P)} \sum_j w_{j,t-1}^{(C,P)} y_{j,t-1}^{(P)} + u_t^{(C)} \quad (2-1)$$

---

① 由于数据可得性问题，本章样本剔除了港澳台地区及西藏。重庆在本章样本期间才升格为直辖市，数据不完整，因此本章将四川与重庆两省市数据进行合并处理，以下仍以"四川"指代。

② 为简化表述，这里以尽可能少的滞后阶数进行叙述。实际估计中参考 Georgiadis（2015）的研究，设定各变量最大滞后阶数为1，并通过最小最大特征根选择滞后阶数。

第二章 增长目标体系

$$\boldsymbol{y}_{it}^{(P)} = \alpha_i^{(P)} + \boldsymbol{\Phi}_i^{(P)} \boldsymbol{y}_{i,t-1}^{(P)} + \Gamma_{i0}^{(P,P)} \sum_{j \neq i} w_{ijt}^{(P,P)} \boldsymbol{y}_{jt}^{(P)} + \Gamma_{i0}^{(P,C)} \boldsymbol{y}_t^{(C)} + u_{it}^{(P)} \quad (2-2)$$

其中，式（2-1）代表中央层级，式（2-2）代表第二个层级中的第 i 个省份，$i=1,2,\cdots,29$，下标 t 表示年份，上标 C 表示中央，上标 P 表示省份。

首先，单看式（2-2）。式（2-2）是一个由 29 个省份的 VARX 模型组成的 GVAR 模型①。对于省份 i 的 VARX 模型，$\boldsymbol{y}_{it}^{(P)}$ 是省份 i 的省内变量组成的向量，包含了省份 i 的增长目标及其他与增长目标相关的省份 i 自身因素；$\sum_{j \neq i} w_{ijt}^{(P,P)} \boldsymbol{y}_{jt}^{(P)}$ 是其他省份省内变量的加权平均值，其中，权重系数 $w_{ijt}^{(P,P)}$ 反映了不同省份对省份 i 的影响程度差异；$\boldsymbol{y}_t^{(C)}$ 是中央层面变量，包含了中央增长目标及其他与增长目标相关的中央政府自身因素②。省份 i 的 VARX 模型的设定反映了在经济增长目标体系中，每一个省份制定增长目标时，除了考虑自身因素之外，还会参考其他省份制定的增长目标，也会参考中央的增长目标。在图 2-1 中，这分别对应序号为①、②、③的箭头。上述变量中，$\boldsymbol{y}_{it}^{(P)}$ 是省份 i 的 VARX 模型中的内生变量。由于 GVAR 模型的内生变量由各 VARX 模型的内生变量组成，因此，式（2-2）的 GVAR 模型的内生变量为 $\{\boldsymbol{y}_{it}^{(P)}, i=1,2,\cdots,29\}$。中央层面变量 $\boldsymbol{y}_t^{(C)}$ 在式（2-2）的所有省份 VARX 模型中都不是内生变量，所以对于式（2-2）的 GVAR 模型来说 $\boldsymbol{y}_t^{(C)}$ 是外生的。因此，式（2-2）组成的 GVAR 模型能够考察增长目标在地区之间的互动（图 2-1 中的箭头②），也能够考察地方增长目标如何对中央增长目标做出反应（图 2-1 中的箭头③），但是无法考察中央增长目标如何对地方增长目标做出反应。这是因为作为外生变量，中央增长目标是由模型之外的因素决定的。

为了在同一框架内同时考察增长目标在中央与地方之间的互动和地区之间的互动，需要在模型中将中央增长目标作为内生变量，因此，在式（2-2）的省级 GVAR 模型的基础上，参照 Georgiadis（2015）的研究，引入由式（2-1）代表的中央的 VARX 模型，从而将 GVAR 模型扩展成由式（2-1）和式（2-2）组成的 MCS-GVAR 模型。对于中央的 VARX 模型，$\boldsymbol{y}_t^{(C)}$ 是

---

① GVAR 模型由 Pesaran et al.（2004）提出，已成为研究国家之间或地区之间经济联系的主要计量分析模型之一，Di Mauro and Pesaran（2013）对此进行了很好的总结。

② 从这里也可以看出，在考察省级增长目标之间的互动程度时，控制了省级增长目标对中央目标的共同反应。

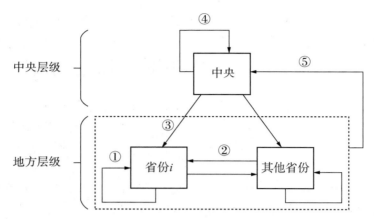

图 2-1 经济增长目标体系的 MCS-GVAR 模型框架

（资料来源：刘勇、杨海生、徐现祥《中国经济增长目标体系的特征及影响因素》，载《世界经济》2021 年第 4 期）

中央变量组成的向量，包含了中央经济增长目标及其他与增长目标相关的中央自身因素；$\sum_j w_{j,t-1}^{(C,P)} y_{j,t-1}^{(P)}$ 是所有省份的省内变量的加权平均①，其中，权重系数 $w_{j,t-1}^{(C,P)}$ 反映了不同省份对中央的影响程度的差异。中央的 VARX 模型的设定反映了中央制定增长目标时，除了考虑自身因素，也考虑地方制定的增长目标。在图 2-1 中，这分别对应于序号为④⑤的箭头。在式（2-1）的中央的 VARX 模型中，包含中央增长目标的向量 $y_t^{(C)}$ 为内生变量。因此，由式（2-1）和式（2-2）组成的 MCS-GVAR 模型的内生变量是 $\{y_t^{(C)}; y_{it}^{(P)}, i=1,2,\cdots,29\}$。由于此时中央和各省份增长目标都是模型的内生变量，因此能够同时考察增长目标在央地之间的互动和在地区之间的互动。

此外，在式（2-1）和式（2-2）的基础上，还可以通过外生变量的形式加入其他增长目标设定过程的影响因素。我国作为一个外向型经济体，国际市场的变化对我国宏观经济具有不可忽视的影响，因此本章在模型中加入了中央和各省份共同面临的来自国外的外来冲击作为外生变量，以反映国外冲击对我国经济的影响，用 x_t^{ex} 表示。

---

① 由于中央对各省份的影响具有全局性，如果加入当期值，可能不符合弱外生性，故以滞后值进入中央的 VARX 模型（Smith and Galesi，2014）。这与现实中增长目标制定的时间顺序也是相符的。在现实中，中央增长目标实际确立于年末的中央经济工作会议，早于省级经济工作会议召开的时间。

对式（2-1）和式（2-2）进行估计可得到全局的 VAR 模型，这个全局 VAR 模型的内生变量由式（2-1）和式（2-2）中各 VARX 模型的内生变量组成。基于此，全局 VAR 模型的脉冲响应函数分析与标准的 VAR 模型没有本质的不同。

本章采用广义脉冲响应函数来分析经济增长目标体系中的互动关系。广义脉冲响应函数考虑单个误差的冲击时，在不进行正交化的情况下，利用所有冲击的观测分布来综合其他冲击的影响，因而不受模型中变量排序的影响（Dees et al.，2007）。与之相比，传统的正交化脉冲响应结果依变量次序而变。当对模型中变量的排序缺乏强烈的先验信念时，正交化脉冲响应函数的可靠性存有一定疑问（Lütkepohl，2005），此时广义脉冲响应提供的信息相对有效。由于在如 GVAR 这样的大型 VAR 模型中变量的排序尤为复杂，广义脉冲响应函数在 GVAR 的文献中得到广泛应用（Di Mauro and Pesaran，2013；Chudik and Pesaran，2016）。具体到本章，在考虑政府间增长目标的互动时，我们缺乏准确判断各个省份重要性先后的先验理论，在此情况下，使用广义脉冲响应有望得到更准确的冲击影响。①

二、经济增长目标体系中的互动关系

基于前面所构建的经济增长目标体系的 MCS-GVAR 模型，本章考察中国经济增长目标体系的特征，具体来说，包括增长目标在上下级之间和在同级不同地区之间的互动。

首先是经济增长目标在上下级之间的互动，具体来说包括两个方面，其一是下级如何对上级增长目标的调整做出反应（即上级→下级）。为此，考察当中央的增长目标受到外生冲击时，各省份增长目标的脉冲响应函数。如果脉冲函数显著为正（负），即说明当中央经济增长目标做出调整时，省级经济增长目标的反应是进行同方向（反方向）的调整；如果脉冲函数统计上不显著，则说明省级增长目标对中央的目标调整没有做出反应。除此之外，脉冲响应函数还能够反映出省级目标对中央目标的调整做出响应的幅度、时滞及持续性等动态特征。其二是上级如何对下级增长目

---

① 本质上，基于广义脉冲响应函数可能无法严格地识别变量间的因果关系。在缺乏上下级之间和同级不同地区之间增长目标互动的成熟理论模型的基础上，本章的主要目的是准确测度上下级之间和同级不同地区之间增长目标互动的特征、程度及其异质性，而非严格地识别变量间的因果关系。准确测度增长目标互动特征和程度也可为进一步的理论构建提供事实基础。

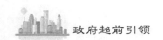

标的调整做出反应（即下级→上级）。类似地，考察当省份 i 的经济增长目标受到外生冲击时，中央的经济增长目标的脉冲响应函数。

其次是经济增长目标在同级不同地区之间的互动，为此考察省份之间的增长目标互动。对于任意两个省份 i 和 j，同样包括两个方面，其一是省份 j 如何对省份 i 的经济增长目标调整做出反应（即 $i \rightarrow j$），其二是省份 i 如何对省份 j 的经济增长目标调整做出反应（即 $j \rightarrow i$）。对此，相应地考察当省份 i 或 j 的经济增长目标受到外生冲击时，省份 j 或 i 的经济增长目标的脉冲响应函数。

在 MCS-GVAR 模型框架下，无论是上下级之间的还是同级不同地区之间的增长目标互动，都具有高度的异质性。具体来说，每一个省份对中央经济增长目标调整的响应程度是不同的；中央对每一个省份的经济增长目标调整的反应程度、任意一个省份 j 对任意一个省份 i ($j \neq i$) 的增长目标调整的反应程度也是不同的。这与一般的常系数回归模型有显著不同，后者通常只能估计出一个平均的反应程度。由此可以进一步考察互动程度差异的影响因素。

三、变量选择

本章主要选取与经济增长目标的设定及完成相关的变量。对于中央 VARX 模型的内生变量 $y_t^{(C)}$，除了本章所关注的全国经济增长目标，还包括货币政策变量和财政政策变量，这两者是中央实施宏观调控的主要手段。Chen et al.（2016）发现，中国的货币政策明显地服务于实现政府制定的经济增长目标，而且 M2 增长率是央行最主要的货币政策工具。据此，本章采用 M2 增长率作为货币政策的代表变量。另外，参照杨子晖（2008）的研究，采用财政支出增长率作为财政政策的代表变量。对于省份 VARX 模型的内生变量 $y_{it}^{(P)}$，除了本章所关注的省级经济增长目标，还包括固定资产投资增长率。这是因为，投资是地方政府拉动经济的最主要手段（Yu et al., 2016），徐现祥和刘毓芸（2017）也发现，经济增长目标主要通过影响投资而起作用。①

---

① 经济增长目标的设定及互动可能与各地区的经济形势有关，固定资产投资增长率一定程度上反映了经济形势。本章也尝试进一步加入"去年实际经济增长率与增长目标的偏差"作为省份方程的内生变量。结果与正文的基准模型的结果基本一致。

一旦确定了中央的 VARX 模型和省份的 VARX 模型各自的内生变量，其各自的弱外生变量也就自动确定了。根据式（2-1）和式（2-2）的模型设定，中央的 VARX 模型的弱外生变量由省份内生变量 $\sum_j w_{j,t-1}^{(C,P)} y_{j,t-1}^{(P)}$ 组成，而省份的 VARX 模型的弱外生变量包括其他省份的内生变量 $\sum_{j \neq i} w_{ijt}^{(P,P)} y_{jt}^{(P)}$ 及中央的内生变量 $y_t^{(C)}$。具体而言，中央的 VARX 模型的弱外生变量包括加权的各省份经济增长目标和固定资产投资增长率。① 省份的 VARX 模型的弱外生变量包括加权的其他省份的经济增长目标和固定资产投资增长率，以及全国经济增长目标、财政支出增长率、M2 增长率。

除此以外，中国作为一个外向型经济体，国际市场环境的变化对我国经济具有不可忽视的影响，因此在中央和省份的模型中同时加入了反映来自国外的外部冲击的变量 x_t^{ex} 作为弱外生变量。具体来说，参考张大永和曹红（2014）、中国经济增长与宏观稳定课题组（2008）等的文献，选取布伦特原油价格增长率和美国联邦基金利率两个变量作为外部冲击的代表变量。

对于权重矩阵 $w_{ijt}^{(P,P)}$，即度量省份 i 与省份 j 之间联系紧密程度的权重矩阵，在 GVAR 模型的文献中通常使用的是双边国际贸易流量矩阵，遵循这一做法，本章采用省际贸易流量矩阵作为权重矩阵。不过，由于我国省份之间的贸易流量缺乏官方统计，参考徐现祥和李郁（2012）的研究，本章使用省际双边铁路货运量来代理省份之间的贸易联系。相对于其他估计省际贸易流量的方法，直接使用省际铁路货运量具有以下优点：一是省际铁路货运量数据是逐年公布的，能够构造时变权重矩阵，更准确、及时地反映省份之间的紧密程度；二是省际铁路货运量直接可得，避免了更多人为估计所造成的偏误。对于权重矩阵 $w_{j,t-1}^{(C,P)}$，即不同省份对中央的影响程度，参考 Georgiadis（2015）的研究，以省份实际地区生产总值在国内生产总值中所占份额作为权重。②

---

① 加权的各省固定资产投资增长率反映了中央制定增长目标时对全国实际经济情况的考虑。

② 另外，在分别估计出各省份和中央政府的 VARX 模型之后，为了将各子模型联结成全局 VAR 模型，还需要另外两个权重矩阵，分别反映省之间联系紧密程度和省份对中央政府的影响程度，这两个矩阵只能是非时变矩阵（Smith and Galesi, 2014）。本章分别采用样本期内省级铁路货运量的平均值以及各省实际生产总值的平均值来构造这两个权重矩阵。

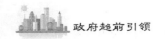

四、数据来源

本章构建了"中央—省级"两个层级的经济增长目标数据库。该数据库的时间跨度是 1991—2016 年,涵盖了中央及 29 个省份的经济增长目标。①

本章的增长目标数据中,2001—2012 年的数据来源于徐现祥和梁剑雄(2014)的研究,其余年份数据主要是从国务院和各省历年的政府工作报告(以下简称"报告")中获取。在大多数情形下,报告中都会明确提出新的一年全国或本省的经济增长目标。②对于无法找到报告或报告中没有明确提出增长目标的部分省份及部分年份,本章从其他政府规划文件、省志等资料的记载中搜集该省的年度经济增长目标,尽可能减少数据的缺失③。需要说明的是,虽然大多数时候报告的经济增长目标都有明确的数字,但也存在着以区间形式提出的情形。对于这些情形,本章以增长目标的区间均值为准。

此外,省际铁路货运量的数据来自历年的《中国交通年鉴》④。其他数据来源于中经网统计数据库。表 2-1 报告了上述各变量的描述性统计。

---

① 由于数据可得性问题,本章样本剔除了港澳台地区及西藏。重庆在本章样本期间才升格为直辖市,数据不完整,因此本章将四川与重庆两省市数据进行合并处理,以下仍以"四川"指代。

② 经济增长目标通常以按可比价格计算的国内生产总值的增长率的形式呈现,不过,在 20 世纪 90 年代初期,报告中通常提出的目标是国民生产总值增长率,随后各省逐渐转变到国内生产总值增长率。各省这一转变过程并不完全同步,最迟采用国内生产总值增长率作为经济增长目标的是青海省,其 1997 年报告中提出的仍然是国民生产总值增长目标。从 1998 年开始,所有省份都以国内生产总值增长率为经济增长目标。为了保持数据的完整性,在报告没有提出国内生产总值增长率目标的年份,使用国民生产总值增长率替代。

③ 即便如此,还是不可避免地存在着缺失值。在 1996 年之前的年份,有九个"省(自治区/直辖市)—年"的增长目标数据缺失,分别是"青海省—1991 年""湖南省—1991 年""上海市—1991 年""宁夏—1991 年""青海省—1992 年""宁夏—1992 年""吉林省—1992 年""黑龙江省—1996 年""上海市—1996 年"。对于这部分数据,本章以该省前后两年的经济增长目标的均值代替,如果前一年或后一年同样缺失,则取没有缺失的年份的目标数据代替。从 1997 年开始,所有省份的所有年份的经济增长目标数据都是完整的。

④ 对于每一对省份,《中国交通年鉴》都统计了两个省份之间双向(即从 A 省到 B 省和从 B 省到 A 省)的货运量。本章首先加总两个方向的货运量,得到每一对省份的贸易量,然后以该贸易量占该省份所有贸易量的份额作为权重系数。

表 2-1　MCS-GVAR 模型的描述性统计

变量/%	观测值	均值	标准差	最小值	最大值
中央经济增长目标	26	7.471	0.884	4.500	9.000
省级经济增长目标	754	9.510	1.920	2.500	18.000
中央财政支出增长率	26	9.389	9.659	-2.874	34.735
M2 增长率	26	19.647	7.330	11.012	37.310
固定资产投资增长率	754	16.665	11.577	-62.353	65.458
布伦特原油价格增长率	26	5.784	26.670	-47.135	60.112
美国联邦基金利率	26	2.848	2.280	0.089	6.236

注：样本范围为 1991—2016 年。
资料来源：刘勇、杨海生、徐现祥《中国经济增长目标体系的特征及影响因素》，载《世界经济》2021 年第 4 期。

第三节　增长目标体系的特征

当政府在一定程度上锚定其他层级或其他地区政府的增长目标，而不是完全依据本辖区经济实际情况来独立制定本辖区增长目标时，各级、各地政府的增长目标就具有一定的互动关系，从而构成一个增长目标体系。本节基于经济增长目标体系的视角，考察中国各级、各地政府的增长目标是否确实构成一个增长目标体系，并进而考察这个增长目标体系的特征。①

一、央地之间的增长目标互动：从中央到地方

本节考察央地互动关系的其中一个维度，是地方经济增长目标如何对中央经济增长目标的调整做出反应，即考察对于中央经济增长目标的正向冲击，各省份经济增长目标的广义脉冲响应函数如何变化。

首先考察地方经济增长目标对中央经济增长目标调整的平均反应。

---

① 本章基于 ADF、PP、KPSS 等方法对模型所有变量的平稳性进行检验。总体而言，参与模型的各变量符合平稳性的要求。据此，参照 Georgiadis（2015）的研究，对各省份及中央分别估计 VARX 模型，而不是 VECM 模型。模型的估计结果显示模型具有稳定性，全部特征根都落于单位圆内，其中最大的特征根为 0.67。

图 2-2 展示了当中央经济增长目标受到 1 个百分点的正向冲击时，各省份增长目标的平均反应。这是通过将各省份脉冲响应函数进行加权平均所得到的，权重为各省生产总值占全国 GDP 的比重。其中，实线表示广义脉冲响应函数的中位数①，虚线表示由自举法构造的置信水平为 68% 的置信区间②。

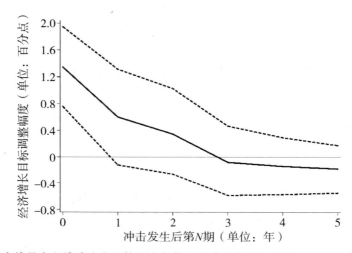

注：实线是广义脉冲响应函数的中位数，虚线是自举法构造的 68% 的置信区间。数据范围是 1991—2016 年的年度数据。

图 2-2 省级目标对中央经济增长目标调整的平均响应

由图 2-2 可见，一方面，对于中央经济增长目标 1 个百分点的正向冲击，各省增长目标的平均反应相当迅速，在冲击发生当期（第 0 期）即做出正向调整，幅度约为 1.35 个百分点，超过中央经济增长目标的调整幅度，意味着对于中央经济增长目标的调整，地方经济增长目标的调整存在着加码。另一方面，中央经济增长目标的调整对地方经济增长目标的影响缺乏持续性，冲击发生后，省级增长目标的反应迅速减弱，从冲击发生的下一期开始，脉冲响应函数的置信区间包含了 0，意味着地方经济增长目标在冲击发生的当期就调整完毕。

---

① 参照 Georgiadis（2015）的研究，取 500 次自举法（Bootstrap）的结果的中位数，下同。
② 使用 68% 的置信区间是 VAR 文献的常见做法，如 Blanchard and Perotti（2002）、Galí et al.（2007）、Georgiadis（2015）等。

接着，分别考察每一个省份的经济增长目标对中央经济增长目标调整的反应。图 2-3 展示了对于中央经济增长目标 1 个百分点的正向冲击时，各省份经济增长目标的广义脉冲响应函数，省份的排列顺序是按照广义脉冲响应函数的峰值由大到小排序。

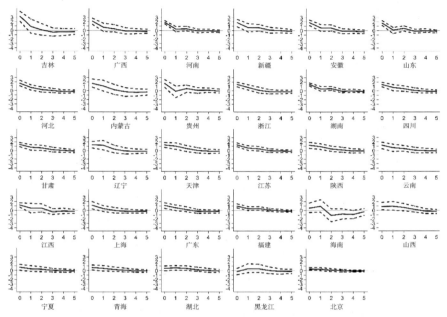

注：纵轴是经济增长目标调整幅度（单位：百分点），横轴是冲击发生后的第 N 期（单位：年）。

图 2-3　省级目标对中央经济增长目标调整的响应

一方面，各省经济增长目标对中央经济增长目标的响应函数与图 2-2 的平均响应函数类似。图 2-3 显示，对于中央经济增长目标的正向冲击，几乎所有省份的增长目标都做出了正向响应。① 从动态方面看，对于中央经济增长目标的正向冲击，大多数省份的经济增长目标都在当期就做出了正向调整。随后，中央经济增长目标的冲击对地方经济增长目标的影响随着时间而衰减，通常在冲击发生的当年或次年调整完毕。这些结果表明，

---

① 海南省、湖北省、黑龙江省的脉冲响应函数在第 0 期统计上不显著，其中，湖北省在第 1 期显著为正。

在考虑了不同省份对中央目标调整的反应的异质性之后,中央经济增长目标调整对于绝大多数省份的目标都具有引领作用。

另一方面,各省经济增长目标对中央经济增长目标的反应程度具有明显差异。参照文献的通常做法,用脉冲响应函数在第0—5年之间的峰值来概括地方增长目标对中央目标冲击的响应程度。对于中央经济增长目标1个百分点的正向冲击,各省经济增长目标的响应程度介于0.39个百分点到3.18个百分点之间,响应程度最小的三个省份(直辖市)是北京(0.39个百分点)、黑龙江(0.45个百分点)、湖北(0.62个百分点),而响应程度最大的3个省份(自治区)是吉林(3.18个百分点)、广西(2.11个百分点)、河南(1.86个百分点)。

总的来说,这一节的计量分析结果表明,省级经济增长目标对中央经济增长目标的调整做出显著正向的响应,不同省份的响应程度有明显差异,平均而言,对于中央经济增长目标1个百分点的调整,省级经济增长目标约正向调整1.35个百分点。

二、央地之间的增长目标互动:从地方到中央

前面展示了地方经济增长目标对中央经济增长目标调整如何做出反应。接下来考察央地间互动的另一维度,即中央经济增长目标对地方经济增长目标调整如何反应。

为此,考察各省经济增长目标受到1个百分点的正向冲击时,中央经济增长目标的广义脉冲响应函数。具体来说,对于样本中的29个省份,在 MCS-GVAR 模型中每次对一个省份的经济增长目标施加一个单位的正向冲击,得到一个中央经济增长目标对此冲击的广义脉冲响应函数。对于本章样本范围内的29个省份,总共得到29个中央经济增长目标的脉冲响应函数,如图2-4所示。

图2-4的结果显示,中央经济增长目标不会对单一省份经济增长目标的调整做出反应。从图2-4可见,对于单个省份的经济增长目标的正向冲击,中央经济增长目标的脉冲响应函数大多呈现微弱的倒"U"形的走势,在冲击发生当期响应较弱,随后响应程度有所加强,通常在冲击发生的下一期达到峰值之后开始减弱并向0趋近。这反映了中央增长目标对地方经济增长目标反应的滞后性。从反应程度上看,脉冲响应函数的中位数在冲击发生当期介于-0.06~0.1;冲击发生的下一期响应程度有所提

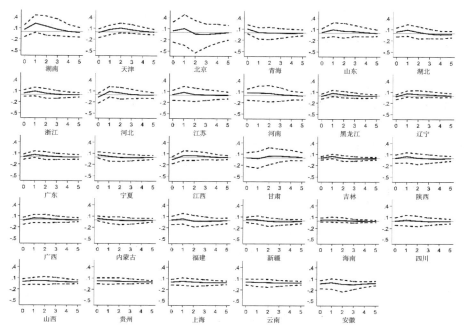

注：纵轴是经济增长目标调整幅度（单位：百分点），横轴是冲击发生后的第 N 期（单位：年）。

图 2-4　中央经济增长目标对各省份经济增长目标调整的反应

高，介于 -0.02～0.22。从显著性来看，中央经济增长目标对任何一个省份经济增长目标所受到的正向冲击的脉冲响应函数都是不显著的。这表明，中央经济增长目标不会对单一省份经济增长目标的调整做出反应。

三、地区之间的增长目标互动

接下来从地区间的维度考察地区之间经济增长目标的互动，即地方政府的增长目标如何对同级其他地区的经济增长目标的调整做出反应。

为此，依次考察对某个省份经济增长目标 1 个百分点的正向冲击，其他省份经济增长目标的广义脉冲响应函数，由此总共可得到 812 个脉冲响应函数[1]。对于每一个脉冲响应函数，取其峰值为代表，然后将 812 个脉冲响应函数中统计上显著的部分展示在图 2-5a 与图 2-5b 的坐标系中。

---

[1]　29×（29-1）=812。

在图2-5a与图2-5b中，纵轴表示经济增长目标受到冲击的省份，横轴表示做出响应的省份。每一个圆点代表其所在行的省份受到1个百分点的外生冲击时，所在列的省份的脉冲响应函数的峰值。圆点的大小表示峰值的大小。只有统计上显著的情形才会被画出。

图2-5a中，纵轴（横轴）省份的排列顺序是按照从下到上（从左到右）依次为西部、中部、东部，[①] 因此将第一象限划分为九个方框，对角线上的方框（即虚线方框）中是区域内部（东⇆东，中⇆中，西⇆西）的省份之间的增长目标互动，而非对角线上的方框中是区域之间（东⇆西，西⇆中，东⇆中）的省份之间的增长目标互动。

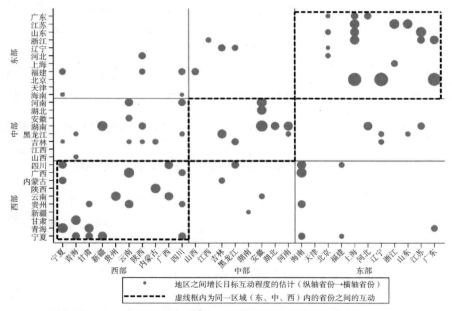

注：圆点表示纵轴所示省份的经济增长目标受到1个百分点的正向冲击时，横轴所示省份的经济增长目标的广义脉冲响应函数的峰值，圆点的大小表示峰值的大小，统计上不显著的则没有画出。

图2-5a 同一区域内部的省份之间互动关系更为显著

[①] 东部省（直辖市）包括北京、天津、河北、辽宁、上海、江苏、浙江、福建、山东、广东、海南；西部省（自治区）包括四川、贵州、云南、陕西、甘肃、青海、宁夏、新疆、广西、内蒙古。

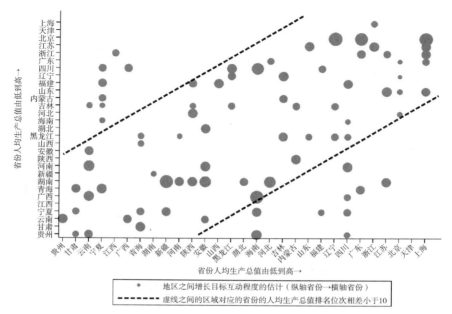

注:同图2-5a。

图2-5b 经济发展水平相近的省份之间增长目标互动关系更为显著

图2-5a的结果显示,省级增长目标在一定范围内存在互动关系。具体而言,同一区域内部的省份之间经济增长目标的互动更为显著,而不同区域的省份之间经济增长目标的互动关系相对较弱。这在图中体现为圆点更多地出现在对角线上的区域内,相对来说非对角线上的圆点则少很多。具体而言,图2-5a横向看,一个省份的经济增长目标更可能对同一区域内部的省份具有显著的影响,而对于其他区域的省份的影响则相对较弱。例如,作为东部省份,江苏省经济增长目标对于同为东部的上海、浙江、山东等省市经济增长目标有显著的影响,而对于中部和西部的省份缺乏显著影响。图2-5a竖向看,一个省份的经济增长目标更可能对同一区域内部的省份的经济增长目标的调整做出反应,而较少对其他区域的省份做出反应。例如,作为西部省份,甘肃的经济增长目标对同为西部省份的宁夏、青海、贵州的经济增长目标的调整做出反应,而不对其他东、中部省份做出反应。由于同一区域内的省份地理上较为临近,省区禀赋、经济发展水平等更为相似,因此中央更可能将其作为相互之间的参照系来进行相对绩效评估,所以同一区域内的省份的目标互动关系更为明显。

图2–5b考察了经济发展水平的差距对省份间目标互动程度的影响。图2–5b的坐标轴上省份的排列顺序是以人均生产总值由低到高排序,其中,人均生产总值是省份的经济发展水平的代表变量。如果经济发展水平相近的省份之间互动关系更显著的话,那么圆点应该更多地出现在坐标轴的对角线周围,而更少地出现在远离对角线的地方;反之,如果经济发展水平差距较大的省份之间互动关系更显著的话,那么圆点应该更多地出现在远离对角线的地方,而更少地出现在对角线周围;再者,如果经济发展水平差距对省份间的目标互动程度没有影响的话,圆点的位置则不会呈现出一定的规律性。图2–5b中还添加了两条虚线为辅助线,位于两条虚线之间区域的省份之间的人均生产总值排名位次相差在10以内,而位于两条虚线之外的区域的省份之间的人均生产总值排名位次相差大于10。图2–5b显示,圆点出现在虚线之间的区域的可能性更大[①],表示省际经济增长目标的互动大部分发生于人均生产总值排名位次之差在10以内的省份之间。图2–5b说明,经济发展水平相近的省份之间经济增长目标互动关系更为紧密。

总的来说,上述计量分析结果表明,空间相近或经济发展水平相近的省份之间在经济增长目标上的互动关系更为紧密。

第四节 制定增长目标的能力

本章基于经济增长目标体系的视角,系统考察了各级经济增长目标的特征,发现增长目标在上下级之间以及同级不同地区之间是互动的,说明我国各级政府制定的增长目标并非独立的,而是构成一个增长目标体系;同时还估计到央地间的和省级层面地区间的目标互动程度。本节考察影响目标互动程度的可能因素。

各级政府如何设定经济增长目标显然是一个涉及诸多因素的问题,同理,政府制定的增长目标之间互动程度的影响因素也牵涉甚广。全面考察目标互动程度的影响因素显然超出了本节的研究范围。本节从政府能力的

[①] 两条虚线之外的区域与两条虚线之间的区域的面积之比为0.66∶1,而圆点数量之比为0.26∶1,可见圆点更集中出现在两条虚线之间的区域。

角度考察目标互动程度的影响因素，与此同时，将其他可能的影响因素作为控制变量，以保证估计结果的一致性。

一、理论假说

地方官员能力是政府能力的重要体现。有关地方官员治理能力假说的文献发现，官员的能力对辖区经济绩效有显著正向影响（王贤彬、徐现祥，2014；Yao and Zhang，2015），特别是能力强的官员更加关注经济的长期绩效，而更不热衷于短期行为（Xi et al.，2018）。由此可见，地方政府能力越强，越能够从辖区经济的长远发展出发，依据辖区实际情况独立制定本辖区增长目标，而不是锚定其他政府所制定的增长目标，这时，当地增长目标与其他政府增长目标的互动程度也就越低。基于此，本章得到以下理论假说，地方政府独立制定目标的能力越强，增长目标体系中的互动程度就越低。

二、能力度量

本章从两个维度度量政府独立制定目标的能力，其一是与上级沟通的能力，与上级沟通的能力越强，则地方政府的施政越能够得到上级的支持，所以越能够根据本辖区实际情况独立制定目标。本节以省委书记是否直接来源于中央部委（$Center$）作为地方政府与上级沟通能力的度量指标。来源于中央部委的官员与中央的联系较为密切，所以与中央的沟通能力更强。具体来说，$Center$ 等于样本期间省份 i 的历任省委书记来源于中央部委的比重。其二是综合领导能力。本节以地方官员异地交流任职经历（$Experience$）构造度量指标。① 具体来说，$Experience$ 等于样本期间历任省委书记曾经任职地数量的平均值。② 地方官员曾经的任职地越丰富，则历

---

① 在我国，异地交流是培养官员能力的重要方式。1990 年中共中央颁布的《关于实行党和国家机关领导干部交流制度的决定》就已阐明"有计划地对领导干部进行交流，是我们党的优良传统，是培养锻炼干部、提高干部素质的一个重要措施"。徐现祥和王贤彬（2011）发现，经过地方交流任职的培养锻炼，来源于中央部委的官员所主政的地方经济增长绩效显著提高。Shi et al.（2018）基于跨国官员样本也发现，经历过多岗位锻炼的官员具有更好的经济绩效。

② 任职地包括各省份或中央。在同一任职地的不同职位不重复计算。例如，汪洋在任职广东省委书记之前，历任安徽省副省长、国家发展计划委员会副主任、国务院副秘书长、重庆市委书记等职位，则曾经任职地数量等于 3，即安徽、中央、重庆。对于一直在一个省份任职的省委书记，其曾经任职地数量等于 1。

练越多，经验越多，所以更能够根据本辖区实际情况独立制定增长目标。从表2-2的描述性统计可见，省委书记上任前平均经历约1.8个任职地，经历最多的省委书记上任前平均经历约2.6个任职地，经历最少的省委书记上任前平均经历约1.2个任职地。$Experience$ 只考虑了省委书记的正厅级以上职位的任职经历。① 另外，作为稳健性检验，本章还计算了 $Experience\ 2$ 和 $Experience\ 3$，分别考虑了副部级以上职位的任职经历和正部级以上职位的任职经历。②

表2-2 回归分析的描述性统计

变量	变量含义	样本量	均值	标准差	最小值	最大值
Panel A：央地之间互动						
$Response_i$	对中央经济增长目标1个百分点的正向冲击，省份 i 的广义脉冲响应函数中位数的峰值	29	1.333	0.561	0.393	3.183
$Center$	书记来自中央的比重	29	0.129	0.157	0.000	0.460
$Experience$	书记的正厅级以上职位任职地数量	29	1.815	0.358	1.218	2.559
$Experience\ 2$	书记的副部级以上职位任职地数量	29	1.656	0.343	1.112	2.495
$Experience\ 3$	书记的正部级以上职位任职地数量	29	0.740	0.347	0.000	1.540
$gdpp$	人均GDP的对数	29	8.706	0.506	7.759	9.846
$secondary$	第二产业比重	29	0.450	0.062	0.238	0.521
$deficit$	（财政支出－财政收入）/GDP	29	0.081	0.061	0.010	0.281
$invest$	国有投资比重	29	0.457	0.098	0.294	0.628
$worker$	国有职工比重	29	0.629	0.109	0.406	0.786

---

① 在成为副省级官员之前，地方官员通常在同一个省份内部调动，因此是否考虑副厅级及以下级别的经历影响很小。

② 与官员相关的变量基于Jiang（2018）的官员数据计算得出。

续表2-2

变量	变量含义	样本量	均值	标准差	最小值	最大值
$distanceBJ$	与北京的距离的对数	29	6.610	1.458	0.000	7.798
$west$	西部	29	0.345	0.484	0.000	1.000
$east$	东部	29	0.379	0.494	0.000	1.000
Panel B：地区之间互动						
$Response_{ij}$	对省份i的1个百分点的正向冲击，省份j的广义脉冲响应函数的中位数的峰值	812	0.192	0.190	-0.045	1.583
$Center$	书记来自中央的比重	812	0.129	0.154	0.000	0.460
$Experience$	书记的正厅级以上职位任职地数量	812	1.815	0.352	1.218	2.559
$Experience2$	书记的副部级以上职位任职地数量	812	1.656	0.337	1.112	2.495
$Experience3$	书记的正部级以上职位任职地数量	812	0.740	0.341	0.000	1.540
$gdpp\_gap$	省份人均生产总值的对数之差的绝对值	812	0.581	0.418	0.000	2.088
$region$	是否同为东部、中部或西部地区	812	0.315	0.465	0.000	1.000
$distance$	地理距离的对数	812	7.023	0.614	4.565	8.150
$secondary\_gap$	第二产业比重之差的绝对值	812	0.065	0.059	0.000	0.283
$deficit\_gap$	（财政支出－财政收入）/GDP之差的绝对值	812	0.065	0.056	0.000	0.271
$invest\_gap$	国有投资比重之差的绝对值	812	0.114	0.079	0.001	0.334
$worker\_gap$	国有职工比重之差的绝对值	812	0.124	0.092	0.000	0.380

注：除了不随时间而变的变量，其他变量都是1991—2016年之间的平均值。

三、其他因素

从理论上分析，地方政府设定经济增长目标时主要考虑三方面因素（Murphy，2000；王贤彬和黄亮雄，2019）：一是中央的因素，如中央根据经济形势所做出的指导精神和意见；二是其他省份的因素，如其他省份与本省的经济、政治竞争关系；三是本省因素，如地方经济自身的状况和形势，地方党政领导的决策和个人因素等。

在前文的 MCS-GVAR 模型估计中已经初步考虑了上述三方面因素，体现在：中央的因素上，考虑了中央制定的经济增长目标及中央出台的财政政策和货币政策；其他省份的因素上，考虑了其他省份所制定的经济增长目标及投资率；本省因素上，考虑了本省的投资率，部分反映了本省的经济形势。不过，由于模型自由度的限制，MCS-GVAR 模型中所能加入的变量有限，因此，在本部分的回归分析中仍然需要控制更多的上述因素，才能得到可靠的结果。

值得说明的是，地方对中央增长目标的响应程度正反映了上述影响地方设定经济增长目标的中央因素。因此，当我们将地方对中央增长目标的响应程度作为被解释变量来考察其影响因素时，我们需要控制的"其他因素"包括另外两类因素，即本省自身因素和其他省份因素。不过，在我们利用 MCS-GVAR 模型估计地方对中央增长目标的响应程度时，我们已经考虑了地区与地区之间可能的互动关系，即考虑了其他省份对本省的可能影响，这也正是 MCS-GVAR 模型的优点所在。因此，我们主要从本省因素上考虑回归的控制变量。与此类似，当我们将地区之间的增长目标互动程度作为被解释变量考察其影响因素时，我们需要控制的"其他因素"包括中央因素和本省因素。而中央因素在利用 MCS-GVAR 模型估计地区之间增长目标互动程度时已经被充分考虑了，因此，潜在的需要控制的因素主要也是本省因素。

从本省因素出发，本章主要关注的核心解释变量是地方政府能力。为了识别出政府能力对增长目标互动程度的影响，有必要控制本省的其他可能影响目标设定的因素，如自身的经济状况和发展形势。首先，从经济增长理论出发，经济增速与经济发展阶段紧密相关，既有文献也已发现经济增长目标的作用因不同发展阶段而异（刘淑琳等，2019），故而不同经济发展阶段设定经济增长目标的行为也可能不同，因此，本章将人均GDP作为控制变量。其次，省区经济结构对经济增速也有重要影响，为此，将第二产业占比作为控制变量。最后，增长目标的设定需要考虑政府实现既定增长目标的能力，这与政府在经济中所扮演的角色轻重有关，政府的财政收支、国有经济的比重皆可能影响政府"保增长"的能力（陈冬等，2016；詹新宇和刘文彬，2020），因此，本章进一步控制财政缺口（即财政支出减去财政收入后，除以GDP）、国有投资占比、国有职工占比等因素。

除此以外，地理距离也可能通过横向的政府间标尺竞争、经济溢出、竞争流动性资源等机制或纵向的上级监督成本等因素而影响政府设定增长目标的动机（Revelli，2005）。因此，当考察央地间的目标互动程度时，本章也控制了不同省份与北京的距离；当考察地区之间目标互动程度时，本章也控制了是否位于同一区域、省份之间的距离等因素。控制变量的具体形式依不同回归方程而略有不同，具体见下文对回归方程的说明。

四、回归方程

本章分别考察增长目标在央地之间的互动程度和在地区之间互动程度的影响因素。根据上述理论假说建立回归模型。首先，对于央地之间的互动程度，建立回归模型如下：

$$Response_i = \alpha + \beta Center_i + \gamma Experience_i + \psi' Control_i + \varepsilon_i \quad (2-3)$$

其中，回归的观测单位是"中央—省"，被解释变量$Response_i$是地方对中央经济增长目标调整的响应程度，用地方经济增长目标对中央经济增长目标1个百分点冲击的广义脉冲响应函数的峰值来度量。

式（2-3）中最关注的解释变量是地方政府独立制定目标的能力，包括与上级沟通的能力和综合领导能力两个维度，即$Center$和$Experience$。控制变量$Control_i$包括对数省份人均生产总值（$gdpp$）、第二产业占比（$secondary$）、财政缺口（$deficit$）、国有投资占比（$invest$）、国有职工占比（$worker$）、与北京的对数距离（$distanceBJ$）及东部、西部区域虚拟变量（$east$、$west$）。以上控制变量都是取样本区间的均值。α是常数项，β、γ、ψ'是回归系数。ε_i是随机误差项，标准误采用异方差稳健标准误。

对于地区之间的互动程度，建立回归模型如下：

$$Response_{ij} = \alpha + \beta Center_j + \gamma Experience_j + \psi' Control_{ij} + Prov_i + \varepsilon_{ij} \quad (2-4)$$

其中，回归的观测单位是有序的省份对（省份 i —省份 j，$i = 1,2,\cdots,29$；$j = 1,2,\cdots,29$；$i \neq j$）。被解释变量 $Response_{ij}$ 是省份 j 对省份 i 的增长目标调整的反应程度，用对省份 i 经济增长目标的 1 个百分点冲击，省份 j 的广义脉冲响应函数的峰值来度量。本章最关注的解释变量是地方政府独立制定目标的能力，包括与上级沟通的能力和综合领导能力两个维度，即 $Center$ 和 $Experience$。控制变量 $Control_{ij}$ 包括对数省份人均生产总值（$gdpp\_gap$）、是否同属东部/中部/西部地区（$region$）、对数地理距离（$distance$）、第二产业占比（$secondary\_gap$）、财政缺口（$deficit\_gap$）、国有投资占比（$invest\_gap$）、国有职工占比（$worker\_gap$）。由于式（2-4）回归的每一个观测单位是一个省份对，因此以上变量都是取两个省份相应值之差的绝对值。α 是常数项，β、γ、ψ' 是回归系数。此外，$Prov_i$ 是省份 i 的固定效应。ε_{ij} 是随机误差项，回归标准误聚类到省份 i。

上述变量的描述性统计如表 2-2 所示。

五、独立制定目标的能力与央地间目标互动程度

式（2-3）的回归结果显示，地方政府与上级沟通的能力越强，央地之间的目标互动程度越低，而综合领导能力对央地之间的目标互动程度没有显著影响（表 2-3）。

表 2-3　独立制定目标的能力与央地间目标互动程度

Variables	(1) 峰值	(2) 峰值	(3) 峰值	(4) 峰值	(5) 累积	(6) 当期
$Center$	-0.922* (0.505)	-0.775* (0.438)	-0.904* (0.458)	-0.925* (0.467)	-1.071* (0.528)	-1.134 (0.909)
$Experience$	-0.002 (0.312)	-0.110 (0.256)	—	—	-0.177 (0.289)	-0.143 (0.404)
$Experience\ 2$	—	—	0.067 (0.197)	—	—	—
$Experience\ 3$	—	—	—	0.259 (0.271)	—	—
样本量	29	29	29	29	29	29

续表 2-3

Variables	（1）	（2）	（3）	（4）	（5）	（6）
	峰值	峰值	峰值	峰值	累积	当期
控制变量	否	是	是	是	是	是
R-squared	0.066	0.408	0.406	0.423	0.430	0.619

注：①回归的观测单位是"中央—省"。②第（1）至（4）列的被解释变量是省份 i 对中央经济增长目标的 1 个百分点正向冲击的脉冲响应函数的峰值，第（5）和第（6）列的被解释变量是脉冲响应函数的累积值/当期值。③控制变量包括 $gdpp$、$secondary$、$deficit$、$invest$、$worker$、$distanceBJ$、$west$、$east$。④变量含义参见表 2-2。⑤常数项没有报告。⑥括号内是异方差稳健标准误。⑦*、**和***分别表示通过显著水平为 10%、5% 和 1% 的统计检验。

表 2-3 的第（1）列是式（2-3）没有加入其他控制变量时的回归结果。$Center$ 的估计系数是 -0.922，能够通过显著性水平为 10% 的统计检验，说明与上级沟通的能力越强，对中央增长目标的反应越弱。$Experience$ 的估计系数为 -0.002，与 $Center$ 的估计系数相比绝对值较小，且统计上不显著。第（2）列加入了式（2-3）的全部控制变量，回归结果与第（1）列类似，$Center$ 的估计系数为 -0.775，且能够通过显著性水平为 10% 的统计检验，而 $Experience$ 的估计系数为 -0.110，绝对值较小，但统计上仍然不显著，两者均与未加入控制变量时相比没有实质变化。根据第（2）列的估计系数计算，省委书记来自中央的比重提高 1 个标准差（0.157），对中央增长目标的反应程度减少 0.12 个百分点①。第（3）列将地方政府综合领导能力的度量指标 $Experience$ 替换成 $Experience2$，与 $Experience$ 的不同在于考虑了省委书记的副部级以上任职经历。第（4）列将地方政府综合领导能力的度量指标替换成 $Experience3$，与 $Experience$ 的不同在于考虑了省委书记的正部级以上任职经历。回归结果与第（3）列没有实质性差异，地方政府与上级沟通能力的估计系数显著为负，而综合领导能力的估计系数在统计上依然是不显著的。

接着，第（5）和第（6）列通过更换被解释变量的度量方式来进行稳健性检验。第（1）至（4）列回归的被解释变量是用广义脉冲响应函

---

① -0.775×0.157 = -0.12，即地方官员与上级沟通的能力提高一个标准差（0.157），对中央增长目标的反应程度降低 0.12 个百分点。

数的峰值来度量的,为了检验回归结果的稳健性,采用广义脉冲函数的其他度量指标来刻画央地之间目标的互动程度。首先,文献中通常用来概括脉冲响应函数的,除了峰值,还有累积值。第(5)列将被解释变量替换为脉冲响应函数的累积值;其次,由于增长目标的互动通常发生在短期内(图2-3),第(6)列将被解释变量替换为脉冲响应函数的当期值。第(5)和第(6)列的回归结果与第(2)列是类似的,显示回归结果对目标互动程度的度量方式是稳健的。

总的来说,表2-3的回归结果表明,地方政府与中央沟通的能力越强,则对中央目标的响应程度越弱,而地方政府的综合领导能力的影响较弱,且不显著。

六、独立制定目标的能力与地区间目标互动程度

式(2-4)的回归结果显示,地方政府的综合领导能力越强,则对其他省份的目标互动程度越低,而与中央沟通的能力对地区间目标互动程度没有显著影响。

表2-4的第(1)列将地方政府独立制定目标的能力作为解释变量,除此之外还控制了省份的固定效应。回归结果显示,$Center$ 的估计系数是 -0.054,但统计上不显著;$Experience$ 的估计系数为 -0.020,能够通过显著性水平为5%的统计检验。这意味着,地方政府的综合领导能力越强,则对其他省份经济增长目标调整的反应程度更低,而与上级沟通的能力没有显著影响。这说明,综合领导能力越强的地方政府,越能够根据本地的实际情况制定合适的经济增长目标,而不只是锚定其他省份的增长目标。

表2-4 独立制定目标的能力与地区间目标互动程度

Variables	(1) 峰值	(2) 峰值	(3) 峰值	(4) 峰值	(5) 累积	(6) 当期
$Center$	-0.054 (0.047)	-0.076 (0.049)	-0.081 (0.050)	-0.085 (0.052)	-0.088 (0.107)	-0.036 (0.065)
$Experience$	-0.020** (0.009)	-0.029*** (0.009)	—	—	-0.067*** (0.020)	-0.027* (0.014)

续表2-4

Variables	(1)峰值	(2)峰值	(3)峰值	(4)峰值	(5)累积	(6)当期
Experience 2	— —	— —	-0.022* (0.012)	— —	— —	— —
Experience 3	— —	— —	— —	-0.038*** (0.012)	— —	— —
样本量	812	812	812	812	812	812
控制变量	否	是	是	是	是	是
固定效应	是	是	是	是	是	是
R-squared	0.268	0.322	0.321	0.323	0.344	0.208

注：①回归的观测单位是有序的省份对。②第（1）至（4）列的被解释变量是省份 j 对省份 i 的1个百分点的正向冲击的脉冲响应函数的峰值，第（5）和第（6）列的被解释变量是脉冲响应函数的累积值/当期值。③固定效应是指省份 i 的固定效应。④括号内是聚类到省份 i 的标准误。⑤控制变量包括 gdpp_gap、region、distance、secondary_gap、deficit_gap、invest_gap、worker_gap。⑥常数项没有报告。⑦变量含义参见表2-2。⑧*、**和***分别表示通过显著水平为10%、5%和1%的统计检验。

表2-4的第（2）列加入了式（2-4）的全部控制变量。回归结果显示，加入控制变量之后的估计结果没有发生实质性变化，地方政府的综合领导能力的估计系数是 -0.029，能够通过显著性水平为1%的统计检验，系数的大小比未加控制变量时略大；而与上级沟通的能力仍然是不显著的。该结果意味着，地方政府的综合领导能力提高一个标准差（0.352），则对某一个其他省份经济增长目标调整的平均反应降低约0.01个百分点①。第（2）列的结果表明，在控制了其他可能影响地区间互动关系异质性的因素之后，综合领导能力越强的省委书记对其他省份经济增长目标调整的反应依然更弱，而与上级沟通的能力影响不显著。

作为稳健性检验，第（3）和第（4）列将地方政府综合领导能力的度量指标分别替换为 Experience 2 和 Experience 3，与 Experience 的不同在于

---

① -0.029×0.352 = -0.01，即对于其他某一个省份经济增长目标1个百分点的调整，地方政府能力提高一个标准差（0.352），目标的互动程度降低0.01个百分点。

分别考虑了省委书记的副部级以上任职经历和正部级以上任职经历。第（3）和第（4）列的回归结果显示，采用新的度量指标之后，地方政府的综合领导能力和与上级沟通的能力估计系数的符号都与第（2）列没有本质性差别，说明第（2）列的回归结果对地方政府能力的度量方式是稳健的。

接着，第（5）和第（6）列分别将被解释变量的度量方式替换为脉冲响应函数的累积值和当期值。回归结果显示，地方政府综合领导能力的估计系数都是负的，至少能通过显著性水平为10%的统计检验，而与上级沟通能力的估计系数都是不显著的，说明第（2）列的回归结果对目标互动程度的度量方式是稳健的。

结果表明①，地方政府不同维度的能力对增长目标互动程度的影响不同。地方政府的综合领导能力越强，则对其他省份增长目标的反应程度越低，而与上级沟通的能力对地区间目标互动程度没有显著影响。

❋ 本章小结 ❋

在我国，从中央到地方的各级政府都事先制定并公布辖区新一年的经济增长目标。当政府完全依据辖区经济实际情况制定增长目标时，各级、各地的增长目标是相互独立的。当政府锚定其他政府制定的增长目标来制定辖区增长目标时，各级、各地的增长目标就具有一定的互动关系，从而构成了一个经济增长目标体系。

本章应用混合截面全局向量自回归（MCS-GVAR）模型及1991—2016年间国家级、省级增长目标数据发现，中国各级、各地增长目标之间存在着互动关系，因而构成了一个增长目标体系。具体而言，中国的增长目标体系呈现出三个主要特征。第一，下级对上级的增长目标调整有显著正向反应，中央目标调整1个百分点，省级目标平均而言同向调整1.35个百分点；第二，上级对下级的目标调整没有显著反应，中央经济增长目标对任何单个省份的经济增长目标变动没有显著反应；第三，同级不同政府的增长目标在一定范围内存在互动。省级政府调整其经济增长目标时更倾向

---

① 本章还基于人均GDP权重矩阵的MCS-GVAR模型计算的目标互动程度，重新进行回归，结果显示，表2-3、表2-4的回归结果是稳健的。

于参考空间相邻或发展水平相近省份的目标,而忽略其他省份的目标。

本章进而考察影响增长目标互动程度的可能因素,提出的理论假说是,地方政府独立制定目标的能力越强,则对其他政府增长目标的反应程度越低。本章从两个维度来度量地方政府独立制定目标的能力,即与上级沟通的能力和综合领导能力,并分别以省委书记来自中央的比重和省委书记经历的平均任职地数量作为度量。基于 MCS-GVAR 模型得到的目标互动程度的估计值,匹配省级官员数据。回归结果表明,与上级沟通能力的度量指标提高一个标准差,则对中央目标调整的反应程度降低 0.12 个百分点,而对其他省份目标调整的反应程度不受影响;综合领导能力的度量指标提高一个标准差,则对其他省份目标的反应程度降低 0.01 个百分点,而对中央增长目标的响应程度没有显著差别。

本章的研究还存在一些不足之处,因此也蕴含着进一步研究的可能方向。首先,从计量模型的角度看,MCS-GVAR 模型存在大量参数,而现实研究问题又决定了样本容量的有限性。因此,如何合理地对一部分参数做出约束,对提高模型估计的可靠性具有十分重要的意义。其中一个方法是利用贝叶斯估计(Bayesian estimation)方法,对先验信息施加约束。这是进一步研究的有潜力的方向。其次,进一步扩展样本对于提升研究的可靠性和继续深入研究具有重要意义,除了从时间上扩展样本,将研究对象下沉到地市级层面也是一个可能的方向。最后,关于我国经济增长目标体系的许多问题值得进一步研究,例如,政府间增长目标的互动是否具有正负向冲击的不对称性,外部冲击如何影响政府间增长目标的互动关系,以及如何进一步准确识别政府间经济增长目标互动关系的机制,这些都是进一步研究的可能方向。

区域政府目标引领首先需要制定增长目标。本章的研究表明,区域政府在制定增长目标时,充分考虑了层级间政府互动以及横向间政府互动的事实,各级政府和各个同级政府所制定的增长目标构成了一个增长目标体系,这个目标体系强化了区域政府竞争,成为区域经济增长的重要驱动力量。本书后续章节将深入探讨和评估政府增长目标引领所产生的经济效应。

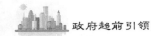

思考讨论题

1. 区域政府的增长目标在什么条件下可以构成一个目标体系？请举例说明。

2. 如果拟识别增长目标体系，你认为可以采取哪些识别策略？

3. 请到官网下载相关数据和程序，再现本章的实证分析结果。你认为哪些实证分析还需要进一步完善？

4. 请更新数据样本，再现本章的实证分析结果，重点考察相应的实证结果是否发生变化。

5. 结合相关文献或经济发展案例，谈一谈你对增长目标体系特征的理解。

6. 你认为影响区域政府在增长目标上互动的主要因素是什么？请举例说明。

第三章 目标引领的绩效：中国样本

本章专门考察目标引领的绩效，特别关注经济增长目标所对应的经济增长绩效。本章以中国作为分析样本，识别了经济增长目标引领经济增长的程度。在理论上，本章贡献了一个识别目标引领增长程度的简洁方法。在实证上，基于2001—2013年间的中国地级市样本，本章发现，在经济上行时期，目标对实际经济增长无显著影响；在经济下行时期，目标对经济增长的引领程度约为1/3；在2001—2013年间，目标引领实际经济增长的程度大致不变，保持在1/3左右。本章的发现表明，制定经济增长目标、实施目标引领可以取得相应的经济增长绩效，为目标引领理论提供了直接证据。

第一节 引　　言

中国经济增长的一个基本事实是，中央通过增长目标引领中国经济增长。[①] 从党的十二大到十八大，历次党代会都明确提出经济增长翻番

[①] 现有文献已经观察到这种现象，并称之为层层加码（周黎安等，2015）、经济增长目标管理（徐现祥和刘毓芸，2017）或目标治国（马亮，2017）。

的目标。① 中央的增长目标通过五年规划、政府工作报告等转化为国家公开承诺的增长目标。国家的增长目标通过行政层级分解到各级地方政府，成为各级地方政府公开承诺的增长目标（Li et al.，2018）。地方政府在公布目标的同时，明确部署工作重点，力争实现目标。② 因此，源于中国地区经济增长实践的一个基本问题是，期初的目标能够引领随后的增长吗？如果能，在什么条件下可以引领？目标的引领作用有多大？

  基于此，本章尝试定量估计期初的目标对随后经济增长的影响程度。首先，本章贡献了一个简单的理论框架。作为逻辑分析的起点，不妨假定，中央分解到地方官员的增长目标为 g_T，当经济体不存在目标引领时，市场能够实现的增长速度为 g_M。这时，地方官员可能面临两种情形：市场力量能够自发实现期初增长目标以及市场力量不足以自发实现期初目标，即 $g_T \leq g_M$ 和 $g_T > g_M$ 两种情况。前者意味着，市场能够自发实现期初增长目标，增长目标显然无任何实质性影响。后者则意味着，地方官员需要进行经济增长管理才可能实现目标。这表明，目标引领经济增长是有条件的。假定地方官员既要尽可能实现既定的增长目标，又要尽可能保证市场引领的经济增长。因为，前者意味着政治上的必要，后者意味着经济上的可行。本章发现，当 $g_T \leq g_M$ 时，增长目标对实际经济增长没有影响；当 $g_T > g_M$ 时，地方官员最优的经济增长速度是目标引领增长与市场引领增长的加权平均数。增长目标的权重 ω 度量了其对随后经济增长的引领程度，且 $0 < \omega < 1$。然后，本章把增长目标引入

---

① 党的十二大报告提出，"从一九八一年到本世纪末的二十年，我国经济建设总的奋斗目标是，在不断提高经济效益的前提下，力争使全国工农业总产值翻两番"。党的十三大、十四大报告则一以贯之，确保实现翻番目标。党的十三大报告提出，"党的十一届三中全会以后，我国经济建设的战略部署大体分三步走。第一步，实现国民生产总值比一九八〇年翻一番，……第二步，到本世纪末，使国民生产总值再增长一倍，……第三步，到下个世纪中叶，人均国民生产总值达到中等发达国家水平"。党的十四大报告则提出更高目标，"九十年代我国经济的发展速度，……增长百分之八到九是可能的，我们应该向这个目标前进"。党的十五大报告提出，"展望下世纪，我们的目标是，第一个十年实现国民生产总值比二〇〇〇年翻一番"。党的十六大报告则再次提出经济翻两番的目标，"在优化结构和提高效益的基础上，国内生产总值到二〇二〇年力争比二〇〇〇年翻两番"。党的十七大提出，"在优化结构、提高效益、降低消耗、保护环境的基础上，实现人均国内生产总值到二〇二〇年比二〇〇〇年翻两番"。党的十八大报告的表述是，到二〇二〇年，"在发展平衡性、协调性、可持续性明显增强的基础上，实现国内生产总值和城乡居民人均收入比二〇一〇年翻一番"。显然，党的十二大至十八大报告都将经济增长目标放在了非常重要的位置。

② 例如，广东省惠州市在2007年的政府工作报告中提出地区生产总值增长13.8%的建设目标，紧接着指出"为实现全年目标，今年必须做好十二项工作"，其中有五项直接为经济建设内容。

标准的实证增长方程，估计增长目标对实际经济增长的引领程度。具体而言，当市场能够自发实现期初增长目标时，增长目标自然没有任何引领作用，其估计系数为0；反之，增长目标则具有引领作用，其估计系数为正号，大小为 $0 < \omega < 1$。

接下来，基于上述识别策略，本章采用在2001—2013年间地级市的增长目标样本，实证分析增长目标引领作用的大小。具体而言，采用上述识别策略估计目标引领作用的大小需要解决三个问题。一是如何度量增长目标。本章收集整理了283个地级及以上城市（以下简称"地级市"）在2001—2013年间的经济增长目标，数据来自各地历年政府工作报告。二是如何度量地方官员的增长绩效。本章采用夜间灯光亮度来度量经济增长绩效。其原因在于，在中国，各地生产总值增长目标由地方政府公布，生产总值增长速度也由地方政府统计和公布，为了实现既定目标，可能出现"数字出官、官出数字"的数据操纵情况，在这种情况下，目标与实际生产总值增长率存在自然而然相关的可能性。① 另外，根据本章的理论分析，目标通过"倒逼"资源配置影响实际经济增长，不适合在增长方程中控制投资等要素变量，而现有文献恰好表明，以夜间灯光亮度度量经济发展水平时，在地级市层面存在显著的绝对趋同（王贤彬等，2017）。本章采用夜间灯光亮度就是为了利用这一特征，在回归中只需要控制期初夜间灯光亮度。三是如何划分市场力量能够自发实现期初增长目标，以及不足以自发实现期初增长目标两种情形。本章尝试利用经济周期把经济划分为上行时期和下行时期，分别代理上述两种情形。当经济处于上行时期，市场力量更有可能自发实现期初增长目标，预计 $\omega = 0$。当经济处于下行时期，

---

① 为了实现既定的经济增速目标，个别地方政府可能会选择直接在统计数据上想办法。时任辽宁省省长陈求发在2017年1月省人代会上作政府工作报告时首次承认："2016年，我省地区生产总值、规模以上工业增加值、固定资产投资、出口额等指标未能完成预期目标，这里固然有'三期叠加'的影响和经济结构偏重等因素，也有过去一段时间……经济发展思路一度背离党中央的决策部署，背离党的实事求是思想路线，导致经济数据弄虚作假。"接着是内蒙古自治区，核减了2016年规模以上工业增加值2900亿元，占全部工业增加值的40%。之后是天津滨海新区，将2017年预期的1万亿元GDP直接挤掉1/3，调整为6654亿元。资料来源：辽宁省人民政府2017年政府工作报告及《人民日报》（海外版）文章《几省份自曝GDP"注水"——压力都来自哪里》。学界也对中国GDP数据质量存在不同看法（Holz，2006；Maddison，2006）。Wallace（2016）通过用电量数据与GDP数据的比对研究，发现二者之间存在背离，地方政府存在篡改GDP数据之嫌。

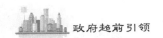

市场力量不足以自发实现期初增长目标,经济体的经济增长速度由市场和目标共同驱动,预计 $0<\omega<1$。解决上述三个问题后,本章实证估计增长目标引领作用的大小。与理论的预期一致,本章经过实证分析发现,2001—2013 年间,在经济上行时期,期初目标的估计系数不显著,即其对随后的经济增长没有显著影响;在经济下行时期,期初目标的估计系数显著为正,系数约为 1/3,即其对随后经济增长有显著影响,引领程度约为 1/3;从变动趋势上看,目标引领程度在 2001—2013 年间基本保持平稳。这些发现是稳健的,采用不同样本、不同指标度量增长目标和不同层面的经济周期划分,本章的结论都没有发生任何实质性变化。

最后,本章排除可能存在的竞争性解释。不可否认,期初的目标与随后的经济增长速度正相关,可能存在的一种竞争性解释是:这是地方官员影响的结果。期初的增长目标是地方官员公开承诺的,地方官员基于政治激励或经济激励对地方经济绩效产生影响(徐现祥等,2007;张军和高远,2007;杨海生等,2010;钱先航,2012;姚洋和张牧扬,2013)。这表明地方官员能够同时影响期初的增长目标和随后的经济增长。采用地方官员换届年样本,是排除上述可能的竞争性解释的一个合适策略。因为,在官员更替年份,年初承诺增长目标的地方官员,与影响随后经济增长的地方官员不再是同一位,增长目标的影响和提出目标的地方官员的影响被分离。本章通过采用官员更替年份样本研究发现,期初的增长目标依然能够显著地引领随后的经济增长,引领作用的大小也没有发生实证性变化。另外,本章还根据 Li et al.(2018)关于经济增长目标在不同政府层级存在层层加码特征以及经济增长目标与辖区内行政单位数目负相关的两个发现,构造了两个相应的工具变量,并重现了本章的主要结果,发现本章的基本结论依然成立。

本章以下内容的结构安排为:第二节是一个简单的理论框架;第三节是样本描述;第四、五节是实证分析;最后是结论性评述。

第二节 识别策略

在中国,中央前瞻性地制定经济发展目标,并将这一目标分解到地方政府,引领中国经济增长。不妨假定,中央分解到地方官员的增长目标为

g_T①,地方官员负责落实中央给定的这一增长目标。当经济体不存在目标管理时,辖区市场引领的增长速度为g_M。地方官员对其任期内的辖区经济增长速度g_t负责,面临的问题可以表示为:

$$\max_{g_t} \sum_{t=0}^{T} \{-(1-\omega)(g_t - g_M)^2 - \omega(g_t - g_T)^2\} \quad (3-1)$$

其中,T和ω分别是地方官员的任期及其对增长目标的重视程度,$T > 0$,$0 \leq \omega < 1$。在效用损失函数中,$(g_t - g_T)$度量与目标的差距,差距越小,在政治上越必要。$(g_t - g_M)$度量与市场引领增长的差距,差距越小,在经济上越可行。对于地方官员而言,g_T和g_M都是外生给定的,由式(3-1)的一阶必要条件可得,地方官员最优的增长速度为:

$$g_t = \omega g_T + (1 - \omega) g_M \quad (3-2)$$

不失一般性,假定$g_T \neq g_M$。此时,经济体存在$g_M > g_T$和$g_M < g_T$两种情况,具体讨论如下。

首先讨论$g_M > g_T$的情形。当$g_M > g_T$时,经济体通过市场机制实现的经济增长速度大于经济增长目标。这意味着经济体的市场机制能够自动实现经济体的增长目标,政府无须采取任何额外政策措施确保增长目标的实现。因此,当$g_M > g_T$时,增长目标对经济体的实际经济增长没有任何影响。此时经济体实现的经济增长等于市场机制实现的经济增长,式(3-2)退化为$g_t = g_M$,$\omega = 0$。

其次讨论$g_M < g_T$的情形。当$g_M < g_T$时,经济体通过市场机制实现的经济增速低于经济增长目标。由于政府对经济增长目标负责,地方官员需要通过政策制定等措施对经济活动进行管理。式(3-2)揭示了在市场力量无法保证增长目标自发实现时,地方官员最优的增长速度是目标引领增长与市场引领增长的加权平均数。显然,此时地方官员越重视中央给定的增长目标,即ω越大,地方官员最优的增长速度越接近中央给定的增长目标,即g_t越接近g_T。因此,从这种意义上说,当$g_M < g_T$时,ω度量了期初的增长目标g_T对随后经济增长的引领程度,且$0 < \omega < 1$。此时,地方官员最优的经济增长速度是目标引领增长与市场引领增长的加权平均数。

接着,本章给出g_M的表达式。现有的经济增长理论,无论是新古典

---

① 为了简化起见,本章没有在理论上考察中央如何为地方设定经济增长目标,只假定是外生给定的。

经济增长理论还是新增长理论，都是在考察市场是如何引领经济增长的，即在考察 g_M 的表达式。为了与现有实证经济增长文献保持一致（Barro and Sala-i-Martin, 1992; Mankiw, 1992; Islam, 1995），本章把 g_M 表示为：

$$g_M = -\beta ln y_0 + XB + \varepsilon \qquad (3-3)$$

在式（3-3）中，y_0 和 X 分别是地方官员辖区的初始发展水平和影响稳态发展水平的控制变量向量。① β 和 B 是相应的回归系数和系数向量。

最后，本章讨论目标引领经济增长的识别方程。把式（3-3）带入式（3-2），可得本章的核心回归方程：

$$g_t = \omega g_T - \beta(1-\omega)\ln y_0 + XB(1-\omega) + \varepsilon(1-\omega) \qquad (3-4)$$

式（3-4）是本章的核心回归方程，将期初给定的增长目标 g_T 引入了标准的实证经济增长方程。ω 是本章关心的核心参数，度量了期初的增长目标对随后经济增长的引领程度。

值得强调的是，式（3-4）具有一般性。当 $g_M > g_T$ 时，经济体能够依靠市场力量自发实现期初增长目标，政府官员无须进行任何经济增长目标管理。因此，预期 $\omega = 0$，式（3-4）将退化为式（3-3）。当 $g_M < g_T$ 时，完全依靠市场力量无法实现上级分解的目标，经济体的经济增长速度由市场和目标共同驱动，目标对实际经济增长的驱动程度为 ω，预期 $0 < \omega < 1$。

以上分析表明，本章所关心的核心参数 ω 能够识别期初目标对随后经济增长的影响程度。在以下实证分析过程中，本章将分两种情形估计核心参数 ω。具体而言，鉴于无法观测市场自发实现的经济增长速度，本章将尝试利用经济周期划分经济体存在的 $g_M > g_T$ 和 $g_M < g_T$ 情形，即采用经济处于上行期和下行期分别代理 $g_M > g_T$ 和 $g_M < g_T$ 的情形。当经济处于上行时期，市场更有可能自发实现期初增长目标，预计 $\omega = 0$。当经济处于下行时期，经济体的经济增长速度由市场和目标共同驱动，预计 $0 < \omega < 1$。

---

① 王贤彬等（2017）以夜间灯光亮度来度量经济发展水平时发现，中国地级市层面经济增长存在绝对趋同，因此本章采用夜间灯光亮度数据时只控制期初值。

第三节 数据来源

本章采用中国地级市样本实证分析期初目标对随后经济增长的引领程度。经济增长目标来源于地级市政府工作报告。一般而言，地级人大在每年的年初召开市人大代表大会，市长代表市政府向市人大代表做政府工作报告，回顾总结上一年的工作和取得的成绩，宣布当年的包括经济增长目标在内的各类目标及工作部署。

本章采用以下三个途径收集到2001—2013年间的2963份地级市政府工作报告。一是各地级市的人民政府门户网站，这是政府工作报告的主要来源。政府工作报告一般置于门户网站的"政务公开"栏，以广东省中山市为例，首先进入"中国中山政府门户网站"首页，依次点击"政务公开"→"规划总结"→"政府工作报告"，可以下载到2001—2013年的中山市政府工作报告。二是省人民政府门户网站，部分省（自治区、直辖市）会将下辖的地级市政府工作报告在门户网站上进行公布。三是以上两个途径不能收集到的政府工作报告，主要通过地级市年鉴获取。地级市政府工作报告通常会在该地级市当年的统计年鉴上以"特载"的形式出版。

本章整理各地的经济增长目标发现，2001—2013年间，几乎所有地级市的政府工作报告都明确了当年的增长目标。政府工作报告对经济增长目标的表述近年来出现了一些细微变化。在早期，基本都是准确的数字目标；近年来，在增长目标之前逐渐出现"约""左右""最低""不低于"等定语，还有少数地级市采取了区间目标的表述形式。本章的处理规则是以具体数字为准，区间目标取其均值。①

根据2001—2013年间增长目标数据的完整程度，全国283个地级市大致可以分为三类。② 一类是增长目标数据完整无缺的地级市。这样的样

---

① 例如，安徽省铜陵市在2007年的政府工作报告中对当年经济增长速度目标的描述为"地区生产总值增长15%～17%"。在本章的主要回归中，对区间目标的处理方式以区间目标均值代替，比如铜陵市2007年的经济增长目标就记为（15%＋17%）/2＝16%。

② 本章以2004年的行政区划为准。根据民政部出版的《中华人民共和国行政区划简册2004》，2004年全国共有333个地级行政单位，其中283个地级市、17个地区、30个自治州及3个盟。

本是88个，占到31.1%。二类是增长目标数据全部缺失的地级市。这样的样本是4个，分别为乌兰察布市、伊春市、吴忠市及忻州市，占到1.4%。三类是增长目标数据部分缺失的地级市。这样的样本是191个，占到67.5%。具体而言，能够收集到9～12年目标数据的有142个城市；能够收集到5～8年目标数据的有35个地级市；只能收集到1～4年目标数据的有14个城市。

从地理分布上看，88个经济增长目标无缺失的地级市具有地域代表性，分布在全国22个省（自治区、直辖市）。具体来说，主要分布在以下22个省（自治区、直辖市）：安徽省、福建省、广东省、广西壮族自治区、贵州省、河北省、河南省、黑龙江省、湖北省、吉林省、江苏省、江西省、辽宁省、内蒙古自治区、宁夏回族自治区、青海省、山东省、山西省、陕西省、四川省、新疆维吾尔自治区、浙江省。不论是东部、中部还是西部都有分布，显然，在地理分布上具有全国代表性。

从经济增长目标数值来看，88个无缺失的地级市也具有代表性，与其他城市不存在显著性差异。表3-1的A部分报告了全样本279个地级市（其中，有88个目标无缺失样本地级市及191个目标存在缺失地级市）在经济增长目标方面的描述性统计。具体而言，全样本279个地级市的经济增长目标均值为0.124，即12.4个百分点，88个目标无缺失地级市的经济增长目标均值也是0.124，191个目标有缺失地级市的经济增长目标依旧是0.124。第（10）列第5行报告了88个地级市与191个地级市经济增长目标均值的差异，保留三位小数时，差异基本为0，且不显著。以上结果表明，这88个数据完整的地级市样本具有一定的代表性。

本章采用夜间灯光亮度来度量经济增长绩效。其原因有两个，一是在中国，各地GDP增长目标是由地方政府公布，GDP增长速度也由地方政府统计和公布，为了实现既定目标，可能出现"数字出官、官出数字"的数据操纵情况，在这种情况下，目标与实际GDP增长率存在自然而然相关的可能性。越来越多的文献采用夜间灯光亮度来度量国家或地区的经济活动（Chen and Nordhaus, 2011; Elvidge et al., 1997a, 1997b; Michalopoulos and Papaioannou, 2013; Henderson et al., 2012; 范子英等, 2016; 王贤彬等, 2017; 徐康宁等, 2015），夜间灯光亮度数据是一个国家或地区特别是经济欠发达地区经济发展的代理变量。另外一个原因是，根据本章的理论分析，目标是通过倒逼资源配置影响实际经济增长，这样在增长

表 3 – 1 主要变量描述性统计

Part A: 不分经济上下行

变量	全样本			88个地级市			191个地级市			(5) – (8)
	(1) N	(2) 均值	(3) 标准误	(4) N	(5) 均值	(6) 标准误	(7) N	(8) 均值	(9) 标准误	(10)
经济周期值	3666	0.007	0.036	1144	0.008	0.033	2522	0.007	0.037	0.001
经济上行变量	3666	0.572	0.495	1144	0.593	0.492	2522	0.563	0.496	0.030
经济下行变量	3666	0.428	0.495	1144	0.407	0.492	2522	0.437	0.496	-0.030
经济增长目标	2963	0.124	0.028	1144	0.124	0.001	1819	0.124	0.001	0.000
夜间灯光增长率	2963	0.075	0.063	1144	0.065	0.002	2483	0.079	0.002	-0.014
上期夜间灯光对数值	2963	10.698	1.075	1144	5.122	0.021	2483	4.785	0.015	0.337

Part B: 划分经济上下行

变量	上行时期					下行时期				
	全样本		88个地级市		(4) – (2)	全样本		88个地级市		(9) – (7)
	(1) N	(2) 均值	(3) N	(4) 均值	(5)	(6) N	(7) 均值	(8) N	(9) 均值	(10)
经济增长目标	1776	0.129	678	0.129	0.000	1187	0.117	466	0.118	0.001

续表 3-1

Part B: 划分经济上下行

变量	上行时期					下行时期				
	全样本		88个地级市			全样本		88个地级市		
	(1)	(2)	(3)	(4)	(5)	(6)	(7)	(8)	(9)	(10)
夜间灯光增长率	1776	0.086	678	0.078	-0.008	1187	0.055	466	0.045	-0.010
上期夜间灯光对数值	1776	10.723	678	11.215	0.492	1187	10.319	466	10.861	0.542

注：①经济周期为地级市层面周期，采用HP滤波分析法确定（参数设定为100）①。②经济增长目标数据来源于各地级市2001—2013年历年政府工作报告；夜间灯光数据来源于美国国家海洋和大气管理局（National Oceanic and Atmospheric Administration, NOAA）。③Part A 第（1）至（3）列是全样本279个地级市的描述性统计；第（4）至（6）列是88个目标无缺失样本城市的描述性统计；第（7）至（9）列是191个目标有缺样本城市的描述性统计；第（10）列是88个目标无缺失样本城市与191个地级市的均值差异，即（10）=（5）-（8）。④Part B 第（1）至（5）列是全样本279个地级市和88个目标无缺失样本城市在经济上行时期的描述性统计及均值差异；第（6）至（10）列是全样本279个地级市和88个目标无缺失样本城市在经济下行时期的描述性统计及均值差异，限于篇幅，没有报告标准误。

① 我们也采用50及25的参数计算了经济周期；采用不同参数后，本章的基本结果仍然存在。

方程中就不适合控制投资等要素变量,而现有文献恰好表明,在使用夜间灯光亮度来度量经济发展水平时,地级市层面呈现出显著的绝对趋同(王贤彬等,2017)。为了利用这一结论,在回归中只控制期初经济发展水平,本章也选择用夜间灯光亮度作为经济发展水平的代理变量。

另外,本章尝试利用经济周期把经济体划分为上行时期和下行时期,用来代理市场能够自发实现期初增长目标和无法自发实现期初增长目标的两种情形。这主要是因为,当经济体的经济增长速度由市场和目标共同驱动时,尽管我们无法观察到市场自发实现的增长速度,但是经济周期具有反映市场能否自发实现期初增长目标的可能性。给定期初增长目标,当经济上行时,市场自发实现增长目标的可能性大些;当经济下行时,市场自发实现增长目标的可能性小些。

首先是计算经济周期值,本章采用常用的 HP 滤波法(Hodrick-Prescott Filter)、基于 GDP 指标来计算经济周期值。① 经济周期值等于实际 GDP 对潜在 GDP 的偏离程度②,计算经济周期关键在于估算潜在的 GDP,HP 滤波法的原理是把样本点的趋势值当作潜在 GDP,通过最小化实际 GDP 和趋势值之间的差距,从而估算出潜在的 GDP(Hodrick and Prescott,1997)。具体的估算公式为:

$$\min_{X_t, t=1,2,\cdots,T} \left\{ \sum_{1}^{T} (Y_t - X_t)^2 + \lambda \left[(X_{t+1} - X_t) - (X_t - X_{t-1}) \right]^2 \right\}$$

$$(3-5)③$$

本章的主要结果采用的是 λ 取值 100 的地级市层面经济周期,具体而

---

① 文献认为,衡量一个经济体宏观经济波动的方法就是看总产出和其他相应经济指标序列对其长期趋势的偏离程度,这类指标较多,例如 NBER(National Bureau of Economic Research,国家经济研究局,是美国较权威的经济研究机构)的经济波动周期确定委员会就使用了总产出、收入、就业、贸易等指标来测度经济波动周期,但是其中最基本的指标是 GDP,对于其他指标的研究一般需要建立在对 GDP 指标的研究分析基础之上(董进,2006)。因此,本章也采用 GDP 指标来测算经济周期值。

② $Y_t = Y_t^{trend} + \varepsilon_t = Y^* + Y_t^{gap}$,$Y_t$ 是实际 GDP,Y_t^{trend} 是实际 GDP 的长期趋势,Y^* 是潜在 GDP,ε_t 是随机游走项,Y_t^{gap} 就是经济周期值,等于实际 GDP 与潜在 GDP 的差值。

③ 其中 Y_t 是对数形式的实际 GDP,X_t 是 Y_t 时间序列中的趋势成分,λ 是对 X_t 波动的惩罚系数。$Cycle_t = Y_t - X_t$ 就是周期成分。假定 $Cycle_t$ 服从独立正态分布,当 $\lambda = var(Cycle_t)/var(\Delta^2 X_t)$,HP 滤波结果最佳(董进,2006)。由于使用年度数据时,λ 的取值存在不同观点,本章采用文献中提到的三种参数(25,50,100)分别进行了计算(Backus and Kehoe,1992),主要回归采用的是 $\lambda = 100$ 计算出的经济周期,采用其他两种参数的经济周期后本章的结论依然成立。

言，如表3-1所示，全样本279个地级市2001—2013年间的经济周期值均值为0.007，88个目标无缺失地级市及191个目标有缺失地级市的经济周期值均值分别为0.008和0.007，但二者并不存在显著差异。① 紧接着，本章根据经济周期值是否大于0生成了经济上行（up）及经济下行（down）两个变量，具体赋值原则为，当经济周期值大于0，up=1，否则为0；当经济周期值小于0，down=1，否则为0。

从统计结果来看，利用经济周期划分的上行时期和下行时期能够较好地度量市场能否自发实现期初增长目标的两种情形。如果以当年的实际经济增长速度是否大于年初的经济增长目标来判断目标是否实现，我们发现，经济上行时期比经济下行时期更有可能实现期初的经济增长目标。从全样本279个地级市的统计结果来看，经济处于上行时期时有约76%的样本实现了年初的增长目标，经济下行时期只有54%的样本能够实现年初目标，二者的差异通过显著性水平为1%的统计检验。从目标无缺失的88个地级市来看，经济上行时期有70%的样本实现了年初的增长目标，经济下行时期只有46%的样本能够实现年初目标，二者差异显著。从191个目标有缺失的地级市来看，经济上行时期实现年初增长目标的样本约有79%，经济下行时期实现年初增长目标的样本只有58%，二者也存在显著差异。②

从经济上下行的描述性统计来看，88个目标无缺失的地级市也具有代表性，与其他城市不存在显著性差异。表3-1的A部分报告了没有划分经济上下行周期时的描述性统计，无论是经济周期值，还是经济上行及下行变量，还有经济增长目标及夜间灯光亮度，目标完整的88个样本及目标有缺失的191个样本均没有显著差异。表3-1的B部分报告了在划分经济上下行周期时的全样本及88个目标无缺失的地级市样本的描述性统计，其中第（5）列和第（10）列分别报告了上行时期与下行时期全样本与88个目标无缺失的城市样本的均值差异。从描述性统计结果可看出，无论是经济上行时期还是经济下行时期，279个全部地级市样本与88个目标无缺失的地级市样本在经济增长目标和夜间灯光亮度水平方面都没有显

---

① 在实证过程中，我们也通过不同参数计算的经济周期及国家、省级层面的经济周期进行了稳健性检验。

② 以不同λ参数及省级、国家级层面计算的经济周期也得到了同样结论。

著差异。

总之，不论是从经济增长目标数值的地区分布上，还是在划分经济周期的情况下，88 个目标无缺失城市与全样本 279 个城市都不存在显著差异。本章将主要采用这 88 个地级市样本进行回归结果，而将其他地级市样本作为稳健性检验。

第四节 实证结果

一、基本结果

与式（3-4）的预期一致，2001—2013 年间，当经济下行时，经济体的经济增长速度由市场和目标共同驱动，目标对实际经济增长的驱动程度 $\omega = 0.335$；当经济上行时，经济体的经济增长速度由市场驱动，目标对实际经济增长的驱动程度 $\omega = 0$。

表 3-2 基于夜间灯光亮度增长率度量实际经济增长，采用式（3-4）的回归结果。为了检验本章采用 88 个目标无缺失地级市样本的合理性，首先再现现有实证经济增长文献的发现，如表 3-2 第（1）列所示。在第（1）列中，本章没有加入经济增长目标变量，只是引入期初夜间灯光亮度进行回归，这时，期初夜间灯光亮度的回归系数为 -0.114，通过显著性水平为 1% 的统计检验，与现有经济增长文献的实证发现一致。① 这表明，本章采用 88 个目标无缺失地级市样本能够再现现有文献的发现。基于此，本章进一步引入经济增长目标，采用式（3-4）考察期初目标对随后经济增长的影响程度。

第（2）列报告了经济上行样本的回归结果，增长目标的回归系数为 0.065，但是不显著。这与理论预期一致，在经济上行时期，增长目标对实际经济增长没有显著影响。第（3）列报告了经济下行样本的回归结果，增长目标的回归系数为 0.335，通过显著性水平为 5% 的统计检验。这也与理论预期一致，在经济下行时期，增长目标对实际经济增长具有显著的

---

① 王贤彬等（2017）利用夜间灯光亮度度量经济增长绩效考察中国地区经济差距动态趋势，发现无论是省级还是地级市层面，地区间的夜间灯光亮度都呈现绝对的 β 趋同。

表 3-2 基本结果

变量	(1)	(2)	(3)	(4)	(5)	(6)	(7)	(8)
	目标完整样本（88 个地级市）			夜间灯光亮度增长率				
	经济上行	经济下行		全部地级市样本（279 个地级市）	目标有缺失样本（191 个地级市）	至少有 5 年目标数据的样本（265 个地级市）	全部地级市样本（279 个地级市）
				虚拟变量	虚拟变量	虚拟变量	虚拟变量	虚拟变量
$target_{it}$	—	0.065 (0.124)	0.335** (0.150)	0.224*** (0.064)	0.261** (0.127)	0.264*** (0.101)	0.327*** (0.068)	0.341*** (0.069)
$target_{it} \times down_{it}$	—	—	—	0.030 (0.098)	0.270 (0.182)	0.032 (0.152)	0.113 (0.113)	0.151 (0.113)
$target_{it} \times up_{it}$	—	—	—	−0.011 (0.010)	0.011 (0.016)	−0.014 (0.016)	−0.012 (0.010)	−0.009 (0.011)
$down_{it}$	—	—	—	−0.083*** (0.014)	−0.116*** (0.029)	−0.107*** (0.024)	−0.098*** (0.017)	−0.090*** (0.015)
$\log(light_{i,t-1})$	−0.114*** (0.031)	−0.131*** (0.036)	−0.080*** (0.028)					

续表 3-2

变量	(1)	(2)	(3)	(4)	(5)	(6)	(7)	(8)
	夜间灯光亮度增长率							
	目标完整样本(88个地级市)				全部地级市样本(279个地级市)	目标有缺失样本(191个地级市)	至少有5年目标数据的样本(265个地级市)	全部地级市样本(279个地级市)
		经济上行	经济下行	虚拟变量	虚拟变量	虚拟变量	虚拟变量	虚拟变量
常数项	0.567*** (0.148)	0.642*** (0.177)	0.851*** (0.305)	0.906*** (0.145)	0.544*** (0.147)	1.143*** (0.234)	1.086*** (0.174)	0.942*** (0.151)
年份固定效应	有	有	有	有	有	有	有	有
城市固定效应	有	有	有	有	有	有	有	有
目标缺失市×年份	—	—	—	—	—	—	—	有
R^2	0.300	0.329	0.290	0.469	0.311	0.547	0.584	0.424
样本量	1144	678	466	2963	1144	1819	2921	2963

注：①被解释变量为夜间灯光亮度增长率。② $target_{it}$ 为关键变量，为当年政府工作报告中的地区生产总值增长目标。及 up_{it} 为经济同期变量，当经济处于下行同期，$down_{it}=1$，否则为 0；当市经济处于上行同期，$up_{it}=1$，否则为 0。③控制变量有上一期夜间灯光亮度对数值。④括号内为地级市层面的聚类（cluster）标准误。⑤*、**和***分别表示通过显著性水平为 10%、5%和 1%的统计检验。

引领作用。第（2）和第（3）列回归中期初夜间灯光亮度的回归系数均显著为负，也与现有经济增长文献的实证发现一致。上述结果表明，在经济上行时期，增长目标对实际经济增长没有显著影响；在经济下行时期，增长目标对实际经济增长具有显著的引领作用，引领增长的程度约为1/3。

第（4）列报告了采用虚拟变量形式表示经济周期的回归结果。增长目标与经济下行虚拟变量交乘项的回归系数为0.224，通过显著性水平1%的统计检验。增长目标与经济上行虚拟变量交乘项的回归系数为0.030，但是不显著。这与第（2）和第（3）列的结果保持一致。

第（5）列报告了2001—2013年全部279个地级市样本、采用虚拟变量表示经济周期的回归结果。[①] 增长目标与经济下行虚拟变量交乘项的回归系数为0.261，通过显著性水平为5%的统计检验。增长目标与经济上行虚拟变量交乘项的回归系数为0.270，但是不显著。这与采用88个地级市样本的回归结果相比没有发生实质性变化。第（6）列报告了在2001—2013年目标存在缺失的191个地级市样本的回归结果。增长目标与经济下行虚拟变量交乘项的回归系数为0.264，通过显著性水平为1%的统计检验。增长目标与经济上行虚拟变量交乘项的回归系数为0.032，仍然不显著。第（7）列报告了至少有5年目标数据的265个地级市样本的回归结果。增长目标与经济下行虚拟变量交乘项的回归系数为0.327，通过显著性水平为1%的统计检验。增长目标与经济上行虚拟变量交乘项的回归系数为0.113，仍然不显著。控制变量期初夜间灯光亮度的回归系数仍然与现有文献结论保持了一致。

第（8）列报告了控制"目标缺失市×年份"的回归结果。考虑到目标数据缺失可能会给回归结果带来影响，我们在第（5）列全样本控制年份固定效应和城市固定效应的基础上，增加控制"目标缺失市×年份"的采用全样本重新进行了回归。增长目标与经济下行虚拟变量交乘项的回归系数为0.341，通过显著性水平为1%的统计检验，与经济上行虚拟变量交乘项的回归系数依然不显著。这一结果与第（4）列的增长目标回归系数相比，无论是大小还是显著性都没有发生实质性变化。就控制变量而言，回归系数的符号与显著性也与其他几列保持了一致。

[①] 限于篇幅，这里只报告了采用虚拟变量的回归结果，没有报告分经济上下行样本的结果，二者的结论保持了一致。

以上结果表明，2001—2013年间，在经济上行时期，增长目标对实际经济增长没有显著影响；在经济下行时期，增长目标对实际经济增长具有显著的引领作用，引领增长的程度约为1/3。不论采用目标数据无缺失样本，还是采用目标数据存在缺失的样本，本章的基本结果都存在。

二、稳健性检验：采用不同的数据度量

本部分将从经济增长目标的不同度量、不同层面的经济周期角度，检验上述基本的回归结果的稳健性。

采用上、下限值度量经济增长目标，本章的发现依然成立。近年来，少部分城市政府对增长目标的表述发生了变化：从以往准确的数字目标变成了"区间目标"。为了避免度量误差，本小节将对区间目标分别以目标上限值与目标下限值度量增长目标，对基本结果进行重现。[①] 表3-3第（1）至（3）列报告了以目标上限值度量区间目标的实证结果。第（1）列报告了采用经济上行时期样本的回归结果，增长目标的回归系数为0.065，不显著。第（2）列报告了采用经济下行时期样本的回归结果，增长目标的系数为0.377，通过显著性水平为5%的统计检验。第（3）列报告了采用虚拟变量表示经济周期的回归结果，经济下行周期与增长目标交乘项的回归系数为0.259，通过显著性水平为5%的统计检验，经济上行周期与增长目标交乘项的回归系数则不显著。这一结果与表3-2的基本结果保持了一致。就控制变量而言，其系数符号也与增长理论及现有文献结论相符。表3-3第（4）至（6）列报告了以目标下限值度量区间目标的实证结果。这一回归结果不仅与表3-2第（3）列采用区间目标均值的回归结果保持一致，也与表3-3第（1）列采用目标上限值时的回归结果基本相同。这说明，不论采用目标上限值度量增长目标，还是采用目标下限值进行度量，本章的基本结果依然存在。

---

① 仍然以安徽省铜陵市为例。当以目标上限值度量增长目标时，铜陵市2007年的经济增长目标取值17%；当以目标下限值度量增长目标时，铜陵市2007年的经济增长目标取值15%。

表3-3 增长目标的其他度量

变量	(1)	(2)	(3)	(4)	(5)	(6)
	夜间灯光亮度增长率					
	目标上限值			目标下限值		
	经济上行	经济下行	虚拟变量	经济上行	经济下行	虚拟变量
$target_{it}$	0.065	0.377**	—	0.065	0.391**	—
	(0.124)	(0.147)	—	(0.124)	(0.153)	—
$target_{it} \times down_{it}$	—	—	0.259**	—	—	0.262**
	—	—	(0.127)	—	—	(0.127)
$target_{it} \times up_{it}$	—	—	0.264	—	—	0.276
	—	—	(0.181)	—	—	(0.182)
$down_{it}$	—	—	0.011	—	—	0.012
	—	—	(0.016)	—	—	(0.016)
$\log(light_{i,t-1})$	-0.131***	-0.080***	-0.116***	-0.131***	-0.079***	-0.116***
	(0.036)	(0.028)	(0.029)	(0.036)	(0.028)	(0.029)
常数项	0.642***	0.857***	0.543***	0.642***	0.845***	0.543***
	(0.177)	(0.304)	(0.147)	(0.177)	(0.307)	(0.147)
年份固定效应	有	有	有	有	有	有
城市固定效应	有	有	有	有	有	有
R^2	0.329	0.290	0.311	0.329	0.291	0.311
样本量	678	466	1144	678	466	1144

注：①被解释变量为夜间灯光亮度增长率。② $target_{it}$ 为关键变量，为当年政府工作报告中的地区生产总值增长目标。③控制变量有上一期夜间灯光亮度对数值，另外还控制了年份固定效应及城市固定效应。④括号内为地级市层面的聚类（cluster）标准误。⑤*、**和***分别表示通过显著水平为10%、5%和1%的统计检验。

采用不同层面的经济周期，本章的发现依然成立。基本回归结果采用的地级层面的经济周期，本小节将分别采用省级层面以及国家级层面的经济周期，以验证基本发现的稳健性。表3-4第（1）至（3）列报告了采用省级层面经济周期的回归结果。第（1）列采用经济上行样本时，增长目标的回归系数为0.070，不显著。第（2）列采用经济下行样本时，增长目标的回归系数为0.660，通过显著性水平为1%的统计检验，系数大小与采用地及经济周期相比稍微变大。第（3）列采用虚拟变量形式表示经济周期,与经济上行虚拟变量的回归系数不显著,与经济下行虚拟变量的回归系数为0.460,通过显著性水平为1%的统计检验。这一结果与采用地及经济周期的回归结果相比,没有发生实质性变化。控制变量回归系数符号与增长理论及现有文献结论保持一致。第(4)至(6)列报告了采用国家经济周期的回归结果,仍然与采用地及经济周期的结果保持了一致。这说明,不论采用省级层面的经济周期,还是国家层面的经济周期,本章的基本结果仍然存在。

表3-4 不同层面的经济周期

变量	(1)	(2)	(3)	(4)	(5)	(6)
	夜间灯光亮度增长率					
	省级经济周期			国家经济周期		
	经济上行	经济下行	虚拟变量	经济上行	经济下行	虚拟变量
$target_{it}$	0.070 (0.186)	0.660*** (0.110)	— —	0.234 (0.203)	0.401** (0.166)	— —
$target_{it} \times down_{it}$	— —	— —	0.460*** (0.128)	— —	— —	0.525*** (0.137)
$target_{it} \times up_{it}$	— —	— —	0.236 (0.214)	— —	— —	0.233 (0.201)
$down_{it}$	— —	— —	-0.026 (0.018)	— —	— —	0.101*** (0.024)
$\log(light_{i,t-1})$	-0.190*** (0.060)	-0.065*** (0.021)	-0.136*** (0.030)	-0.193*** (0.053)	-0.263*** (0.031)	-0.137*** (0.029)
常数项	0.956*** (0.308)	0.677*** (0.227)	0.670*** (0.149)	1.092*** (0.300)	1.268*** (0.151)	0.656*** (0.149)
年份固定效应	有	有	有	有	有	有
城市固定效应	有	有	有	有	有	有
R^2	0.404	0.253	0.382	0.417	0.279	0.383
样本量	664	480	1144	704	440	1144

注:①被解释变量为夜间灯光亮度增长率。②第(1)至(3)列的经济周期为省级层面周期,第(4)至(6)列的经济周期为国家层面周期。③控制变量为上一期夜间灯光亮度对数值,另外还控制了年份固定效应及城市固定效应。④括号内为地级市层面的聚类(cluster)标准误。⑤*、**和***分别表示通过显著水平为10%、5%和1%的统计检验。

三、目标引领的变化趋势

从党的十二大明确提出经济翻番目标直至党的十八大，中央一直强调确保经济增长速度目标的实现。总体而言，在2001—2013年间，目标对实际经济增长的引领作用保持稳定。基于本章数据的时间跨度为2001—2013年，本小节首先构造了三个时间段的虚拟变量："period（2001—2005）""period（2006—2010）"和"period（2011—2013）"。具体地，当年份为2001、2002、2003、2004和2005年时，"period（2001—2005）"虚拟变量取值为1，否则为0。"period（2006—2010）"和"period（2011—2013）"的构造以此类推。① 实际回归时，加入上述虚拟变量与经济增长目标和经济周期虚拟变量的交互项，以考察在不同时期增长目标对实际经济增长的引领程度。

表3-5第（1）列报告了采用88个地级市样本、考虑三个不同时期的回归结果，在2001—2013年间，增长目标对实际经济增长的引领程度仍然在1/3左右。第（1）列将三个时间虚拟变量的交互项同时进行回归，此时，经济下行时期"period（2001—2005）"时期的回归系数为0.370，略高于1/3，通过显著性水平1%的统计检验；"period（2006—2010）"时期的回归系数为0.285，略低于1/3，通过显著性水平1%的统计检验；"period（2011—2013）"时期的回归系数为0.321，接近1/3，也通过显著性水平为1%的统计检验。经济上行时期与各个时段交互项的回归系数则全部不显著。另外，控制变量期初夜间灯光亮度的回归系数符号均与增长理论及现有文献结论一致。

表3-5 目标引领的变化趋势

变量	（1）	（2）
	夜间灯光亮度增长率	
	88个地级市样本	279个地级市样本
$target_{it} \times down_{it} \times period(2001—2005)$	0.370***	0.295***
	(0.084)	(0.104)

---

① 本章还构造了每三年一个时间跨度的检验，也得到了同样结论，篇幅所限没有报告全部结果。

续表 3-5

变量	(1)	(2)
	夜间灯光亮度增长率	
	88 个地级市样本	279 个地级市样本
$target_{it} \times down_{it} \times period(2006—2010)$	0.285*** (0.104)	0.313*** (0.065)
$target_{it} \times down_{it} \times period(2011—2013)$	0.321*** (0.114)	0.344*** (0.082)
$target_{it} \times up_{it} \times period(2001—2005)$	0.018 (0.139)	0.071 (0.127)
$target_{it} \times up_{it} \times period(2006—2010)$	0.249 (0.179)	0.145 (0.089)
$target_{it} \times up_{it} \times period(2011—2013)$	0.351 (0.232)	0.195 (0.123)
$\log(light_{i,t-1})$	-0.073*** (0.013)	-0.089*** (0.013)
常数项	0.797*** (0.148)	0.948*** (0.132)
年份固定效应	有	有
城市固定效应	有	有
R^2	0.484	0.588
样本量	1144	2963

注：①被解释变量为夜间灯光亮度增长率。② $target_{it}$ 为关键变量，为当年政府工作报告中的地区生产总值增长目标；控制变量有上一期夜间灯光亮度对数值，另外还控制了年份固定效应及城市固定效应。③括号内为地级市层面的聚类（cluster）标准误。④ *、**和***分别表示通过显著水平为10%、5%和1%的统计检验。

表 3-5 第（2）列报告了采用全样本 279 个地级市样本的回归结果。与 88 个地级市样本的回归结果一致，总体而言，在经济下行时期，目标对经济增长的引领作用也稳定在 1/3 左右。

以上结果表明，2001—2013 年间，在经济上行时期，经济增长目标对实际经济增长没有影响；在经济下行时期，经济增长目标对实际经济增长

的引领作用没有明显的时间趋势，尽管系数大小存在上下波动，引领作用仍然在 1/3 左右。

第五节 排除竞争性解释

到目前为止，我们已经发现事前的增长目标与事后的增长速度正相关。不可否认，这种正相关关系还存在可能的竞争性解释：这是地方官员影响的结果。① 本部分将从以下两个方面排除这个竞争性解释：一个是采用地方官员更替年份样本排除这个可能的竞争性解释，另一个是直接从目标分解的视角考察事前的增长目标对事后经济增长的影响。②

一、排除官员本身的影响

现有官员治理文献认为，地方官员能够显著促进辖区经济发展（徐现祥等，2007；张军、高远，2007；杨海生等，2010；钱先航，2012；姚洋和张牧扬，2013）。增长目标是地方官员公开承诺的，地方官员基于政治激励或经济激励去实现这一目标。因此，地方官员可能是影响期初目标和随后经济增长的第三方因素。

官员更替现象为分离增长目标与官员的影响提供了合适的样本。③ 本章收集整理了中国 2001—2013 年各地级行政单位的市委书记、市长简历。统计显示，2001—2013 年间，市委书记发生了 1020 次更替，市长发生了 1137 次更替，不区分市委书记还是市长的更替有 1517 次，市委书记和市长同一年发生更替的有 640 次。当地方官员发生更替时，公布经济增长目标的领导在目标期内离任，而新接任的领导尽管没有直接参与经济增长目标的制定与公布，却成为目标的实际负责人。此时，地方官员不再是同时影响期初目标和随后增长的第三方因素。

---

① 还有一种可能的解释是，这是因为目标是对未来经济增长的预测，我们采用外生冲击样本对此进行了检验。

② 根据"一五"时期广东省五年计划下达路径图，五年计划首先由省下达至直辖市/行署，再由直辖市行署到县，最后到达基层单位（龙观华，2013）。

③ 徐现祥等（2018）也有类似思路，在回归中加入了官员更替变量，考察省级官员变动是否改变增长目标对经济发展质量侵蚀影响程度。

表3-6的回归结果显示,在官员更替年份,期初的目标对随后的经济增长依然存在显著的引领作用,并且大小依然约为1/3。表3-6第(1)和第(2)列分别报告了市委书记、市长更替年份的检验结果。不论是市委书记更替年份还是市长更替年份,目标对实际经济增长保持了约1/3的引领程度,与表3-2的基准回归结果相比,不论显著性还是回归系数大小都没有实质性变化。第(3)和第(4)列分别报告了不区分书记或市长的更替年份及书记和市长同时更替年份的回归结果,目标的回归系数大小与基本结果相比没有发生实质性变化,并且都通过显著性水平为1%的统计检验。上述结果与徐现祥等(2018)的研究保持了一致。

表3-6 官员更替样本

变量	(1)	(2)	(3)	(4)
	夜间灯光亮度增长率			
	书记更替年份	市长更替年份	书记/市长更替年份	书记、市长同时更替年份
$target_{it} \times down_{it}$	0.372***	0.401***	0.339***	0.414***
	(0.091)	(0.105)	(0.074)	(0.098)
$target_{it} \times up_{it}$	0.148	0.171	0.136	-0.087
	(0.137)	(0.162)	(0.117)	(0.194)
$down_{it}$	-0.014	-0.017	-0.009	-0.048**
	(0.017)	(0.018)	(0.015)	(0.025)
$\log(light_{i,t-1})$	-0.061***	-0.097***	-0.079***	-0.032
	(0.018)	(0.019)	(0.015)	(0.022)
常数项	0.648***	1.044***	0.836***	0.374
	(0.186)	(0.200)	(0.160)	(0.228)
年份固定效应	有	有	有	有
城市固定效应	有	有	有	有
R^2	0.562	0.549	0.583	0.586
样本量	813	915	1220	508

注:①被解释变量为夜间灯光亮度增长率。②第(1)和第(2)列分别采用的是市委书记、市长发生的更替年份样本,第(3)和第(4)列分别采用的是不区分书记和市长的更替年份样本及书记和市长同时发生更替的年份样本。③控制变量为上一期夜间灯光亮度对数值,另外还控制了年份固定效应及城市固定效应。④括号内为地级市层面聚类(cluster)的标准误。⑤*、**和***分别表示通过显著水平为10%、5%和1%的统计检验。

以上结果表明，期初的目标能够引领随后的经济增长，并不缘于地方官员对期初目标和随后增长的同时影响。

二、IV 估计

本小节将放松经济增长目标的外生性假定，采用工具变量，重新估计增长目标对实际经济增长的引领作用。

根据 Li et al.（2018）的发现，本章选择省级经济增长目标及中央增长目标乘以省内地级市数目两个指标作为地级经济增长目标的工具变量。Li et al.（2018）揭示了不同政府层级间的经济增长目标呈现层层加码的特征，根据这一结论，本章采用省级经济增长目标作为地级市经济增长目标的工具变量；Li et al.（2018）还发现，随着辖区内地级市的增加，为了缓解同级官员之间的竞争程度，保证给辖区官员形成有效激励，上级分解给地级市的经济增长目标会随之降低，为此，本章还构造了中央经济增长目标乘以省内地级市数目作为地级市经济增长目标的工具变量。①

表 3-7 Part A 报告了采用经济上行样本时的工具变量回归结果，结果显示上行时期经济增长目标对实际经济增长无影响。第（1）至（3）列报告了以省级经济增长目标（$target_{it}\_provlevel$）作为工具变量的第二阶段回归结果。第（1）列以省级目标作为地级增长目标的工具变量时，增长目标的回归系数为 0.053，不显著。第（2）列和第（3）列分别报告了以目标上限值、目标下限值度量增长目标的工具变量回归结果，增长目标的回归系数分别为 0.052 和 0.054，同样不显著。上述结果表明，以省级经济增长目标作为地级经济增长目标的工具变量时，上行时期经济增长目标对实际经济增长无影响。

表 3-7 Part A 的第（4）至（6）列报告了采用经济上行时期样本、以中央经济增长目标乘以省内地级市数目（$centarget_{it}\_citynum_{it}$）作为工具变量的检验结果。无论以目标均值度量地级经济增长目标，还是以目标上限值或者下限值度量增长目标，工具变量的回归结果都显示，经济上行时期增长目

---

① Part B 部分第（4）列采用省级经济增长目标（$target_{it}\_provlevel$）及中央经济增长目标乘以省内地级市数目（$centarget_{it}\_citynum_{it}$）作为工具变量的第一阶段回归结果与 Li et al.（2018）一致。在采用均值度量经济增长目标时，采用省级经济增长目标及中央经济增长目标乘以省内地级市数目工具变量的第一阶段回归中的系数分别为 0.832 和 -0.088，分别通过显著性水平为 1% 和 10% 的统计检验。限于篇幅，没有报告第一阶段的回归结果。

标对实际经济增长无影响。

表3-7 Part B 报告了采用经济下行样本时的工具变量回归结果。第（1）至（3）列报告了以省级经济增长目标（$target_{it}\_provlevel$）作为工具变量的第二阶段回归结果。第（1）列以省级目标作为地级增长目标的工具变量时，增长目标的回归系数为0.818，与表3-2的基准回归结果相比，系数变大，但仍然通过显著性水平为1%的统计检验。第（2）列报告了以目标上限值作为增长目标度量的工具变量回归结果，增长目标的回归系数仍然为0.818，也通过显著性水平为1%的统计检验。第（3）列以目标下限值度量增长目标的工具变量回归结果，增长目标的回归系数为0.817，通过显著性水平为1%的统计检验。控制变量的回归系数与基本结果也保持一致。上述结果表明，以省级经济增长目标作为地级经济增长目标的工具变量时，下行时期经济增长目标对实际经济增长仍然有显著的引领作用。

表3-7 Part B 的第（4）至（6）列报告了采用经济下行样本、以中央经济增长目标乘以省内地级市数目（$centarget_{it}\_citynum_{it}$）作为工具变量的检验结果。第（4）列以中央经济增长目标乘以省内地级市数目作为地级经济增长目标的工具变量时，经济增长目标均值的回归系数为0.619，比基本结果系数略微变大，通过显著性水平为5%的统计检验。第（5）列报告了以目标上限值作为增长目标度量的工具变量回归结果，增长目标的回归系数为0.620，也通过显著性水平为5%的统计检验。第（6）列以目标下限值度量增长目标的工具变量回归结果，增长目标的回归系数为0.618，通过显著性水平为5%的统计检验。上述结果表明，以中央经济增长目标乘以省内地级市数目作为地级经济增长目标的工具变量时，下行时期经济增长目标对实际经济增长仍然有显著的引领作用。

表 3-7　IV 基本结果

变量	(1)	(2)	(3)	(4)	(5)	(6)
	夜间灯光亮度增长率					
	Part A：上行时期					
	IV1：省级经济增长目标			IV2：中央经济增长目标×省内地级市数目		
	目标均值	目标上限值	目标下限值	目标均值	目标上限值	目标下限值
$target_{it}$	0.053 (0.299)	0.052 (0.298)	0.054 (0.297)	2.161 (2.006)	2.160 (2.005)	2.162 (2.004)
$\log(light_{i,t-1})$	−0.109*** (0.014)	−0.109*** (0.014)	−0.109*** (0.014)	−0.198*** (0.029)	−0.198*** (0.029)	−0.198*** (0.029)
年份固定效应	有	有	有	有	有	有
城市固定效应	有	有	有	有	有	有
R^2	0.616	0.616	0.616	0.461	0.461	0.461
样本量	678	678	678	678	678	678
	Part B：下行时期					
$target_{it}$	0.818*** (0.298)	0.818*** (0.299)	0.817*** (0.298)	0.619** (0.248)	0.620** (0.248)	0.618** (0.247)
$\log(light_{i,t-1})$	−0.080*** (0.021)	−0.081*** (0.021)	−0.079*** (0.021)	−0.018 (0.022)	−0.086*** (0.019)	−0.085*** (0.019)
年份固定效应	有	有	有	有	有	有
城市固定效应	有	有	有	有	有	有
R^2	0.439	0.437	0.440	0.224	0.215	0.215
样本量	466	466	466	466	466	466

注：①Part A 采用的是经济上行样本，Part B 采用的是经济下行样本。②IV1 是指采用省级经济增长目标作为工具变量，IV2 是指采用中央经济增长目标乘以省内地级市数目作为工具变量，省内地级市具体是指该地级市所在省份下辖的地级行政单位。③被解释变量为夜间灯光亮度增长率；控制变量有与被解释变量对应的上一期夜间灯光亮度对数值，另外还控制了年份固定效应及城市固定效应。④括号内为地级市层面的聚类（cluster）标准误。⑤*、**和***分别表示通过显著水平为 10%、5% 和 1% 的统计检验。

总而言之，不论采用省级经济增长目标，还是中央经济增长目标乘以省内地级市数目作为地级增长目标的工具变量，本章的基本结果依然稳健：在经济上行时期，增长目标对实际经济增长没有影响；在经济下行时期，增长目标对实际经济增长有显著的引领作用。

✻ 本章小结 ✻

本章从理论和实证双重角度论证了经济增长目标可以引领实际经济增长，产生实际绩效。我们注意到，中国经济增长的一个基本事实就是，中央通过增长目标引领经济增长。中央的增长目标通过行政层级分解到各级地方政府，成为各级地方政府公开承诺的增长目标，也是其动员一切资源发展经济的实施纲领。

在理论上，本章证明了当市场力量能够自发实现期初增长目标，增长目标显然无任何实质性影响。当市场力量不足以自发实现期初增长目标时，地方官员既要尽可能实现既定的增长目标，又要尽可能保证市场引领的经济增长，其最优的经济增长速度是目标引领增长与市场引领增长的加权平均数。增长目标的权重 ω 度量了其对随后经济增长的引领程度，且 $0 < \omega < 1$。这表明，增长目标引领经济增长是有条件的。

在实证上，本章采用中国地级城市样本发现：在经济上行时期，增长目标对实际经济增长无显著影响；在经济下行时期，增长目标对经济增长的引领程度约为 1/3；2001—2013 年目标引领程度没有明显的时间趋势，保持在 1/3 左右。本章的这些发现是稳健的，排除了可能存在的其他竞争性解释，在采用不同样本、不同增长目标度量、不同层面的经济周期以及工具变量后，本章的实证结果没有发生任何实质性变化。

本章的实证发现与理论预期是一致的，论证了在特定条件下目标引领带来实际经济绩效，并且揭示了目标引领增长的程度。需要指出的是，本章主要采用中国样本对理论命题进行了验证。值得进一步研究的问题是，这一理论命题是否具有全球或者跨国的普遍意义，目标引领是否能够在全球范围意义上带来实际绩效。

思考讨论题

1. 区域政府的增长目标在什么条件下可以引领辖区经济发展？请举例说明。
2. 如果拟识别目标引领的绩效，你认为可以采取哪些识别策略？
3. 请到官网下载相关数据和程序，再现本章的实证分析结果。你认为哪些实证分析还需要进一步完善？
4. 请更新数据样本，再现本章的实证分析结果，重点考察相应的实证结果是否发生变化。
5. 结合相关文献或经济发展案例，谈一谈你对目标引领绩效特征的理解。
6. 你认为影响目标引领绩效大小的主要因素是什么？请举例说明。

第四章　目标引领的绩效：全球样本

经济增长目标在全球范围内也广泛存在。本章采用与上一章类似的识别策略，根据经济发展规划所处的经济周期划分样本，在 Barro（2012）的跨国增长回归框架下，考察经济增长目标对实际经济增长的影响。本章利用收集的 114 个经济体的经济增长目标数据，实证发现，在经济上行时期，经济增长目标对实际经济增长没有影响；在经济下行时期，经济增长目标对实际经济增长有显著的正向引领作用，并且引领程度平均为 76%。这一基本发现在实证上是稳健的，我们排除了经济周期划分标准、样本以及模型设定等的影响。本章证据表明，经济增长目标引领是一个长期的全球性现象，在一般意义上能够引领国家或者地区经济增长，改善经济发展绩效，为目标引领理论提供了全球范围的经验支持。

第一节　引　　言

自"二战"结束以来，全球范围内的国家或经济体广泛存在着经济增长目标。从 1950 年以来，全球范围至少有 114 个经济体曾经或一直公布经济增长目标。例如，1960 年日本内阁通过的国民收入倍增计划，提出未来 10 年国内生产总值翻一番的经济增长目标；法国在其第二个到第七个发展规划中都明确提出经济增长目标；中国自 1978 年转向经济建设以来，每个五年规划都提出经济增长目标。此外还有韩国、泰国、越南、肯尼亚、博茨瓦纳等。

政府围绕经济增长目标制定政策、配置资源。例如，乌干达将其长达 30 年的发展愿景分解为五年为周期的中期经济增长目标，并进一步落实到中央政府、地方政府以及各部委的年度政府规划和财政预算。在印度，规划委员会围绕经济增长目标，决定政府资金在各部委和州政府之间的配置。在中国，经济增长目标被分解到各部委和下级政府，由各部委和地方政府制定和实施具体的规划，并将实施效果纳入地方官员的绩效考核中，激励地方政府采取有利于经济增长的政策（Heilmann and Melton，2013）。

那么，经济增长目标对随后的实际经济增长是否有影响，在什么情况下通过什么方式发挥影响，现有文献都鲜有答案。一方面，围绕经济增长目标实施经济发展规划的现象是如此普遍，以至于在单一经济体中进行讨论是不足够的；另一方面，回答这些问题需要系统性的实证证据，这意味着我们需要解决相关数据缺失的问题。

根据实证识别策略，我们需要尽可能地区分经济增长目标发挥影响的条件。当经济体处于经济上行时期，实际产出更有可能达到经济增长的目标产出；而当经济体处于经济下行时期，实际产出则更可能低于经济增长的目标产出。因此，我们根据经济发展规划所处的经济周期，将样本划分为经济上行和经济下行样本回归。同时，我们以一个经济发展规划期为观察单位，使经济增长目标在相对规划期内的实际经济变量是事先确定的。

接着，我们收集了 114 个经济体的经济增长目标数据，与 PWT（Penn World Table）9.1 计算得到的实际人均 GDP 增速进行匹配。我们主要通过各国官方网站和 IDC（Internet Documentation Center，互联网数据中心），查找各个经济体的国家发展计划书，并从中收集计划期内的经济增长目标数据。这些经济增长目标数据来自 114 个经济体共 472 期的经济发展规划。然后，我们利用 PWT 9.1 计算出每个发展规划期内平均的实际人均 GDP 增速，与经济增长目标数据匹配。

本章经实证发现，在经济上行时期，事先设定的经济增长目标对规划期内的实际经济增长没有影响；在经济下行时期，经济增长目标对随后的实际经济增长有显著的引领作用，平均引领程度为 76%。具体地说，通过分样本考察经济增长目标对实际人均 GDP 增速的影响，我们发现当采用经济上行样本回归时，经济增长目标的系数在统计上并不显著。而且无论是考察实际经济中的劳动力增长、资本增长、TFP（Total Factor Productivity，全要素生产率）增长、人力资本增长或经济发展质量，经济增长目标都没有显著并且稳健的影响。相反，在经济下行时期，经济增长目标每提高一个百分点，随后规划期内的实际人均 GDP 增速平均显著地提高 0.76 个百分点，经济增长目标对实际经济增长的引领程度为 76%。

本章的基本发现在实证上是稳健的，我们围绕经济下行时期的基准回归进行了三方面的稳健性检验。通过采用其他的 HP 滤波参数、采用不同的滤波、改变经济周期参照系,我们重新计算经济周期并划分样本,排除了经济周期划分标准的影响。通过每次剔除一个经济体样本后回归,以及每次剔除一个地区的经济体样本后回归,我们排除了样本的影响。通过改用实际 GDP 增速衡量经济增长、剔除里斯本战略样本、控制发展规划期期限、采用全样本回归、改用 5 年期或 10 年期面板数据等,我们排除了模型设定的影响。此时,本章的基本结论仍然稳健。

此外,我们考察经济增长目标的影响随时间的变化趋势,发现经济增长目标对实际经济增长的引领程度在 20 世纪八九十年代出现明显的下降。这一实证发现验证了 Yergin and Stanislaw（2002）在《制高点》中描绘的,20 世纪 80 年代政府对经济活动的管理能力普遍降低的现象。同时,我们发现经济增长目标对实际经济增长的引领作用主要受到经济体的官僚机构质量影响,而不受经济体法律起源或税收能力差异的影响。

最后,本章实证发现,经济增长目标通过提高劳动力增速和资本增速,而不是促进技术进步的方式来驱动实际经济增长。这意味着经济增长目标在引领经济增长的同时,可能会对经济发展质量带来显著的负面影响。

第二节　数据来源

一、背景介绍

自"二战"结束以来,在全球范围内,许多经济体采用经济发展规划（economic development planning）的方式寻求从现阶段到目标状态的逐步有序转变。出于战后重建和改变贫困现状的动机,许多经济体在市场经济的基础上,根据自身对经济发展的长期愿景,分阶段制定经济发展目标,并围绕经济发展目标制定、协调公共政策,配置有限的资源,从而在长期以及不同层级的政府之间形成目标明确、协调统一的经济管理体系。我们将这种经济管理体系称为经济发展规划体系。

经济发展规划体系以经济发展目标为导向,引导国家政策的制定和资源的配置。尽管经济发展规划的目标和实施方式因经济体而异,但几乎所有经济规划都旨在促进经济稳定增长、增加就业、稳定价格等。在实施经济发展规划的经济体中，一般设有专门的政府机构负责提供长期的发展愿景和指导，制订社会经济发展计划书，协调中长期计划以及政府部门间的发展计划，阶段性地评估政策效果并为政策调整提供建议，从而保证发展目标具有可操作性并且落实到具体的政策和资源配置中去。

图4-1引用乌干达国家规划部门的规划框架图①。在乌干达，国家发展规划框架即30年国家愿景（National Vision 30 Years），包括十年国家发展规划、五年国家发展规划以及年度规划和政府预算。其中，为了实现30年的发展愿景，政府需要实施三个十年期的发展规划，并进一步将其分解为五年发展规划。五年发展规划将提出经济增长目标等具体发展优先事项，明确各个政府机构的具体目标和实施战略，并指导公共资源的分配。②而年度计划/预算则要求优先选择那些有利于实现五年发展规划目标的项目。同时，乌干达的国家发展规划体系要求各部委制定与国家五年发展规划目标一致的部门政策和总体规划，要求地方政府制定地方的五年规划并实施规划中的项目。这意味着在规划期内，乌干达不同层级政府部门将围绕发展目标，尤其是经济增长目标制定协调政策，并决定公共资源的配置。

类似的经济发展规划在其他经济体中也存在。例如，沙特阿拉伯从1970年开始采用经济发展规划作为主要的发展工具，至今已实施了九个五年发展规划。在沙特阿拉伯的经济发展规划中，国家发展战略提出长期的发展目标，然而实际的规划体系是基于五年规划的实施。其中，五年规划包含规划文件，提出中期发展目标和经济政策；实施规划，为各部委和公共部门制订政府支出和发展规划，并指导此后的政府年度预算。这意味着，对于政府部门，五年规划和年度预算决定了不同层级的政府支出；对于私有部门，五年规划界定了政府管制和经济框架，引导企业的经济活动。③

在印度，经济发展规划有着更久远的历史。早在1950年，印度就设

---

① 来自乌干达国家规划部门网站文件the Comprehensive National Development Planning Framework（CNDPF）：http：//www.npa.go.ug/planning-frameworks/cndpf/。
② 在五年规划中期，政策效果会被评估审查并进行调整，以确保经济规划的实施。
③ 具体请见沙特阿拉伯第四个五年发展规划第十五章：https：//www.mep.gov.sa/en/AdditionalDocuments/PlansEN/4th/Fourth%20Development%20Plan%20-%20Chapter%2015%20-%20Planning%20Implementation%20Control.pdf。

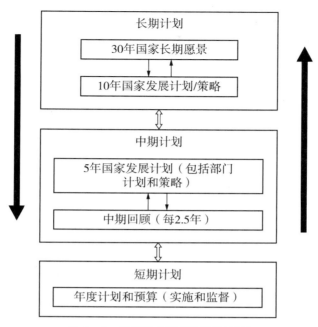

图4-1 乌干达国家发展规划框架
（资料来源于乌干达国家规划部门网站）

立了规划委员会（Planning Commission）[1]，负责制订实施国家的五年规划和年度规划，协调监督中央部委和各州政府的发展计划。在五年规划中，经济增长目标等发展优先事项被明确提出。在考虑国家优先事项的情况下，规划委员会为中央和各州制定财政规划，决定公共资源的配置。[2] 印度规划委员会拥有向各部委和州政府分配资金的权力，一方面影响着中央的投资规划，另一方面保证在联邦制下的各州政府每年与规划委员会互动，以获得年度规划的批准和资金的分配。

法国从1946年开始实施第一个发展规划——莫内计划（plan Monnet），自此以后共实施了十个发展规划，直至1992年之后停止实施。[3] 相比上述的印度、沙特阿拉伯等例子，法国总体规划委员会（Commissariat

---

[1] 2015年，印度联邦政府成立了NITI（National Institution for Transforming India），取代了原有的规划委员会，改变了自上而下的规划方法，但并没有放弃经济发展规划。
[2] 具体请见印度规划委员会官网：http://planningcommission.nic.in/rti/doc_rti/func.pdf。
[3] 具体请见法国战略（France Stratégie）部门官网：https://www.strategie.gouv.fr/chantiers/1946—2016-plan-france-strategie?chantier=8450&type_contenu=All&page=1。

général du Plan）配置资源、制定政策的权力有限，发展规划过程主要依赖政府、行业和工会三方协商的结果。同时，协商的结果主要对国有企业有强制性，而对私有部门并不具有约束力（Timoney，1984；Zimbalist and Sherman，2014）。直到第八个发展规划，法国政府首次拒绝对总体经济增长负责，并不再设定总体经济增长目标。

虽然不同经济体的经济发展目标不完全相同，但实现经济的稳定快速增长几乎是所有经济发展规划中最主要的目标。例如，日本池田内阁在1960年通过《国民收入倍增计划》，提出未来10年国内生产总值翻一番的目标；中国在党的十二大报告中提出，从1981年到20世纪末的20年力争使全国工农业年总产值翻两番的经济目标；南非在《2030年国家发展规划》中提出，人均国内生产总值从2010年的5万兰特增加到2030年的11万兰特的目标；等等。

二、数据来源

为了考察经济增长目标对实际经济增长的影响，我们首先需要从实施经济发展规划的经济体的国家发展计划书中收集经济增长目标数据。因此，本章收集数据的第一步便是查找各个经济体的国家发展计划书。① 为了匹配实证检验，本章将经济体搜索范围限定为PWT 9.1中的182个经济体。

我们查找的国家发展计划书主要来自IDC（Inter Documentation Company）出版的国家发展计划书资料，以及公布国家发展计划书的政府官方网站。其中，IDC出版的国家发展计划书全套资料包含了亚洲、非洲、欧洲、美洲和大洋洲几乎所有国家在2000年前制定的发展计划书，以缩微胶片的形式保存。② 这些国家发展计划书资料既包括总体的国家社会经济发展计划书，也包括具体领域如投资、卫生事业等的发展计划书。本章查

---

① 不同经济体的发展计划书名称略有不同。一般来说，大部分国家称其为国家社会经济发展计划书，或国家发展计划书，或五年计划、四年计划等。部分经济体在21世纪初期采用世界银行和国际货币基金组织主导的减贫战略书（Poverty Reduction Strategy Papers，PRSPs）。本文统称为国家发展计划书，并将其提出的经济增长目标视为该经济体的经济增长目标。

② IDC（Inter Documentation Company）是一家专门生产图书馆缩微胶片的出版社，以微缩胶片的形式出版了大量国家发展计划书资料。据了解，这份资料目前还没有电子版。同时，到目前为止，我们还没发现哪个图书馆购买了全套资料。

找的 IDC 国家发展计划书，主要来自莱顿大学非洲研究中心图书馆和哈佛大学图书馆的馆藏。其中，莱顿大学非洲研究中心图书馆拥有非洲国家"二战"之后至 20 世纪 90 年代末的国家发展计划书资料；哈佛大学图书馆拥有部分南美洲国家的发展计划书。我们从中收集了非洲和南美洲国家在 2000 年前的经济增长目标数据。

我们查找国家发展计划书的另一个途径是通过访问经济体的政府官方网站。大多数情况下，经济体的政府网站会公布历年的国家发展计划书，从中我们可以查找电子文档，并收集经济增长目标数据。当然，不可否认的是，这一方式可能更适用于政府网站建设较成熟的经济体。因此，我们也采取其他方式查找国家发展计划书或收集经济增长目标数据进行补充。例如，我们结合经济体名称和"五年规划""国家发展计划"等作为关键词进行网络搜索，查找相关的电子文档；通过查找相关的发展规划研究资料收集经济增长目标；等等。①

接着，我们从国家发展计划书中收集经济增长目标数据。在收集经济增长目标时，我们进行如下处理。首先，经济发展规划体系一般包含长期、中期和短期的发展规划。其中，5 年左右的中期发展规划明确提出经济发展目标，并指导未来的政策制定和公共资源分配，是经济发展规划体系最关键的一环。考虑到不同经济体的规划期长短存在差异，我们将计划书的计划期限定在 3～8 年之间。在本章收集的经济增长目标数据中，除欧盟 15 国的 2000—2010 年的经济增长目标收集自《里斯本战略》外，其他发展计划书的时长为 3～8 年。在本章查找的公布经济增长目标的发展计划书中，超过 75% 的计划期为 5～6 年，因此我们将计划期限定为 3～8 年已经涵盖了大部分的发展计划书。其次，当同一经济体不同发展规划的时间段出现重叠时，我们以后来提出的经济增长目标为准。最后，当同一经济体的发展计划书出现不同指标的经济增长目标时，例如，GDP（国内生产总值）增长目标或 GNP（国民生产总值）增长目标，本章优先收集 GDP 增长目标，并尽量统一同一经济体的经济增长目标指标。②

---

① 此外，还有部分资料来自其他非官方网站，例如国家百科全书（Encyclopedia of the Nations），网址为 http://www.country-data.com/。

② 另外，在不同国家的发展计划书中，有的称目标为 target，有的称为 objective，还有个别国家或地区将 target 和 prediction 互换使用，本文都将其视为经济增长目标。当经济增长目标数据有多个来源时，我们以 IDC 数据为准。

最终，我们收集到114个经济体共472期发展规划中的经济增长目标数据。这些发展规划最早从1950年开始，最晚到2022年结束，平均一个规划期时长为5年。将经济增长目标整理成"经济体—年份"的面板数据后，我们可以得到一个非平衡的面板数据。

图4-2展示了公布经济增长目标的114个经济体在全球的空间分布。① 其中，曾公布经济增长目标的非洲经济体有42个，亚洲有33个，美洲有16个，欧洲有22个，大洋洲有1个。从地理位置来看，这些经济体主要分布在亚洲、非洲和南美洲，在空间分布上并没有呈现明显的地域分布规律。同时，这些经济体以发展中国家居多，但也包括法国、日本、韩国等发达国家。

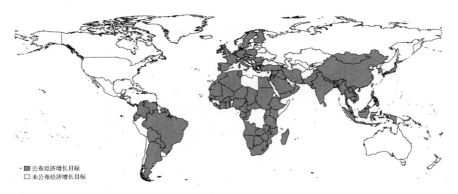

图4-2　公布经济增长目标的经济体分布

图4-3展示了不同年份设定经济增长目标的经济体数量。从图4-3可以发现，公布经济增长目标主要是从"二战"之后开始，这是因为战后重建和国家独立后发展经济的需要，也是由于国民核算体系的应用。同时，经济增长目标数据不是一个平衡面板数据。这是由于，一方面，经济体开始设定经济增长目标的时间并不一致，有的经济体在"二战"后开始设定增长目标，例如印度、法国；有的经济体在国家独立之后设定经济增长目标；有的则是在后期才开始采用经济发展规划的工具。另一方面，并不是所有经济体都坚持采用以经济增长目标为导向的经济发展规划体系，

---

① 尽管苏联从1928年开始制订第一个五年计划，是最早实施五年计划的国家，但由于没有找到相关的文件档案，本文没有收集这部分数据。

有的经济体长期进行增长目标管理,例如中国、印度、沙特阿拉伯等;有的则在实施一段时间后放弃目标管理,例如法国、日本等。此外,不同年份设定经济增长目标的经济体数量分布呈现明显的驼峰形状,在20世纪70年代和21世纪初呈现高峰,在20世纪90年代处于低谷。这主要是由于部分经济体在20世纪90年代左右停止公布经济增长目标,或采用短期的经济发展计划替代中长期的发展计划的缘故。

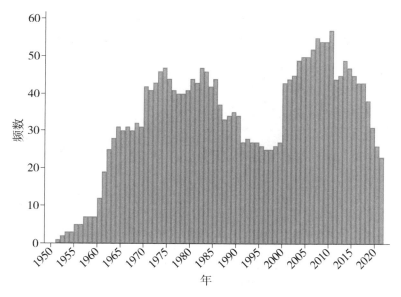

图4-3 公布经济增长目标的经济体数

图4-4呈现了经济增长目标的频数分布情况。其中,经济体公布的经济增长目标最低为1.6%,最高为15%,大部分经济发展规划设定的经济增长目标介于5%~8%之间。这与许多经济体提出的经济总量翻一番的长期愿景相关。例如,日本在1960年的《国民收入倍增计划》中提出国内生产总值翻一番的目标;巴拿马在2010—2014年的政府战略计划中提出在未来10年内将GDP翻一番;中国在党的十二大提出从1981年到20世纪末的20年使全国工农业年总产值翻两番的经济目标。这意味着长期的经济增长愿景将被分解为年均7%的经济增长目标。此外,欧盟15个经济体2000—2010年的经济增长目标收集自《里斯本战略》,为3%的经济增长目标。因此,经济增长目标的频数分布在3%处明显增多。总而言

之，从经济增长目标的分布来看，不同经济发展规划公布的经济增长目标差距并不大，分布也比较集中。

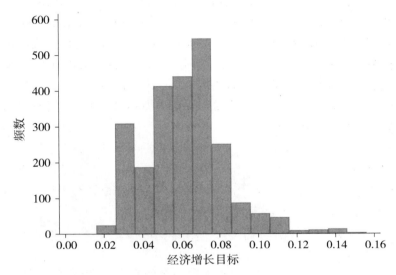

图4-4 经济增长目标的频数分布

第三节 识别策略

本节采用实证识别策略考察全球范围内的目标引领。首先，为了考察经济增长目标对实际经济增长的影响，我们尝试在 Barro（1994，2003，2012）的跨国增长回归方程中引入经济体事先设定的经济增长目标，在控制其他经济增长影响因素不变的情况下，实证检验事前设定的经济增长目标对事后实际经济增长的影响。本章的核心回归方程设定如下：

$$g_{it} = \alpha + \omega \bar{g}_{it} + \beta_1 \log Y_{it-1} + \beta_2 X_{it-1} + \mu_i + \lambda_t + \varepsilon_{it} \quad (4-1)$$

为了尽可能排除经济增长目标的内生性，我们以一个发展规划期为观察单位。式（4-1）中的 g_{it} 表示第 i 个经济体在第 t 年开始的经济发展规划期内，平均的实际人均 GDP 增速，$\bar{g}_{it}$ 表示第 i 个经济体在第 t 年开始的经济发展规划中事先设定的经济增长目标。此时，经济增长目标 $\bar{g}_{it}$ 对于实际经济增速 g_{it} 是事先确定的。

$\log Y_{it-1}$ 和 X_{it-1} 表示影响经济增长的其他因素。其中，$\log Y_{it-1}$ 表示第 i 个经济体在第 $t-1$ 年的人均 GDP 水平（取对数），表示经济增长的条件趋同效应。X_{it-1} 表示一系列其他的控制变量，包括经济体的人力资本，以平均受教育年限（取对数）衡量；经济体的贸易开放程度，以经济体的进出口占 GDP 的比重衡量（取对数）；经济体的政府规模，以政府支出占 GDP 的比重衡量（取对数）；经济体的生育率，以每名妇女的生育总数衡量（取对数）；经济体的死亡率，以出生时预期寿命的倒数衡量；经济体的民主程度，以 Polity IV 数据库中的政体指数（Polity 2）衡量。考虑到解释变量可能存在的内生性问题，我们采用经济发展规划期初，即第 $t-1$ 年的人力资本、贸易开放程度、政府规模、生育率、死亡率和民主程度作为控制变量。此外，实证回归模型加入经济体的固定效应 μ_i，以及规划期开始年份的固定效应 λ_t，以排除经济体不随时间变化的影响因素和共同的时间变化趋势。最后 ε_{it} 表示不可观测的误差项。

我们不能直接观察到潜在的经济增速。为了解决这个问题，我们根据经济周期，将回归样本划分为经济上行和经济下行两种情况，进行分样本回归。当经济体处于上行时期，此时经济体的产出更容易满足经济增长目标的要求，从而自行实现经济增长目标；而当经济体处于下行时期，此时经济体产出低于潜在水平，经济增长目标更有可能驱使政府采取行动干预经济，以实现事先设定的经济增长目标。我们利用 HP 滤波，采用 Ravn 和 Uhlig（2002）的年度数据 HP 滤波参数 $\lambda = 6.25$，计算出每个经济体的周期性成分（cyclical component）。当周期性成分大于 0 时，我们将其视为处于经济上行阶段；当周期性成分小于 0 时，我们将其视为处于经济下行阶段。接着，我们根据每个经济发展规划第一年所处的经济周期，将回归样本划分为经济上行和经济下行两类样本，分别采用式（4-1）的实证模型进行回归。

这个识别策略一方面可以尽量区分不同条件下经济增长目标的影响，另一方面也间接地排除了经济增长目标是对实际经济预测的假说。根据理论模型的结论，当我们将回归样本划分为经济上行和经济下行进行回归时，我们预期在经济上行阶段，式（4-1）的 ω 不显著异于 0；在经济下行阶段，式（4-1）的 ω 显著异于 0，并且为正。同时，假如经济增长目标只是对实际经济增长的预测，而不涉及背后的经济发展规划体系时，我们预期经济上行或经济下行阶段的 ω 系数大小不会有明显的差异。这两个

相反的预测可以间接地帮助我们排除经济增长目标是预测实际经济增长的假说。

本章实证回归使用的数据,除了我们收集的经济增长目标数据,其他数据分别来自 PWT 9.1、世界银行的世界发展指标(WDI),以及 Polity IV 数据库。其中,除了出生时预期寿命和每名妇女的生育总数来自世界银行的世界发展指标,政体指数(Polity 2)来自 Polity IV 数据库外,规划期内的平均实际人均 GDP 增速和其他控制变量由 PWT 9.1 计算得出。①

表 4-1 是主要回归变量的描述性统计,其中,第(1)至(4)列是全部样本的描述性统计,第(5)和第(6)列是经济上行时期样本的描述性统计,第(7)和第(8)列是经济下行时期样本的描述性统计。将 PWT 9.1 计算得到的规划期内的平均实际人均 GDP 数据和经济增长目标匹配之后,我们总共得到 457 个经济发展规划期的样本,其中经济处于上行时期的样本数为 234,下行时期样本数为 223,两者相差不大。在全部规划期样本中,最高的经济增长目标为 15%,最低为 1.6%,平均为 6.3%,而规划期内的平均实际人均 GDP 增速最高为 16.5%,最低为 -13.8%,极差相比经济增长目标要大。由于发展规划提出的经济增长目标主要是针对总体的经济增速,我们也报告了规划期内的平均实际 GDP 增速,可以发现实际 GDP 增速平均为 4.9%,相比经济增长目标的 6.3% 要低。同时,在 457 个规划期样本中,有超过 70% 的发展规划,其事先设定的经济增长目标高于事后的平均实际 GDP 增速。这也反映了经济发展规划设定经济增长目标是为了引领经济更快速地增长,而不是对实际经济的预测。② 此外,从第(6)列和第(8)列分样本后的变量均值来看,两种情况下的经济增长目标均值都为 6% 左右,说明经济增长目标可能具有一定的稳定性,而不随经济环境发生明显的变化。

---

① PWT 9.1 数据来自 https://www.rug.nl/ggdc/productivity/pwt/。我们采用 PWT 9.1 的实际国内生产总值和人口数据计算每个发展规划期内的平均实际人均 GDP 增速,采用 PWT 9.1 的 Labor detail 数据中的 25 岁及以上人口的平均受教育年限(取对数)度量人力资本。PWT 9.1 的时间区间为 1950—2017 年,但并不是所有经济体在 1950—2017 年的经济变量数据都可获得,对此,我们取两者的交集来计算规划期内的平均实际人均 GDP 增速。

② 假如经济增长目标只是对实际经济的预测,那么我们应该观察到经济增长目标与实际经济增速之间没有系统性的差异,而不是经济增长目标普遍高于实际经济增长。

表 4–1 主要变量描述性统计

	(1)	(2)	(3)	(4)	(5)	(6)	(7)	(8)
Variables	All sample				Economic boom		Economic downturn	
	N	mean	min	max	N	mean	N	mean
Per capita GDP growth rate	457	0.028	-0.138	0.165	234	0.024	223	0.031
GDP growth rate	457	0.049	-0.084	0.194	234	0.045	223	0.052
Growth target	457	0.063	0.016	0.150	234	0.064	223	0.063
log GDP per capita	457	8.479	5.971	12.093	234	8.540	223	8.414
Initial school year (logged)	435	1.246	-2.673	2.572	224	1.244	211	1.249
Trade openness (logged)	457	-1.344	-11.095	0.634	234	-1.33	223	-1.359
Government size (logged)	457	-1.775	-4.101	-0.389	234	-1.793	223	-1.756
Investment ratio (logged)	457	-1.722	-5.744	-0.472	234	-1.696	223	-1.749
Fertility rate (logged)	439	1.414	0.122	2.096	227	1.388	212	1.442
Mortality rate (1/life expectancy)	439	0.017	0.013	0.029	227	0.017	212	0.017
Polity 2	439	-0.032	-10	10	268	0.228	240	-0.225

第四节 实证结果

本节报告实证回归结果。在报告实际经济增速对经济增长目标的回归结果之前,我们利用全部回归样本、经济上行时期和经济下行时期样本重现文献中的绝对趋同和条件趋同的典型模式,以检验本章回归样本的代表性。接着,我们报告经济上行时期的回归结果。最后,我们报告经济下行时期,实际人均 GDP 增速对经济增长目标的基本回归结果,并进行一系列稳健性检验和异质性分析。

一、样本代表性

首先,表 4-2 分别采用全部回归样本、经济上行和经济下行的样本重现文献中的绝对趋同和条件趋同,以此检验回归样本的代表性。正如数据描述所介绍的,我们收集的经济增长目标数据来自 PWT 9.1 中的 114 个,并且不涵盖所有的时间段。同时,在后续的实证检验中,我们将根据经济周期分样本进行回归。那么,我们实证回归的样本是否具有代表性,能否重现文献中已有的发现,表 4-2 对此进行了回答。

表 4-2 第(1)至(3)列回归采用全部经济发展规划期样本,第(1)列重现跨国的绝对趋同典型模式,第(2)和第(3)列重现跨国的条件趋同典型模式。其中,同 Barro(2012)的跨国增长回归方程,表 4-2 第(1)列右边只控制时间固定效应和初始的实际人均 GDP(取对数)。此时,初始人均 GDP 的系数符号为负,但在统计上并不显著地异于 0。这表明人均 GDP 的绝对趋同并不适用于异质的经济体样本,与 Barro(2012)采用 80 个国家面板数据的实证发现一致。第(2)列进一步加入经济体固定效应以控制经济体的异质性,此时初始人均 GDP 的系数显著为负,系数大小为 -0.023,与经济增长文献发现的约 2% 的趋同速度十分接近(Sala-i-Martin,1996;Sala-i-Martin,1997;Barro,2012)。第(3)列继续加入受教育水平、贸易开放度、政府规模等控制变量,初始人均 GDP 的估计系数仍然显著为负,经济趋同速度略微大于 2%,与 Barro(2012)的发现也是一致的。

本章的实证识别策略将根据经济周期分样本进行回归,因此我们也分

表4-2 样本代表性检验——重现跨国绝对趋同和条件趋同模式

Variables	(1)	(2)	(3)	(4)	(5)	(6)	(7)	(8)	(9)
	Whole sample			Per capita GDP growth rate					
					Economic boom			Economic downturn	
log GDP per capita	-0.002 (0.002)	-0.023*** (0.006)	-0.030*** (0.008)	-0.005 (0.004)	-0.031*** (0.011)	-0.032** (0.016)	-0.000 (0.002)	-0.023*** (0.009)	-0.025** (0.013)
School year	—	—	-0.001 (0.011)	—	—	0.011 (0.013)	—	—	0.004 (0.022)
Trade openness	—	—	0.007* (0.004)	—	—	0.008*** (0.004)	—	—	0.011** (0.005)
Government size	—	—	0.002 (0.004)	—	—	0.016** (0.007)	—	—	0.000 (0.008)
Investment ratio	—	—	0.007* (0.004)	—	—	-0.001 (0.006)	—	—	0.001 (0.008)
Fertility rate	—	—	0.003 (0.015)	—	—	0.028 (0.022)	—	—	0.008 (0.017)
Mortality rate	—	—	-0.350 (2.212)	—	—	-4.600 (3.083)	—	—	3.845 (3.728)

续表 4-2

Variables	(1)	(2)	(3)	(4)	(5)	(6)	(7)	(8)	(9)
	Per capita GDP growth rate								
	Whole sample			Economic boom			Economic downturn		
Polity index	—	—	0.000	—	—	-0.000	—	—	0.000
			(0.001)			(0.001)			(0.001)
Country FE	—	YES	YES	YES	YES	YES	YES	YES	YES
Year FE	YES	YES	YES	YES	YES	YES	YES	YES	YES
Observations	457	457	401	234	234	206	223	223	195
R-squared	0.206	0.331	0.414	0.340	0.520	0.693	0.321	0.560	0.697
Countries	—	114	100	—	99	87	—	79	71

注：①第（1）至（3）列采用全部经济增长目标样本，第（4）至（6）列采用经济上行时期的经济增长目标样本，第（7）至（9）列采用经济下行时期的经济增长目标样本。②括号内为经济体层面的聚类（cluster）稳健标准误。③*、**和***分别表示通过显著水平为10%、5%和1%的统计检验。

别检验了两类样本的代表性。第（4）至（6）列采用经济上行时期的样本，重现第（1）至（3）列的回归结果。从第（4）至（6）列的结果来看，当采用经济上行时期的样本回归时，我们仍然可以发现绝对趋同结果不存在，而条件趋同的结果依然存在，趋同速度为3%左右。

第（7）至（9）列则采用经济下行时期的样本，重现第（1）至（3）列的回归结果。同样，从第（7）至（9）列的结果可以发现，采用经济下行时期的样本回归，人均GDP绝对趋同的结果不存在，而条件趋同的结果依然存在，趋同速度约为2%，与文献的发现一致。

表4-2的实证结果表明，无论是采用全部经济发展规划样本，还是采用根据经济周期划分的样本，我们都能重现文献中的绝对趋同和条件趋同典型模式。这说明本章的回归样本具有一定的代表性。

二、经济上行时期回归结果

本部分采用经济上行时期的样本，考察经济增长目标对实际经济增长的影响。同时，我们进一步检验经济增长目标对实际经济其他方面的影响，包括劳动力、资本、TFP等生产要素以及经济发展质量。表4-3报告了经济上行时期的基本回归结果。

表4-3第（1）至（3）列报告实际人均GDP增速对经济增长目标的实证回归结果。第（1）列回归控制经济体固定效应和时间固定效应，此时经济增长目标的系数为0.213，但在统计上并不显著异于0，说明在经济上行阶段，经济增长目标对实际人均GDP增速没有显著的影响。接着，第（2）列加入初始人均GDP。从回归结果来看，初始人均GDP的系数显著为负，系数大小与表4-2回归结果相比基本不变，而经济增长目标的系数在10%显著性水平下并不显著。第（3）列进一步加入初始受教育水平、贸易开放度、政府规模等控制变量，可以发现初始人均GDP和其他控制变量的系数与表4-2回归结果相比变化不大，但经济增长目标仍然不显著。第（1）至（3）列的回归结果表明，在经济上行阶段，经济增长目标对实际人均GDP增速没有显著的影响，与本章识别策略的预期相符。

接下来，我们从劳动力、资本、TFP和人力资本等生产要素出发，考察经济增长目标对实际经济其他方面的影响。第（4）列被解释变量为规划期内的平均劳动力增速，由PWT 9.1计算得到。回归结果显示，经济增

表4-3 经济上行时期的基本回归结果

Variables	(1)	(2)	(3)	(4)	(5)	(6)	(7)	(8)	(9)	(10)
	Per capita GDP growth rate			Employment	Economic boom				Human capital	Development quality
					Capital stock	Capital stock (per capita)	Capital service	TFP		
Growth target	0.213 (0.344)	0.238 (0.284)	-0.090 (0.302)	0.040 (0.118)	0.442** (0.182)	0.366* (0.201)	0.335 (0.252)	-0.268 (0.307)	0.031 (0.036)	-2.797 (9.245)
log GDP per capita	—	-0.031*** (0.012)	-0.031** (0.014)	0.004 (0.006)	-0.015 (0.010)	-0.020* (0.011)	-0.018 (0.015)	-0.017 (0.012)	0.001 (0.002)	-0.728 (0.636)
School year	—	—	0.011 (0.012)	-0.006 (0.005)	0.003 (0.009)	0.002 (0.009)	-0.021 (0.025)	0.032 (0.024)	0.001 (0.002)	1.477 (1.240)
Trade openness	—	—	0.008** (0.004)	-0.006*** (0.002)	0.002 (0.004)	0.002 (0.004)	-0.016 (0.012)	0.012 (0.007)	-0.002 (0.001)	0.571* (0.312)
Government size	—	—	0.017* (0.009)	-0.012*** (0.003)	0.000 (0.006)	0.004 (0.006)	-0.036** (0.015)	0.038*** (0.012)	-0.003 (0.002)	0.841** (0.377)
Investment ratio	—	—	-0.000 (0.007)	-0.008 (0.005)	0.018** (0.008)	0.019** (0.008)	0.013 (0.018)	-0.012 (0.020)	0.001 (0.002)	-0.792 (0.562)
Fertility rate	—	—	0.031 (0.024)	0.012 (0.010)	0.015 (0.024)	0.001 (0.024)	-0.033 (0.045)	0.055 (0.037)	-0.001 (0.004)	1.613 (1.199)

续表 4-3

Variables	(1)	(2)	(3)	(4)	(5)	(6)	(7)	(8)	(9)	(10)
	Per capita GDP growth rate			Employment	Economic boom					
					Capital stock	Capital stock (per capita)	Capital service	TFP	Human capital	Development quality
Mortality rate	—	—	-4.527	-1.465	-1.876	-1.622	-10.696**	4.292	-0.817	254.365
	—	—	(2.943)	(1.096)	(1.908)	(2.097)	(4.332)	(3.048)	(0.681)	(185.771)
Polity index	—	—	-0.000	0.001	-0.002***	-0.002***	-0.002*	0.000	-0.000*	-0.078*
	—	—	(0.001)	(0.001)	(0.001)	(0.001)	(0.001)	(0.001)	(0.000)	(0.040)
Country FE	YES	YES	YES	YES	YES	YES	YES	YES	YES	YES
Year FE	YES	YES	YES	YES	YES	YES	YES	YES	YES	YES
Observations	234	234	206	196	206	206	155	147	206	140
R-squared	0.441	0.532	0.694	0.632	0.652	0.611	0.719	0.789	0.706	0.860
Countries	99	99	87	85	87	87	70	68	87	65

注：①本表的回归样本为经济上行时期的经济增长目标样本。②第（1）至（3）列被解释变量为规划期内平均的实际人均GDP增速，第（4）列被解释变量为规划期内平均的劳动力增速，第（5）至（7）列被解释变量分别为规划期内平均资本增速、平均的人均资本增速以及平均的资本服务增速，第（8）和第（9）列被解释变量分别为规划期内的平均TFP增速和人力资本增速，第（10）列被解释变量为经济发展质量。③括号内为经济体层面的聚类（cluster）稳健标准误。④*、**和***分别表示通过显著水平为10%、5%和1%的统计检验。

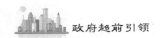

长目标的系数为正,但在统计上并不显著,说明在经济上行时期,经济增长目标并没有提高经济体的劳动力增长率。

第(5)至(7)列考察经济上行时期,经济增长目标对资本增长的影响。第(5)至(7)列的被解释变量分别为规划期内的平均资本增速、平均的人均资本增速以及平均的资本服务增速,由PWT 9.1计算得到。从第(5)和第(6)列的回归结果来看,经济增长目标的系数在10%显著性水平下都是显著为正,说明事先设定的经济增长目标对随后的资本存量增长有正向的影响。然而,当我们考虑不同经济体的投资模式存在的系统性差异①,并采用资本服务增速来度量资本投入时,第(7)列的经济增长目标系数在统计上不再显著。这说明,在经济上行时期,经济增长目标对资本增长的正向作用并不稳健。

第(8)和第(9)列分别考察经济增长目标对规划期内的平均TFP增速和平均人力资本增速的影响,被解释变量由PWT 9.1计算得到。从回归结果来看,无论是TFP增速还是人力资本增速,经济增长目标系数在统计上都不显著。这说明在经济上行时期,经济增长目标并没有提高经济体的TFP或人力资本增速。

最后,第(10)列以规划期内的TFP增速对实际GDP增速的贡献率度量经济发展质量,并报告经济发展质量对经济增长目标的回归结果。为了刻画TFP增速对实际GDP增速的正向影响,我们剔除实际GDP增速为负的样本后回归。第(10)列的回归结果显示,经济增长目标的系数为负,但在统计上并不显著,说明在经济上行时期,经济增长目标并不影响经济体的发展质量。

总而言之,表4-3的实证结果表明,在经济上行时期,事先设定的经济增长目标对规划期内的实际人均GDP增速没有显著的影响。同时,无论是考察规划期内的劳动力增速、资本增速、TFP增速、人力资本增速或经济发展质量,经济增长目标也没有表现出稳健的显著影响。这说明,在经济上行时期,经济增长目标对实际经济几乎没有影响。

---

① 由于低收入国家短期资产的相对成本较高(Hsieh and Klenow, 2007),以及缺乏人力资本等互补资产(Caselli and Wilson, 2004),高收入国家倾向于在短期资产上投入更多资金,而在长期资产投资则较少。

三、经济下行时期回归结果

我们采用经济下行时期的样本进行回归,表4-4报告实际人均GDP增速对经济增长目标的回归结果。第(1)列回归控制经济体固定效应和时间固定效应,此时经济增长目标的系数为0.643,通过显著性水平为1%的统计检验,说明在经济下行时期,事先设定的经济增长目标越高,随后规划期内的实际人均GDP增速也显著地提高。与表4-3第(1)列的回归结果相比,表4-4第(1)列的经济增长目标系数不仅变大,而且在统计上也是显著的。这表明经济增长目标对实际经济增长的影响是有条件的,即当经济处于下行时期,经济增长目标才发挥作用,而当经济处于上行时期,经济增长目标并不起作用,与本章识别策略的预期一致。

表4-4 经济下行时期的基本回归结果

Variables	(1)	(2)	(3)
	Economic downturn		
	Per capita GDP growth rate		
Growth target	0.643***	0.569***	0.756***
	(0.175)	(0.166)	(0.184)
log GDP per capita	—	-0.016**	-0.029**
	—	(0.007)	(0.011)
School year	—	—	-0.004
	—	—	(0.017)
Trade openness	—	—	0.009*
	—	—	(0.005)
Government size	—	—	-0.003
	—	—	(0.008)
Investment ratio	—	—	0.001
	—	—	(0.008)
Fertility rate	—	—	-0.019
	—	—	(0.017)
Mortality rate	—	—	4.731
	—	—	(2.866)

续表 4-4

Variables	(1)	(2)	(3)
	Economic downturn		
	Per capita GDP growth rate		
Polity index	—	—	0.000
	—	—	(0.001)
Country FE	YES	YES	YES
Year FE	YES	YES	YES
Observations	223	223	195
R-squared	0.614	0.635	0.768
Countries	79	79	71

注：①本表采用经济下行时期的回归样本。②括号内为经济体层面的聚类（cluster）稳健标准误。③*、**和***分别表示通过显著水平为10%、5%和1%的统计检验。

表4-4第（2）列控制初始人均GDP，第（3）列加入初始受教育水平、贸易开放度等控制变量，并报告经济下行时期的基准回归结果。第（2）列的回归结果显示，初始人均GDP的系数显著为负，系数大小与表4-2回归结果相比变化不大，而经济增长目标系数仍然显著为正。第（3）列在加入初始人均GDP、初始受教育水平、贸易开放度等一系列控制变量后，经济增长目标的系数为0.756，在1%显著性水平下显著为正，说明在经济下行时期，事先设定的经济增长目标每提高1个百分点，随后发展规划期内的实际人均GDP增速平均提高0.756个百分点。与表4-3第（3）列经济上行时期的结果相比，表4-4第（3）列的经济增长目标系数在统计上显著，并且系数大小也与我们预期的 $1 > \omega \geq 0$ 相符。

概括地说，表4-4的实证结果表明，经济增长目标在经济下行时期对实际经济增长有显著的正向影响，并且影响程度满足 $1 > \omega \geq 0$。结合表4-3经济上行时期的回归结果，我们可以发现，一方面，经济增长目标对实际经济增长的影响是有条件的；另一方面，当经济增长目标对实际经济增长发挥作用时，经济增长目标带来的是正向的影响，并且影响程度符合 $1 > \omega \geq 0$，验证了本章识别策略的预期。此外，经济增长目标只有在经济下行时期发挥影响的发现，也间接排除了经济增长目标作为经济预测指标的假说。

第五节 稳健性检验

本节将围绕表4-4基准回归结果进行三个方面的稳健性检验。首先,排除经济周期划分标准的影响,采用其他滤波参数计算经济周期,也尝试采用其他经济体的经济周期作为参照系。其次,排除样本的影响,逐一剔除经济体后进行表4-4的基准回归。我们也尝试逐个地区剔除样本后回归。最后,排除模型设定和面板数据构造方式的影响。

一、排除经济周期划分标准的影响

考虑到表4-4基准回归结果是基于经济周期的划分,为了检验回归结果的稳健性,我们采用不同的滤波计算经济周期,同时也采用不同的经济周期参照系来划分样本。在表4-4的基准回归中,我们采用经济体自身的实际GDP数据计算经济周期。然而,当经济增长目标会影响实际人均GDP增速时,经济体自身的经济周期有可能也会受到经济增长目标的影响。为了排除这一可能性,我们改用其他经济体的经济周期作为回归样本的划分标准。在选择参照的经济体时,我们将美国的经济周期和G7国家作为一个整体的经济周期。一方面,美国作为全球第一大经济体,其经济波动会对全球经济产生重大影响。另一方面,美国没有进行经济发展规划,因此可以排除经济增长目标对实际经济增长的影响。同样,G7国家作为一个整体的经济波动,也会对全球其他经济体产生重大影响。而且G7国家在1950—2017年间的实际GDP数据都可以从PWT 9.1中获得,避免了数据缺失的问题。

表4-5第(1)列以HP滤波参数$\lambda = 100$重新计算经济周期,并采用经济下行时期样本进行回归。Backus and Kehoe(1992)使用年度数据计算经济周期时,采用$\lambda = 100$的HP滤波参数。按照他们的做法,我们改用$\lambda = 100$重新计算经济周期。从第(1)列回归结果来看,经济增长目标的系数在1%显著性水平上显著为正,系数大小与表4-4基准回归结果相比变化不大。

第(2)列以HP滤波参数$\lambda = 10$计算经济周期,并采用经济下行时期的样本回归。Baxter and King(1999)认为对于年度数据,$\lambda = 10$的取值更合理。按照他们的做法，我们改用 $\lambda = 10$ 重新计算了经济周期并划分样本。第（2）列的回归结果显示，在经济下行时期，经济增长目标的系数同样显著为正。

第（3）列改用 Band-Pass 滤波计算经济周期，采用经济下行时期的样本回归。此时，经济增长目标系数在统计上仍然显著，说明在经济下行时期，经济增长目标对实际人均 GDP 增速的正向影响不受经济周期计算方式的影响。

第（4）列按照美国的经济周期划分样本，并采用经济下行样本进行回归，第（4）和第（5）列则按照 G7 国家的经济周期划分样本。[①] 从回归结果来看，无论是按照美国的经济周期划分样本，还是按照 G7 国家的经济周期划分样本，在经济下行时期，经济增长目标的系数在统计上都显著为正，与表 4-4 基准回归的结果一致。

表 4-5 稳健性检验——排除经济周期划分标准的影响

Variables	（1）	（2）	（3）	（4）	（5）
	Economic downturn				
	Per capita GDP growth rate				
	HP：$\lambda=100$	HP：$\lambda=10$	BP filter	USA	G7
Growth target	0.694***	0.739***	0.714***	0.750***	0.509**
	(0.216)	(0.193)	(0.192)	(0.120)	(0.214)
Controls	YES	YES	YES	YES	YES
Year FE	YES	YES	YES	YES	YES
Country FE	YES	YES	YES	YES	YES
Observations	194	196	181	199	185
R-squared	0.691	0.772	0.788	0.537	0.622
Countries	76	69	69	79	76

注：①回归样本为经济下行时期的样本；第（1）列的经济周期为 $\lambda=100$ 的 HP 滤波，第（2）列为 $\lambda=10$ 的 HP 滤波，第（3）列为 BP 滤波，第（4）列是采用 $\lambda=6.25$ 计算得到的美国经济周期，第（5）列是采用 $\lambda=6.25$ 计算得到的 G7 国家的经济周期。②括号内为经济体层面的聚类（cluster）稳健标准误。③*、**和***分别表示通过显著水平为 10%、5% 和 1% 的统计检验。④控制变量同表 4-4 基准回归。

---

① 美国和 G7 国家的经济周期采用 HP 滤波参数 $\lambda=6.25$ 计算得到。

总而言之，表4-5的实证结果表明，在经济下行时期，经济增长目标对实际经济增长有正向影响的结论，并不受经济周期计算方式或经济周期参照系的影响。无论是采用其他 HP 滤波参数，改用 BP 滤波计算经济周期，以美国的经济周期划分样本，或者以 G7 国家的经济周期划分样本，本章的基本发现仍然存在。

二、排除样本的影响

接下来，我们检验本章的基准回归结果是否受到经济体样本的影响。在已设定经济增长目标的114个经济体中，我们不难发现经济体之间存在很大的差异性。首先，这些经济体分布在不同的地区，处于不同的经济发展水平，有着不同的社会文化背景和政治体制。其次，尽管这些经济体都设定了经济增长目标，但具体的经济发展规划体系并不统一。因此，我们有必要检验本章的基准回归结果是否受个别经济体，或个别地区样本的影响。

为了排除经济体差异性的影响，我们首先在逐一剔除经济体的样本后，重新进行表4-4的基准回归，并将回归得到的经济增长目标系数和90%的置信区间绘制如图4-5所示。图4-5横轴表示每次剔除的经济体，纵轴表示采用经济下行样本回归得到的经济增长目标系数和90%的置信区间范围。

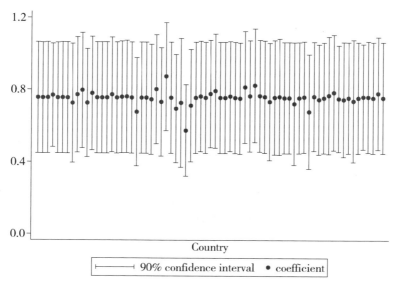

图4-5 逐一剔除经济体后的经济增长目标系数估计

图 4-5 的结果表明，在每次剔除一个经济体样本后回归，经济下行时期的经济增长目标系数仍然显著为正。从图 4-5 可以发现，每次剔除一个经济体样本后，经济增长目标的系数大小基本保持在 0.7 左右，与表 4-4 基准回归结果中的 0.756 相比变化不大。同时，经济增长目标系数的 90%置信区间都明显大于 0，说明在每次剔除一个经济体样本后，经济增长目标的系数都能通过显著性水平为 10%的统计检验，本章的基准回归结果并不是由个别经济体的样本带来的。

接着，我们每次剔除一个地区的样本后回归。具体地，我们按照世界银行对经济体的地理区域划分标准，将 114 个经济体划分为 7 个地区的经济体，每次剔除一个地区的样本后，重新进行表 4-4 基准回归，并将回归得到的经济增长目标系数和 90%的置信区间绘制如图 4-6 所示。其中，图 4-6 横轴都表示每次回归剔除的地区，纵轴表示经济增长目标的系数大小和 90%的置信区间范围。

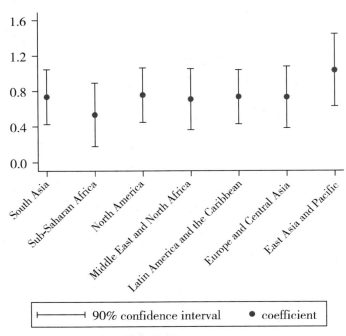

图 4-6　逐个地区剔除样本后的经济增长目标系数估计

图 4-6 的结果表明，在每次剔除一个地区的样本后，经济下行时期的经济增长目标系数仍然显著为正。每次剔除一个地区的经济体样本后回归，

经济增长目标的系数基本保持在 0.5～0.8 之间，与表 4-4 基准回归结果相比变化不大。其中，剔除撒哈拉以南非洲地区的样本后回归，经济增长目标系数略微下降，除此之外其他经济增长目标系数都大于 0.7。同时，经济增长目标系数的 90% 置信区间都大于 0，说明逐一剔除地区样本后，经济下行时期的经济增长目标系数仍然显著为正，并不受个别地区样本的影响。

总而言之，我们通过逐一剔除经济体样本和地区样本后回归，证明了本章的基本发现不受样本的影响。根据图 4-5 和图 4-6，我们可以发现，无论是每次剔除一个经济体样本，还是剔除一个地区的样本，经济增长目标的系数都显著为正，说明在经济下行时期经济增长目标对实际经济增长发挥正向影响的结论不受个别样本的影响。

三、排除模型设定的影响

接下来，我们考虑实证模型设定对本章基本发现的影响，并进行一系列稳健性检验。首先，表 4-6 中第（1）列采用实际 GDP 增速衡量经济体的实际经济增速。由于经济发展规划中的经济增长目标主要是针对经济总量设定的，我们也对经济体的总体经济增速进行考察。第（1）列的结果表明，采用实际 GDP 增速作为被解释变量并不会改变本章的基本发现，此时经济增长目标的系数在经济下行时期仍然显著为正，系数大小与基准回归结果相比变化不大。

第（2）列剔除经济增长目标数据收集自《里斯本战略》的样本。在本章收集的经济增长目标数据中，欧盟 15 国在 2000—2010 年的经济增长目标数据收集自《里斯本战略》，为年均 3%，是本章数据库中唯一由国家间联合制定的经济增长目标。为了排除这部分样本的影响，我们将《里斯本战略》的样本剔除后进行回归。第（2）列的结果显示，经济增长目标的系数大小和显著性基本不变，说明本章的发现不受《里斯本战略》样本的影响。

第（3）列在基准回归模型中加入经济发展规划的期限。在经济发展规划体系中，不同期限的经济发展规划具有不同的作用。本章查找的经济发展规划期限为 3～8 年，为了排除经济发展规划期限的影响，我们在基准回归中控制每个经济发展规划的期限（取对数）。回归结果显示，经济发展规划的期限对实际人均 GDP 增速并没有显著影响，而经济增长目标仍然显著为正，与基准回归结果一致，说明本章的基本发现不受发展规划

期限的影响。

第（4）列采用全部样本回归，并加入经济增长目标与经济周期的交互项。区别于实证识别策略的分样本回归做法，我们在一个实证回归中同时估计经济上行和经济下行时期的经济增长目标系数。在第（4）列回归中，我们采用全部样本回归，将经济增长目标改为经济增长目标与经济上行虚拟变量的交互项、经济增长目标与经济下行虚拟变量的交互项，并控制经济下行虚拟变量。此时，我们可以发现经济增长目标与经济上行的交互项不显著，而经济增长目标与经济下行的交互项显著为正。这说明即使我们在同一个实证回归中估计不同情形下的经济增长目标系数，本章的基本发现仍然是稳健的。

第（5）列考虑技术扩散带来的经济增长差异，与现有实证文献保持一致（Acemoglu et al., 2006；Caselli et al., 2006）。我们以美国作为技术前沿经济体。随着先进的技术从技术前沿向其他经济体扩散，经济体的经济增长速度一方面取决于技术前沿的经济增长速度，另一方面取决于经济体与技术前沿的相对距离（Aghion and Howitt, 2008）。我们采用经济体相对技术前沿的实际人均 GDP 增速作为被解释变量，相对技术前沿经济增速的经济增长目标作为解释变量，并改用相对技术前沿的初始人均 GDP。① 第（5）列回归结果表明，即使考虑技术扩散带来的影响，经济增长目标在经济下行时期对实际经济增长有正向影响的结论仍然成立。

接着，我们分别构造五年期和十年期的面板数据进行回归。在经济增长文献中，一般采用五年期或十年期的面板数据。我们首先构造五年期面板数据，将 1950—2017 年划分为 14 个五年期（由于数据限制，最后一期为 2014—2017 年），计算每个五年期内的平均实际人均 GDP 增速和平均经济增长目标，并以五年期期初所处的经济周期划分样本。类似地，我们构造十年期的面板数据，并根据十年期期初所处的经济周期划分样本。

第（6）和第（7）列分别报告五年期和十年期面板数据的回归结果，回归样本为经济下行时期的样本。从实证结果来看，无论是采用五年期的面板数据，还是采用十年期的面板数据，本章关心的经济增长目标系数在 1% 显著性水平上都显著为正，系数大小与基准回归结果相比有所减小。这说明本章的基本结论并不受面板数据的影响。

---

① 美国的经济变量数据来自 PWT 9.1。

第四章 目标引领的绩效：全球样本

表4-6 稳健性检验——排除模型设定的影响

Variables	(1) GDP growth rate	(2) Drop Lisbon data	(3) Control planning period	(4) Full sample	(5) Relative to technology frontier (US)	(6) Five-year data	(7) Ten-year data
Growth target	0.801***	0.756***	0.821***	—	—	0.663***	0.604***
	(0.186)	(0.184)	(0.171)	—	—	(0.134)	(0.122)
Time span (logged)	—	—	0.018	—	—	—	—
	—	—	(0.011)	—	—	—	—
Target * boom	—	—	—	0.213	—	—	—
	—	—	—	(0.185)	—	—	—
Target * downturn	—	—	—	0.527***	—	—	—
	—	—	—	(0.104)	—	—	—
Downturn dummy	—	—	—	-0.011	—	—	—
	—	—	—	(0.013)	—	—	—
Growth target (relative to USA)	—	—	—	—	0.672***	—	—
	—	—	—	—	(0.171)	—	—
log GDP per capita (relative to USA)	—	—	—	—	-0.027**	—	—
	—	—	—	—	(0.011)	—	—

续表 4-6

Variables	(1) GDP growth rate	(2) Drop Lisbon data	(3) Control planning period	(4) Full sample	(5) Relative to technology frontier (US)	(6) Five-year data	(7) Ten-year data
log GDP per capita	-0.025**	-0.029**	-0.031***	-0.029***	—	-0.028***	-0.022***
	(0.011)	(0.011)	(0.010)	(0.008)		(0.009)	(0.008)
Other controls	YES	YES	YES	YES	YES	YES	YES
Year FE	YES	YES	YES	YES	YES	—	—
Country FE	YES	YES	YES	YES	YES	YES	YES
Period FE	—	—	—	—	—	YES	YES
Observations	195	194	195	401	195	258	132
R-squared	0.777	0.768	0.780	0.471	0.788	0.424	0.619
Countries	71	70	71	100	71	93	81

注：①控制变量分别为五年期和十年期的期初值，回归模型分别控制五年期和十年期固定效应。②其他控制变量包括受教育年限（取对数）、贸易开放度、政府规模、投资率、生育率和死亡率。③除第(4)列的回归样本为全部经济增长目标样本外，其他回归样本为经济下行时期样本；第(1)列被解释变量为规划期内的平均实际 GDP 增速；第(5)列的回归样本为相对于技术前沿经济体（美国）的实际人均 GDP 增速（以 $g_{it} - g_{USA,t}$ 衡量），解释变量为相对技术前沿经济体的经济增长目标（以 $\bar{g}_{it} - g_{USA,t}$ 衡量），相对技术前沿经济体的初始人均 GDP [以 $\log(Y_{it-1}) - \log(Y_{USA,t-1})$] 以及其他控制变量；第(6)列和第(7)列分别采用五年期的面板数据和十年期的面板数据。④括号内为经济体层面的聚类稳健标准误。⑤*、**和***分别表示通过显著水平为 10%、5% 和 1% 的统计检验。

总而言之，表4-6的实证结果表明，在改用实际GDP增速衡量经济增长、剔除了《里斯本战略》样本、控制发展规划期期限、采用全样本回归、考虑技术扩散和改用五年期或十年期的面板数据之后，本章的基本发现仍然是稳健的。

第六节 异质性分析

本节考察经济增长目标对实际经济增长的差异化影响。在实证识别策略中，经济增长目标对实际经济增长的影响程度反映了政府引领经济增长的动力和能力。随着时间的变化或制度的差异，政府引领经济增长的动力和能力可能是不相同的。因此，一方面，我们考察在过去将近70年的时间里，经济增长目标的影响随时间的变化趋势；另一方面，我们比较经济增长目标在不同制度或不同国家能力的经济体中的差异化影响。

一、时间变化趋势

首先，我们考察经济增长目标的影响随时间的变化趋势。具体地说，将1950—2017年划分为7个十年期（由于数据限制，最后一期为2010—2017年），在基准回归模型中引入经济增长目标与每个十年期虚拟变量的交互项，以此估计每个十年期的ω。同时，为了避免十年期内的样本过少，我们采用全部经济增长目标样本回归，考察经济增长目标的平均影响随时间变化趋势。① 接着，将经济增长目标与十年期虚拟变量的交互项系数以及系数的90%置信区间绘制如图4-7所示。

从图4-7中可以发现，经济增长目标对实际经济增长的影响随着时间的推移呈现"U"形形状。其中，经济增长目标的系数在20世纪50年代最大，随着时间的推移，经济增长目标的系数逐渐减小。直到20世纪八九十年代，经济增长目标的系数接近于0，此后，经济增长目标系数又逐步增大。同时，在10%显著性水平上，经济增长目标与1980—1989、1990—1999年十年期虚拟变量的交互项系数都不显著。这意味着政府对实

---

① 当我们不划分经济上行和经济下行周期时，估计每个十年期的ω相当于经济增长目标在两种情况下的平均影响。

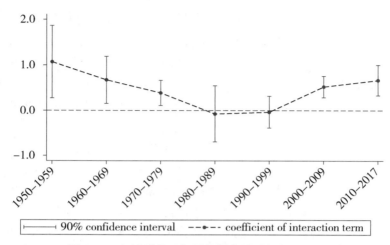

图4-7 经济增长目标引领程度随时间变化趋势

际经济增长的驱动力在20世纪八九十年代出现明显的下降。

从20世纪50年代后的全球经济来看，图4-7所示的经济增长目标影响的变化趋势符合过去的经济事实。Yergin and Stanislaw（2002）曾在《制高点》中描绘了"二战"之后世界主要经济体的政府与市场的相互作用过程。在"二战"后的30年里，许多经济体经历了经济的繁荣发展。在这一时期，政府通过规划、国家所有制、管制等措施对经济活动施加了强大的影响。然而，从20世纪70年代开始，世界范围内发生了多起经济危机，给许多经济体的经济发展带来重大的影响。其中，70年代，由于政治和军事原因，全球发生两次石油危机；80年代，世界经历债务危机，影响了许多发展中国家，尤其是拉丁美洲国家；到了90年代，世界经历金融危机。20世纪八九十年代的全球经济动荡大大加剧了政府驱动经济增长的管理成本，这意味着经济增长目标对实际经济增长的作用 ω 将明显地下降，对应了图4-7经济增长目标系数随时间的"U"形变化。

二、异质性影响

接下来，我们比较在不同制度和政府能力的经济体中，经济增长目标对实际人均GDP增长的差异化影响。经济体围绕经济增长目标实施发展规划，本质上是政府力量对经济活动的干预。而这种政府干预的效果很可能会受到经济体的制度背景和政府能力的影响。

首先，政府要实现经济增长目标，需要得到社会对经济发展规划方式的认可，这取决于经济体对经济活动的社会控制方式。La Porta et al. (2008) 认为，普通法代表支持市场结果的社会控制方式，而民法则试图用国家所希望的分配方式替代市场结果。因此，我们猜测，在法律起源为民法的经济体中，经济增长目标更有可能对实际经济增长产生更大的影响。

表4-7中第（1）列考察经济增长目标在不同法律起源经济体中的差异化影响，回归采用经济下行时期的样本。首先，我们采用 La Porta et al. (2008) 的法律起源数据，将经济体的法律起源分为民法和普通法两种。① 接着，将表4-4基准回归中的经济增长目标变量改为经济增长目标与民法起源虚拟变量交互项，以及经济增长目标与普通法起源虚拟变量交互项，分别估计交互项的系数，F test 一行报告两者之差的 F 检验 p 值。从表4-7中第（1）列的回归结果来看，经济增长目标与不同法律起源的交互项系数都显著为正，系数大小都在 0.7 左右，两者之差在统计上也不显著。这说明在经济下行时期，经济增长目标在不同法律起源经济体中的影响并没有显著的差异。

此外，要实现经济增长目标，还需要依靠政府的能力。政府为了实现经济增长目标，一方面需要有足够的资源进行配置，而这与政府获得税收的能力相关。我们借鉴已有文献（Cheibub，1998；Hendrix，2010），采用政府税收占 GDP 比重来衡量政府能力，数据来自 Kugler et al. (2012)。另一方面，经济增长目标关乎经济体长期的经济增长，这意味着政府必须能够在长期制定协调一致的政策。因此，我们采用官僚机构质量（bureaucratic quality）来衡量经济体的政策和政府服务稳定性，数据来自 ICRG（The International Country Risk Guide，世界各国风险指南）(2017)。②

表4-7中第（2）列考察经济增长目标在不同税收能力经济体中的差异化影响，采用经济下行样本回归。为了排除政府税收能力受经济周期的

---

① 在 La Porta et al. (2008) 的法律起源数据中，我们将源于英国法律的法律起源作为普通法法律起源，将其他的法律起源（French, German, socialist, and Scandinavian）作为民法法律起源。

② 官僚机构质量（bureaucratic quality）分数越高，表示在政府改变时，官僚机构具有治理力量和专业知识，使得政府服务不中断，政策没有发生剧烈变化。相反地，分数越低越表示政府改变时，越容易出现政府服务中断或政策变动。

影响，我们计算出税收占 GDP 比重的平均值，并根据平均税收占比位于中值以上或中值以下，将经济体划分为税收能力强和税收能力弱两部分①。在表 4-4 的基准回归基础上，我们将经济增长目标改为经济增长目标与强税收能力虚拟变量的交互项、经济增长目标与弱税收能力虚拟变量的交互项。从第（2）列的回归结果来看，在经济下行时期，无论经济体税收能力强弱，经济增长目标都是显著为正的。虽然税收能力更强的经济体，经济增长目标的系数更大，但是两者之差在统计上并不显著。这说明，在税收能力不同的经济体中，经济增长目标的作用并没有表现出显著的差异。

最后，表 4-7 中第（3）列考察经济增长目标在不同官僚机构质量的经济体中的差异化影响，同样采用经济下行样本回归。类似地，我们计算每个经济体的官僚机构质量平均值。② 根据经济体的平均官僚机构质量位于中值以上或中值以下，我们将经济体划分为高官僚机构质量和低官僚机构质量两部分。在表 4-4 基准回归基础上，我们将经济增长目标改为经济增长目标与高官僚机构质量的虚拟变量交互项，经济增长目标与低官僚机构质量的虚拟变量交互项。表 4-7 中第（3）列的回归结果显示，在经济下行时期，无论经济体官僚机构质量高低，经济增长目标都是显著为正的。同时，F 检验的 p 值表明，官僚机构质量高的经济体，经济增长目标的系数更大，两者的差距在统计上也是显著的。这说明，经济增长目标对实际经济增长的影响受到官僚机构质量的影响，当经济体官僚机构质量越高，经济增长目标对实际经济增长的引领程度就越高。

总而言之，表 4-7 的实证结果表明，经济增长目标对实际经济增长的影响主要受到经济体的官僚机构质量影响，而不受经济体法律起源或税收能力的影响。当经济体越能实施协调一致的政策和提供稳定的政府服务，经济增长目标对实际经济增长的引领程度就越高。

---

① Kugler et al.（2012）的政府税收占 GDP 比值数据最早从 1960 年开始，到 2013 年。其中，并不是所有的经济体从 1960 年开始的数据都可获得，因此我们计算的平均值可能存在误差。

② ICRG（2017）的官僚机构质量最早从 1984 年开始，到 2016 年。其中，部分经济体的数据晚于 1984 年，因此我们计算的平均值可能存在误差，不过，官僚机构质量随时间的变动不大，因此，我们预期平均值不会产生明显的误差。

表4-7 经济增长目标的异质性影响

Variables	(1)	(2)	(3)
	Per capita GDP growth rate		
	Economic downturn		
Target * civil law	0.741**	—	—
	(0.304)	—	—
Target * common law	0.772***	—	—
	(0.216)	—	—
Target * strong tax capacity	—	0.778***	—
	—	(0.240)	—
Target * weak tax capacity	—	0.739***	—
	—	(0.193)	—
Target * high bureaucratic quality	—	—	1.006***
	—	—	(0.192)
Target * low bureaucratic quality	—	—	0.491*
	—	—	(0.261)
F test	[0.931]	[0.874]	[0.04]
Controls	YES	YES	YES
Year FE	YES	YES	YES
Country FE	YES	YES	YES
Observations	193	193	174
R-squared	0.766	0.768	0.804
Countries	70	70	63

注：①控制变量同表4-4基准回归；F test 报告交互项系数之差的F检验p值。②括号内为经济体层面的聚类稳健标准误。③*、**和***分别表示通过显著水平为10%、5%和1%的统计检验。

第七节 机制分析

本节考察在经济下行时期，经济增长目标通过什么渠道引领实际经济增长。在事先给定经济增长目标之后，政府通过制定政策、配置公共资源等方式干预经济活动，最终必然要体现在能够促进产出增加的生产要素或生产技术上。我们从经济增长目标对不同生产要素的影响出发，考察经济增长目标引领实际经济增长背后的作用机制。

表4-8采用经济下行时期的样本回归，第（1）列报告规划期内的平均劳动力增速对经济增长目标的回归结果。[1]从回归结果来看，经济增长目标的系数在1%显著性水平上显著为正，说明在经济下行时期，经济增长目标对劳动力增长有显著的正向影响。这也意味着，促进劳动力增长是经济增长目标引领实际经济增长的渠道之一。

表4-8第（2）至（4）列考察经济下行时期，经济增长目标对资本增长的影响。第（2）至（4）列的被解释变量分别为发展规划期内的平均资本增速、平均的人均资本增速以及平均的资本服务增速。回归结果显示，无论是考察经济增长目标对总体资本增速，还是人均资本增速的影响，经济增长目标的系数在1%显著性水平上都显著为正。同时，当我们采用资本服务增速来度量资本投入时，经济增长目标的系数统计仍然显著为正。这说明在经济下行时期，经济增长目标对资本增长有显著并且稳健的正向影响，意味着促进资本积累也是实现经济增长目标的渠道之一。

表4-8的第（5）和第（6）列分别报告规划期内的平均TFP增速和平均人力资本增速对经济增长目标的回归结果。此时，无论是TFP增速还是人力资本增速，经济增长目标系数在统计上都不显著，说明在经济下行时期，经济增长目标对提高TFP增速和人力资本增速都没有产生显著的影响，与经济上行时期的表现相同。

---

[1] 表4-8被解释变量均由PWT 9.1的数据计算得到。

表4-8　经济增长目标作用机制

Variables	(1) Employment	(2) Capital stock	(3) Capital stock (per capita)	(4) Capital service	(5) TFP	(6) Human capital
Growth target	0.303*** (0.111)	0.901*** (0.162)	0.855*** (0.160)	1.309*** (0.270)	-0.393 (0.293)	-0.009 (0.038)
Controls	YES	YES	YES	YES	YES	YES
Year FE	YES	YES	YES	YES	YES	YES
Country FE	YES	YES	YES	YES	YES	YES
Observations	183	195	195	135	127	195
R-squared	0.746	0.708	0.702	0.890	0.833	0.629
Countries	70	71	71	53	52	71

注：①第（1）至（6）列的回归样本为经济下行时期的样本；第（1）至（6）列被解释变量分别为规划期内的平均劳动力增速、平均资本增速、平均的人均资本增速、平均的资本服务增速、平均TFP增速和平均人力资本增速。②控制变量同图4-4基准回归。③括号内为经济体层面的聚类稳健标准误。④＊、＊＊和＊＊＊分别表示通过显著水平为10%、5%和1%的统计检验。

总而言之，表4-8的实证结果表明，在经济下行时期，经济增长目标是通过提高劳动力增速和促进资本积累，而不是提高人力资本或促进技术进步来引领实际经济增长的。这意味着经济增长目标在引领经济增长的同时，也将会带来经济质量下降等影响。

✲ 本章小结 ✲

在全球范围内，经济增长目标广泛存在。本章收集了114个经济体的经济增长目标数据，既弥补了相关数据的空缺，又为系统考察经济增长目标的影响提供了可能。

根据经济发展规划所处的经济周期划分样本，我们实证发现，在经济上行时期，经济增长目标对实际经济增长并没有显著影响，而在经济下行时期，经济增长目标才会发挥引领实际经济增长的作用，并且引领程度平均达到76%。这是由于经济体在经济上行时期更有可能自动实现经济增长

目标；在经济下行时期，政府则需要引领经济增长来达到目标。这一发现在实证上也是稳健的。我们围绕经济下行时期的基准回归结果进行了三方面的稳健性检验，排除了经济周期划分标准的影响样本的影响及模型设定的影响。

同时，我们实证发现，经济增长目标的影响随时间变化呈现出"U"形变动趋势。经济增长目标对实际经济增长的引领程度在20世纪八九十年代出现明显的下降，反映出当时政府在经济活动管理中的某种收缩。我们也发现，当经济体的官僚机构质量越高，越能实施协调一致的政策时，经济增长目标的引领作用越强。

最后，本章考察了目标引领的机制，发现经济增长目标在经济下行时期是通过提高资本增速和劳动力增速的方式来引领经济增长的。由于经济增长目标的提高并没有促进技术进步或人力资本积累，这也意味着经济增长目标在引领经济增长的同时，将伴随着经济发展质量的下降。那么，从长期来看，围绕经济增长目标的发展模式到底可以持续多久，政府驱动经济增长的方式是否会发生转变等都值得更多关注。这些都是目标引领理论的重要实践问题。

思考讨论题

1. 自"二战"结束以来，全球范围内广泛存在着经济增长目标。为什么会存在这个事实？

2. 请比较分析中国设定的经济增长目标与全球其他经济体的异同。

3. 请到官网下载相关数据和程序，再现本章的实证分析结果。你认为哪些实证分析还需要进一步完善？

4. 如果可能，请更新数据样本，再现本章的实证分析结果，重点考察相应的实证结果是否发生变化。

5. 从国际比较的视角，谈一谈你对目标引领绩效特征的理解。

6. 你认为目标引领的机制是什么？从国际比较的视角看，中国在这方面有什么不同？

第五章 目标引领的绩效：对冲冲击

本章为理解目标引领增长绩效提供了一个特定的视角，即经济增长目标对冲不利经济冲击。中国施行目标导向的宏观经济管理的逻辑是：当遭遇不利冲击时，经济向下偏离当年增长目标，政府迅速实施目标导向政策，对冲不利冲击的负面影响，从而使经济较快恢复增长。本章贡献了一个识别目标对冲效应的方法，采用洪水这一准自然实验，经实证分析发现，2001—2016 年间，洪水对中国当年经济的负面冲击约为 1.07 个百分点，目标对冲效应约为 1.11 个百分点，对冲了洪水冲击的负面影响，经济快速恢复增长。本章还发现，遭受洪水的城市当年增加财政支出约 1 个百分点，减免税负规模约 15 个百分点，扩大信贷规模约 5 个百分点。本章的研究发现揭示了目标对冲效应在稳增长和促增长中的关键作用。

第一节 引 言

中国经济遭遇不利冲击后，总能够较快恢复增长。2020 年第一季度的增速为 -6.8%，随后三个季度的增速则分别为 3.2%、4.9% 和 6.5%，一年内实现"V"形恢复。从中国近 30 年的经济季度增长纪录来看，2008 年和 1998 年都如是（如图 5-1 所示）。[①] 在遭受不利冲击后，中国经济为什么总能较快恢复增长？在国际环境日趋复杂、世界正经历百年未有之大变局的当下，这无疑是一个值得广泛关注的重要问题。但至少在我们的知识范围内，目前还鲜有文献系统讨论这个问题。

---

① 值得一提的是，上述三次中国经济增速出现下降，除了众所周知的原因，同时还有遭遇了自然灾害的原因。1998 年我国发生全流域型特大洪水，2008 年我国发生汶川大地震，2020 年我国南方遭遇大洪水，这些都会对经济产生不小的负面影响。

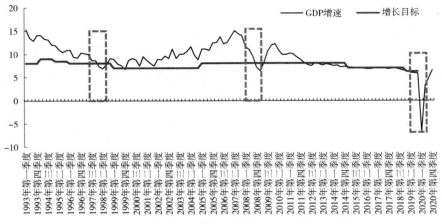

图 5-1　1993—2020 年 GDP 季度增速

本章基于我国目标管理的实践提出一个可能的解释：目标对冲效应。改革开放以来，中国政府一直施行增长目标导向的宏观经济管理。从党的十二大到十八大，历次党代会都明确提出经济翻番的增长目标。各级政府也在每年年初提出年度增长目标。党的十九大提出高质量发展，2021 年的国务院政府工作报告依然公布了年度 6% 以上的 GDP 增长目标。当经济体遭遇不利冲击后，经济增长放缓，向下偏离期初目标。为了尽可能减少实际增速与目标之间的偏离，政府迅速实施目标导向政策，有效对冲不利冲击的负面影响，从而使经济较快恢复，实现期初既定的增长目标。本章把这个过程定义为目标对冲效应，如图 5-2 所示。

图 5-2　目标对冲效应逻辑示意图

本章在 Weitzman（1976）框架内证明了目标对冲效应的存在，并给出了一个简洁的度量方法。Weitzman（1976）构建了一个目标激励模型，描述了在产出不确定的情形下，上级通过将收益与目标设定和目标实现程度挂钩，激励下级努力提高产出的过程。本章简化了这个模型，发现存在一个包含目标对冲效应的均衡解。这个均衡解的经济含义非常清晰。地方官员设定增长目标，并对其负责。当辖区遭受不利的外生冲击时，经济增长偏离目标，给官员带来效用损失。为了减少效用损失，地方官员理性地加大政策力度，对冲不利冲击的负面影响。本章还证明了目标边际对冲效应等于有不利冲击时的目标边际增长效应与无不利冲击时的目标边际增长效应之差。这意味着，我们可以通过对比有不利冲击样本和无不利冲击样本的目标边际增长效应来识别目标对冲效应。

本章采用洪水这个准自然实验识别检验目标对冲效应。这是一个合适的选择。一是洪水往往是在经济增长目标公布后发生的。2001—2016 年间，超过 70% 的洪水集中在当年的 6—8 月份，而经济增长目标一般是在当年年初的人代会上宣布的。二是洪水发生的地点较为准确，影响边界较为清晰。历年全国水情年报详细记录了中国境内的洪水信息，包括发生时间、地点及次数等。三是洪水对经济发展存在负面影响。①

基于此，本章采用 2001—2016 年间 155 个曾遭受洪水的城市和 25 个相邻的未遭受洪水城市样本识别检验目标对冲效应。与理论预期一致，平均而言，洪水导致经济增长放缓约 1.07 个百分点，② 目标对冲效应约为 1.11 个百分点，大致对冲了洪水冲击的负面影响，在宏观上就表现为经济快速恢复增长。本章做了一系列稳健性检验，基本结论依然成立。

接下来，本章排除了三个可能的竞争性解释。首先，排除这是其他同期冲击的影响。不可否认，在存在洪水冲击的同时也可能存在其他冲击。为了检验本章的结果不是由其他因素驱动的，本章通过随机分配洪水城市及年份进行安慰剂检验，排除了这一解释。其次，排除这是数据操纵的结果。在中国各地，GDP 增长目标由地方政府制定和公布，GDP 增长速度也由地方政府统计和公布，地方政府为了实现既定目标，可能存在数据操纵。本章采用夜间灯光亮度度量经济活动后，基本结果依然存在，排除了这一解释。最后，排除这是纯粹的政府抗洪救灾效应。不可否认，在与自然灾害长期斗争的过程中，中国已经发展出比较成熟的政府主导型救灾制度。地级层面的增长目标是针对整个地级市，地级官员关注的是整个辖区的经济增长能否达到目标，辖区内的县受到不利冲击意味着地级市的经济

---

① 根据《中国水利年鉴》统计，在 2001—2016 年，洪灾造成的年均直接经济损失为 1697 亿元。自然灾害还存在长期影响，如历史上黄河改道形成的洪涝灾害造成严重的经济社会及生态环境损害（穆盛博，2021）。

② Rasmussen（2004）利用国家层面的自然灾害数据（主要包括洪水、干旱及风暴等）发现，遭受自然灾害年份的 GDP 增长率下降约 2.2 个百分点。

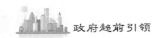

受到冲击,地方政府采取目标导向政策对冲不利冲击,是整体考虑了整个地级市的经济的结果,而非仅局限于受到洪水冲击的县。如果只是抗洪救灾效应,那么这种效应则应仅存在于洪水县。当去掉洪水县样本后,本章的基本结果依然存在,则说明本章的结果不能由纯粹的抗洪救灾来解释。本章沿着这个思路,排除了纯粹的政府抗洪救灾效应。

最后,本章识别目标导向政策以检验目标对冲效应的机制。结果显示,在2001—2016年间,相对于无洪水城市,洪水城市当年的财政支出显著增加了约1个百分点,实际税负显著减少了约15个百分点,信贷规模明显增加了约5个百分点。

本章以下内容的结构安排是:第二节讨论目标对冲效应的存在性和识别方法;第三节是数据描述;第四、五、六节则采用洪水这个准自然实验,识别检验目标对冲效应及其机制;最后是结论性评述。

第二节　识别方法

一、一个简化的Weitzman模型

本章基于Weitzman(1976)的目标激励模型构建一个简化的理论框架,考察受到不利外生冲击时,目标导向如何对冲不利冲击对经济增长的负面影响。

本章考虑地方官员面临的经济增长目标任务。年初,地方官员基于上级政府宣布的经济增长目标 $\underline{g}$ 设定辖区的增长目标 $\bar{g}$。根据辖区设定的增长目标 $\bar{g}$ 和最终完成的经济增速 g,上级政府给予地方官员奖励 $(\bar{g} - \underline{g}) - (g - \bar{g})^2$,其中 $(\bar{g} - \underline{g})$ 表示地方官员设定高增长目标而获得的奖励;同时,为了避免增长目标沦为数字游戏,上级政府会根据最终实现的经济增速偏离增长目标的程度而施加惩罚 $-(g - \bar{g})^2$。本章将地方官员从增长目标任务中获得的效用表示为 $w[(\bar{g} - \underline{g}) - (g - \bar{g})^2]$,且 $w \geq 0$,其中 w 表示地方官员对增长目标的重视程度或以增长目标为导向的程度:当 $w = 0$ 时,增长目标任务的效用为0,地方官员无须以增长目标为导向;当 $w > 0$ 时,增长目标任务会影响地方官员的效用,地方官员以实现增长目标为导向。

本章假定辖区的经济增速为 $g = g_0 + f(\Omega) - D$,由三部分构成:市场

自发实现的经济增速 g_0，由地方政策 Ω 驱动的经济增速 $f(\Omega)$，随机的外部冲击 D。简化起见，本章假定政策 Ω 同比例转化为增速 $f(\Omega) = \Omega$；假定发生不利冲击 $D = \theta > 0$ 的概率为 p，不发生冲击 $D = 0$ 的概率为 $1 - p$。同时，地方官员实施政策需要付出相应的政策执行成本，本章假定其带来的负效用为 $C(\Omega) = \Omega^2$，满足边际负效用递增。

结合目标任务带来的效用和政策执行成本带来的负效用，地方官员选择增长目标 $\bar{g}$ 和政策 Ω 来最大化总体效用。①

$$w[(\bar{g} - g) - (g - \bar{g})^2] - C(\Omega) \quad (5-1)$$

地方官员的决策顺序为：年初，地方官员公布经济增长目标 $\bar{g}$；年中，由于外部环境的不确定性，辖区可能会受到外部冲击 D；在观测到实际发生的冲击后，地方官员可以选择政策 Ω 来影响辖区经济，以实现事先设定的增长目标。

基于上述决策顺序，本章采用倒推法求解地方官员的最优增长目标 $\bar{g}$ 和最优政策 Ω。第一步，本章假定地方官员在年初已经设定目标 $\bar{g}$，随后观测到外部冲击 D，本章求解得到地方官员的最优政策和经济增速（关于增长目标和外部冲击的函数）；第二步，基于对未来经济增速的预测，地方官员在年初选择最优的增长目标来最大化预期效用。通过进一步整理，本章得到如下命题。

当受到不利冲击时（$D = \theta > 0$），地方官员加大政策力度 $\Omega^* - \Omega^{**} = \frac{w}{1+w}\theta$，辖区经济增速下降幅度为 $g^* - g^{**} = -\frac{1}{1+w}\theta$，最优增长目标满足 $\frac{\partial \bar{g}^*}{\partial w} = \frac{1}{2}$。

其中，$\Omega^* = \frac{w}{1+w}(\bar{g}^* - g_0) + \frac{w}{1+w}\theta$ 和 $\Omega^{**} = \frac{w}{1+w}(\bar{g}^* - g_0)$ 分别表示受到不利冲击和未受到不利冲击情形的最优政策，$g^* = \frac{w}{1+w}\bar{g}^* +$

---

① 目标激励文献主要采用分段函数的效用表达式，并假定管理者的效用与目标设定和目标完成程度挂钩：当管理者设定的目标越高时，其获得的收益越高；同时，上级会对未实现目标的管理者施加额外的惩罚，对超额实现目标的管理者给予额外的奖励（Weitzman，1976；Miller & Thornton，1978）。可以证明，当采用分段效用函数时，本章的理论命题仍然成立，只是表达形式更为复杂。因此，简洁见，本章将分段效用函数简化为连续形式的效用函数，并借鉴 Miller & Thornton（1978）的做法引入管理者努力对产出的影响以及努力所需要付出的成本。

$\frac{1}{1+w}g_0 - \frac{1}{1+w}\theta$ 和 $g^{**} = \frac{w}{1+w}\bar{g}^* + \frac{1}{1+w}g_0$ 分别表示受到不利冲击和未受到不利冲击情形的经济增速,$\bar{g}^* = g_0 - \theta p + \frac{1+w}{2}$ 为最优增长目标。

上述命题的经济含义十分直观,有三点值得强调。一是命题揭示了经济体存在目标对冲效应,且能够对冲不利冲击带来的负面影响。当辖区出现不利冲击时,经济体遭受的冲击幅度为 $|-\theta|$,但实际下降幅度为 $|g^* - g^{**}| = \left|\frac{-1}{1+w}\theta\right| < |-\theta|$。这说明目标能够对冲不利冲击带来的负面影响。本章将目标对冲效应(offsetting effect of target, oet)表示为:

$$oet = \theta - \frac{1}{1+w}\theta = \frac{w}{1+w}\theta$$

二是命题揭示了目标对冲效应背后的机制:地方官员实施目标导向的政策。当辖区受到不利冲击时,为减少目标无法达成的效用损失,地方官员加大政策力度 $\Omega^* - \Omega^{**} = \frac{w}{1+w}\theta > 0$,带来目标对冲效应 $oet = \frac{w}{1+w}\theta$,从而缓冲不利冲击所带来的负面影响。同时,目标导向政策还满足 $\frac{\partial \Omega^* - \Omega^{**}}{\partial w} = \frac{\partial oet}{\partial w} > 0$,即地方官员越重视目标,政策力度越大,目标对冲效应越大。

三是命题揭示了目标对冲效应是可识别的。目标对冲效应主要由两个变量构成,不利冲击程度 θ 和地方官员对增长目标的重视程度 w。显然,w 并不直接可测。不过,增长目标 $\bar{g}^*$ 与目标导向 w 之间存在线性关系,我们可以利用增长目标来识别目标对冲效应。利用链式法则可以得到 $\frac{\partial oet}{\partial w} = \frac{\partial oet}{\partial \bar{g}^*}, \frac{\partial \bar{g}^*}{\partial w} = \frac{1}{2}\frac{\partial oet}{\partial \bar{g}^*}$,本章将目标边际对冲效应转化为:

$$\frac{\partial oet}{\partial \bar{g}^*} = E\left(\frac{\partial g^*}{\partial \bar{g}^*}\Big| D = \theta\right) - E\left(\frac{\partial g^{**}}{\partial \bar{g}^*}\Big| D = 0\right) \quad (5-2)$$

式(5-2)揭示了一个可行的识别目标对冲效应的实证识别策略。在式(5-2)中,受到不利冲击时,增长目标对经济增长的边际影响为 $E\left(\frac{\partial g^*}{\partial \bar{g}^*}\Big| D = \theta\right)$,未受到不利冲击时的边际影响为 $E\left(\frac{\partial g^{**}}{\partial \bar{g}^*}\Big| D = 0\right)$,二者

之差为目标的边际对冲效应。这意味着，以受到不利冲击情形为处理组，以未受到不利冲击情形为对照组，比较两组之间增长目标对经济增长的边际影响，可以估计出目标的边际对冲效应。

二、识别方程

基于式（5-2），本章的实证方程为：

$$g_{it} = \delta_0 + \delta_1 \bar{g}_{it} + \delta_2 \bar{g}_{it} D_{it} + \delta_3 D_{it} + X_{it} B + \mu_i + \tau_t + \varepsilon_{it} \quad (5-3)$$

其中，下标 i 和 t 分别代表城市和年份；g_{it}、$\bar{g}_{it}$ 和 X_{it} 分别表示实际经济增速，年初的增长目标和控制变量向量；μ_i 和 τ_t 分别表示城市固定效应和年份固定效应；D_{it} 是度量外生冲击的虚拟变量，赋值规则是发生不利冲击为 1，否则为 0。ε_{it} 为误差项。由式（5-3）可知：

$$E\left(\frac{\partial g_{it}}{\partial \bar{g}_{it}} | D_{it} = 1\right) - E\left(\frac{\partial g_{it}}{\partial \bar{g}_{it}} | D_{it} = 0\right) = \delta_2$$

$$E(g_{it} | D_{it} = 1) - E(g_{it} | D_{it} = 0) = \delta_2 E(\bar{g}_{it}) + \delta_3 \quad (5-4)$$

这表明，δ_2 度量了目标边际效应，由命题可知，$\delta_2 > 0$。当目标边际效应为常数 δ_2 时，目标对冲效应则可以表示为 $\delta_2 E(\bar{g}_{it})$，其中，$E(\bar{g}_{it})$ 是经济增长目标的均值。δ_3 度量了不利冲击的影响程度，预计 $\delta_3 < 0$。因此，遭受不利冲击地的经济增长速度与未遭受不利冲击地的经济增长速度之差可分解为两部分：不利冲击的影响 δ_3 和目标对冲效应 $\delta_2 E(\bar{g}_{it})$，后者显然影响经济恢复程度。

第三节 数据来源

本节介绍经济增长目标、不利冲击等变量的度量，以及识别目标对冲效应的样本。

一、数据说明

（一）经济增长目标

本章采用地级层面经济增长目标，来源于地级市历年政府工作报告。一般而言，地级人大在每年年初召开市人大代表大会，市长代表市政府做政府工作报告，宣布包括经济增长目标在内的各类目标及工作部署。2001—2016 年间，几乎所有可获得的城市政府工作报告都报告了当年的增长目标。①

根据 2001—2016 年间增长目标数据的完整程度，全国 283 个地级市可以分为两类：一类是 183 个增长目标数据完整的城市，另一类是 100 个增长目标有缺失的城市。增长目标数据完整的地级市具有代表性。增长目标数据完整的地级市分布在全国 26 个省区，具有地域代表性。另外，从表 5-1 的 A 部分描述性统计结果来看，增长目标及其他变量在增长目标数据完整的地级市与有缺失城市间也不存在显著差异。基于此，为了排除增长目标缺失的影响，本章主要采用这 183 个子样本识别目标对冲效应。

（二）不利冲击的度量

本章采用洪水度量不利冲击，理由有三个：一是洪水往往是在经济增长目标公布后发生的。2001—2016 年间，超过 70% 的洪灾集中在当年的 6—8 月份，而经济增长目标一般是市长在当年年初的人代会上宣布的。这意味着，洪水发生的时间一般晚于经济增长目标公布的时间。二是洪水对经济发展存在负面影响。如图 5-3 所示，2001—2016 年洪灾造成的直接经济损失年均就达到约 1697 亿元。三是洪水发生的地点较为准确，影响边界较为清晰。全国水情年报对中国境内的洪水有详细的记录，包括发生时间、地点及次数。原始洪水信息数据来自全国 3000 多个基层水文站，涵盖了各地区主要河流及其支流流域。根据水利部的水情信息，我们可以较为准确地定位出洪水发生的流域及区位。

洪水数据来源于水利部出版的全国水情年报。② 根据水利部水文局的界定，洪水为"洪峰水位超过警戒线的情形"。2001—2016 年间，全国水情年报报告了全国八大流域③主要水位站历年的水情特征值，主要包括洪水发生流域、河名、站名、峰现时间等信息。本章的主要分析单元为地级

---

① 在样本期间，绝大部分政府工作报告都记录了增长目标的具体数字，少数采取了区间目标的表述形式。对此，本章的处理规则是以具体数字为准，区间目标则取其均值。本章也采用区间目标上限值与下限值度量增长目标，基本结果依然存在。

② 本文使用的洪水数据均来自历年全国水情年报，下文不再单独说明。

③ 包括长江流域、黄河流域、珠江流域、淮河流域、海河流域、松辽流域、太湖及浙闽地区和西部地区。部分年份的流域表述或者划分略微不同，比如 2001 年表述为"太湖及浙闽沿海"，这种情形统一归入太湖及浙闽地区。

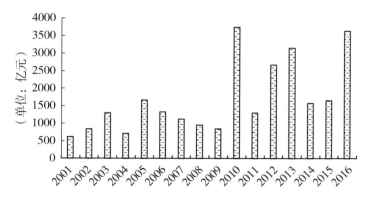

注：数据来源于历年《中国水利年鉴》。

图 5-3 2001—2016 年洪灾直接经济损失

市，因此将主要水文站的原始洪水数据匹配到地级及以上城市。①

2001—2016 年间，中国城市洪水分布具有如下四个时空特征。② 第一，从洪水冲击的空间分布来看，超过 80% 的城市曾遭受洪水冲击。2001—2016 年间，在全国 283 个地级及以上城市中，约 16.25% 的城市（46 个）从来没有出现过有记载的主要水文站洪峰超过警戒水位的情形，约 83.75% 的城市（237 个）遭受过洪水的不利冲击。

第二，从洪水发生的频率来看，洪水冲击较为频繁。从遭受洪水的总次数分布来看，大部分城市出现洪水的总次数在 20 次以下，占洪水城市的 78.07%。从遭受洪水的年份分布来看，75.27% 的城市出现洪水的年份不多于 10 个。具体而言，如图 5-4 所示，在全国 283 个地级及以上城市中，2001—2016 年间有 1~5 个年份出现洪水的城市有 138 个，接近一半；有 6~10 个年份出现洪水的城市有 75 个，约占 26.50%。

第三，从洪水发生的流域看，长江流域最易发生洪水冲击。如图 5-5 所示，2001—2016 年间出现的洪水，有 35.82% 发生在长江流域，21.53% 发生在太湖及浙闽地区，20.52% 发生在珠江流域。剩下的 22.13% 出现在其他地区。

第四，从洪水发生的月份看，超过 70% 的洪水发生在 6—8 月份。如

---

① 全国水情年报告基于洪水发生的流域、河名及站名报告历年水情，在实际处理中，本文综合上述三个信息确定洪水发生的所在城市。

② 限于篇幅没有报告详细的洪水城市名单。

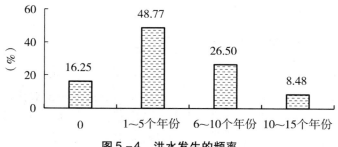

图 5-4　洪水发生的频率

图 5-6 所示，2001—2016 年间出现的洪水，1 至 4 月份和 10 至 12 月份出现洪水的概率很低，分别只有约 3.14% 和 4.30%。5 月份和 9 月份的略高些，分别为 8.63% 和 8.21%。

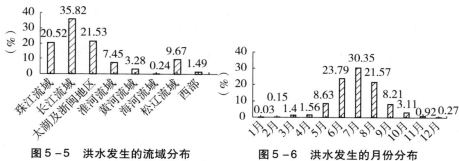

图 5-5　洪水发生的流域分布　　　　图 5-6　洪水发生的月份分布

本章采用虚拟变量 D_{it} 度量不利冲击。赋值规则是：一个地级市在某年发生洪水，则 D_{it} 为 1，否则为 0。需要强调的是，这个赋值规则不区分同一年份是否出现多次洪水，只要出现一次，当年的 D_{it} 均为 1。本章还将根据洪水频率、强度等赋值，进行稳健性检验。

（三）其他控制变量

控制变量向量 X_{it} 包括对数形式的期初经济发展水平（$\log gdp_{i,t-1}$），以上一期人均实际 GDP 度量；对数形式投资率（$\log inv_{it}$），投资率为当年固定资产投资总额占 GDP 的比重；对数形式的人口增长率、资本折旧率与技术进步率之和 $[\log(n_{it}+g_{it}+d_{it})]$，令 $g_{it}+d_{it}=0.1$。①上述数据主要来

---

① $g_{it}+d_{it}=0.1$ 是经济增长实证文献的做法（Islam，1995）。

源于历年《中国城市统计年鉴》。

二、处理组和对照组的选择

本章选择对照组和处理组的规则是:把发生洪水的城市视为处理组,其相邻的无洪水城市视为对照组。① 一方面,相邻地区通常在人文、自然条件等方面相近或相似,在经济社会发展等方面通常具有相似的趋势。另一方面,洪水的边界清晰,对相邻的无洪水城市无直接影响。因此,以相邻无洪水城市作为对照组能够比较干净地识别目标对冲效应。

图5-7报告了洪水城市在183个增长目标数据完整的地级市中的分布情况。具体而言,2001—2016年间,155个城市发生了洪水,称为洪水城市;28个没有洪水记录,称为无洪水城市。这28个无洪水城市可进一步分为3个非相邻城市和25个相邻城市。25个相邻的无洪水城市又进一步分为12个省内相邻城市和13个省外相邻城市。按照本章选择处理组和对照组的规则,处理组为155个洪水城市,对照组为25个相邻的无洪水城市。②

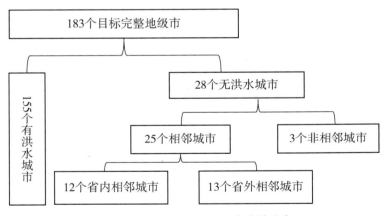

图5-7 洪水城市在子样本中的分布

值得说明的是,洪水分布特征在183个子样本中与在全部样本中是一

---

① 相邻城市的界定标准为:地理上,两个城市共用(部分)地理边界则认为是相邻城市。
② 在实证过程中,本章也采用非相邻城市、省内相邻城市及省外相邻城市作为处理组进行稳健性检验,本章的基本结果仍然存在。

致的。一是洪水空间分布特征一致。在子样本中，有84.7%的城市出现过洪水，15.3%的城市未出现过洪水。二是洪水年份分布特征一致。在子样本中，78.69%的城市出现洪水的年份在1～10个。三是洪水流域特征一致。在子样本中，洪水分布流域前三位的仍然是长江流域、珠江流域和太湖及浙闽地区。四是洪水月份特征一致。在子样本中，91.69%的洪水仍然集中在5—9月份。

三、描述性统计

表5-1报告了相关变量的描述性统计。A部分的描述性统计结果显示，183个目标完整地级市样本具有代表性，与目标有缺失样本不存在显著差异。第（1）至（3）列报告了全样本的描述性统计，第（4）至（6）列与第（7）至（9）列分别报告了目标完整地级市样本与目标有缺失地级市样本的描述性统计。第（10）列报告了目标完整地级市与目标有缺失地级市各变量的差异，均不显著。

B部分报告了处理组和对照组的统计结果，不论是全样本还是目标完整样本，处理组和对照组在绝大部分变量上不存在显著差异。B部分的第（1）至（5）列报告了全样本下处理组、对照组的描述性统计及二者均值差异。除了期初的经济发展水平存在显著差异，其他变量差异均不显著。第（6）至（10）列报告目标完整样本中处理组与对照组的描述性统计，与全样本情况完全一致。

总之，不论在洪水分布特征上，还是在其他变量上，183个子样本与全样本间不存在显著差异。因此，本章将主要采用183个子样本识别检验目标对冲效应，同时也采用其他样本作为稳健性检验。

表 5-1 主要变量描述性统计

Part A: 按目标完整程度

变量	全样本			183个目标完整地级市			100个目标有缺失地级市			差异 (10) (5) - (8)
	(1) N	(2) 均值	(3) 标准误	(4) N	(5) 均值	(6) 标准误	(7) N	(8) 均值	(9) 标准误	
D_{it}	4528	0.283	0.450	2928	0.264	0.441	1600	0.318	0.466	-0.054
$\bar{g}_{it}$	4173	0.117	0.032	2928	0.117	0.030	1245	0.115	0.036	0.002
g_{it}	4528	0.114	0.022	2928	0.114	0.022	1600	0.113	0.022	0.002
$\log gdp_{i,t-1}$	4528	9.777	0.789	2928	9.901	0.771	1600	9.550	0.772	0.352
$\log inv_{it}$	4528	-0.625	0.489	2928	-0.641	0.459	1600	-0.595	0.537	-0.046
$\log(n_{it}+0.1)$	4528	-2.185	0.572	2928	-2.164	0.576	1600	-2.223	0.562	0.059

Part B: 处理组与对照组

变量	全样本				处理组与对照组		目标完整样本		差异 (7) - (9)
	处理组		对照组		差异 (4) - (2)	处理组		对照组	
	(1) N	(2) 均值	(3) N	(4) 均值		N	均值	N	均值	
$\bar{g}_{it}$	3505	0.117	608	0.118	0.002	2480	0.117	400	0.120	0.002
g_{it}	3792	0.114	672	0.113	-0.001	2480	0.115	400	0.113	-0.001

续表 5-1

Part B: 处理组与对照组

变量	全样本						目标完整样本					
	处理组		对照组		差异		处理组		对照组		差异	
	N	均值	N	均值	(1)-(2)		N	均值	N	均值	(7)-(9)	
$\log gdp_{i,t-1}$	3792	9.746	672	9.882	0.136***		2480	9.854	400	10.104	0.189***	
$\log inv_{it}$	3792	-0.629	672	-0.613	0.017		2480	-0.641	400	-0.646	0.028	
$\log(n_{it}+0.1)$	3792	-2.190	672	-2.154	0.037		2480	-2.172	400	-2.112	0.037	

注：①Part A 分别报告的是全样本 283 个地级市、目标完整样本 100 个地级市的描述性统计结果。②Part B 第 (1) 至 (5) 列报告的是全样本下处理组和对照组的描述性统计结果及二者均值差异，Part B 第 (6) 至 (10) 列报告的是目标完整样本下处理组和对照组的描述性统计结果及二者均值差异，处理组为 155 个洪水城市，对照组为 25 个无洪水的相邻城市。③***表示通过显著性水平为1%的统计检验。

第五章 目标引领的绩效：对冲冲击

第四节 实证结果

一、基本结果

首先，本章采用子样本再现自然灾害冲击文献的实证结果。表 5-2 中第（1）列报告了洪水对经济增长影响的回归结果。以 2001—2016 年间 155 个洪水城市为处理组，25 个无洪水的相邻城市为对照组，在控制期初经济发展水平、投资率等变量后，洪水 D_{it} 的回归系数为 -0.007，通过显著性水平为 5% 的统计检验。这意味着，与现有自然灾害冲击文献的发现一致，洪水对经济增长存在明显的负面冲击。具体而言，与无洪水的相邻城市相比，洪水城市当年的实际 GDP 增速降低了约 0.7 个百分点。就控制变量的回归系数而言，也与经济增长文献的实证发现一致。这表明，本章采用增长目标数据完整的子样本能够再现现有文献的发现，用其来识别目标对冲效应是可行的。

接着，本章采用子样本识别目标对冲效应。第（2）列为本章的基准结果，处理组为 2001—2016 年间目标数据完整的 155 个洪水城市，对照组为 25 个相邻的无洪水城市。洪水的回归系数为 -0.0107，通过显著性水平为 1% 的统计检验，说明洪水对当年 GDP 增速的负面冲击约为 1.07 个百分点。目标与洪水交互项的回归系数为 0.0948，通过显著性水平为 1% 的统计检验，说明目标导向的边际对冲效应大小为 0.0111。这意味着，目标的对冲效应约为 1.11 个百分点，[1] 大致对冲了洪水的负向冲击 1.07 个百分点，在宏观上就表现为经济快速恢复增长。

第（3）列报告了目标有缺失的城市样本回归结果，也支持本章的基本结论。洪水 D_{it} 的回归系数为 -0.0104，系数大小及显著性与前几列相比没有发生实质性变化。目标与洪水交互项的回归系数为 0.0734，通过显著性水平为 5% 的统计检验。相应地，可以得到目标对冲效应大小为 0.84

---

[1] 根据表 5-1 的描述性统计，经济增长目标的均值为 0.117，δ_2 的估计值为 0.0948，目标导向的对冲效应为 $\delta_2 E(\bar{g}_{it}) = 0.0948 \times 0.117 \times 100\% \approx 1.11\%$。

个百分点,① 大致对冲了洪水造成的负向冲击 1.04 个百分点。第（4）和第（5）列报告了全样本的回归结果，基本结论仍然成立。第（4）列的洪水回归系数为 -0.0127，显著为负。目标与洪水交互项的回归系数为 0.1055，通过显著性水平为 1% 的统计检验。相应的对冲效应约为 1.23 个百分点,② 与不利冲击造成的负向冲击 1.27 个百分点大致形成对冲，宏观上表现为经济快速恢复增长。第（5）列进一步控制"目标缺失市 × 年份"效应。无论是洪水回归系数，还是目标与洪水交互项的回归系数，与第（4）列相比基本没有发生实质性变化。

表 5-2 基本结果

变量	实际 GDP 增长率				
	（1）	（2）	（3）	（4）	（5）
样本	目标完整的 180 个地级市		目标有缺失城市	全部地级市	
$\bar{g}_{it} D_{it}$	—	0.0948***	0.0734**	0.1055***	0.1070***
	—	(0.0269)	(0.0331)	(0.0212)	(0.0213)
D_{it}	-0.0070**	-0.0107***	-0.0104***	-0.0127***	-0.0129***
	(0.0027)	(0.0033)	(0.0041)	(0.0026)	(0.0026)
$\bar{g}_{it}$	—	0.3020***	0.0557***	0.1756***	0.1751***
	—	(0.0165)	(0.0155)	(0.0116)	(0.0116)
$\log gdp_{i,t-1}$	-0.0181**	-0.0117***	-0.0144***	-0.0122***	-0.0123***
	(0.0074)	(0.0015)	(0.0025)	(0.0013)	(0.0013)
$\log inv_{it}$	0.0239***	0.0065***	0.0146***	0.0115***	0.0114***
	(0.0060)	(0.0013)	(0.0019)	(0.0011)	(0.0011)
$\log(n_{it}+0.1)$	-0.0003	-0.0005	-0.0011	-0.0007	-0.0007
	(0.0170)	(0.0006)	(0.0009)	(0.0005)	(0.0005)

---

① 根据表 5-1 的描述性统计，经济增长目标的均值为 0.115，δ_2 的估计值为 0.0734，目标导向的对冲效应为 $\delta_2 E(\bar{g}_{it}) = 0.0734 \times 0.115 \times 100\% \approx 0.84\%$。

② 根据表 5-1 的描述性统计，经济增长目标的均值为 0.117，δ_2 的估计值为 0.1055，目标导向的对冲效应为 $\delta_2 E(\bar{g}_{it}) = 0.1055 \times 0.117 \times 100\% \approx 1.23\%$。

续表 5-2

变量	实际 GDP 增长率				
	（1）	（2）	（3）	（4）	（5）
constant	0.2843***	0.1793***	0.2269***	0.2004***	0.2016***
	(0.0904)	(0.0143)	(0.0225)	(0.0121)	(0.0122)
对冲效应	—	0.0111	0.0086	0.0123	0.0125
年份固定效应	有	有	有	有	有
城市固定效应	有	有	有	有	有
目标缺失市×年份	—	—	—	—	有
处理组	2001—2016 年的 155 个洪水城市		82 个洪水城市	237 个洪水城市	
对照组	25 个相邻城市		17 个相邻城市	42 个相邻城市	
R^2	0.482	0.536	0.573	0.524	0.524
样本量	2880	2880	1233	4113	4113

注：①括号内为聚类（cluster）标准误。②*、**和***分别表示通过显著水平为 10%、5% 和 1% 的统计检验。③如果没有特别说明，下表的回归样本均为目标完整地级市。

处理组与对照组在政策发生前是否存在共同趋势（也叫平行趋势）对估计结果的可信性至关重要。本部分对有洪水城市和无洪水城市进行经济增长的平行趋势检验。具体做法是，构建提前和滞后的洪水变量，在保持控制变量不变的情况下同时加入回归，然后观察洪水发生前后有洪水城市与无洪水城市在经济增长方面的趋势差异。如果处理组和对照组在洪水发生前符合共同趋势，则洪水变量提前项的回归系数应该不显著。

在出现洪水之前，经济增长满足平行趋势假设。图 5-8 展示了提前滞后洪水变量的系数，在出现洪水前，不论是提前几期，洪水提前项的系数都不显著，仅仅在洪水出现的当期，系数才显著为负。滞后 1—4 期的洪水回归系数也不显著。图 5-9 展示的是提前及滞后洪水变量与增长目标交互项的系数，与图 5-8 展示的不利冲击对经济增长的影响完全一致，只有在发生洪水冲击的当年才存在对冲效应。

总而言之，以上回归结果表明，2001—2016 年间，洪水对经济增长造

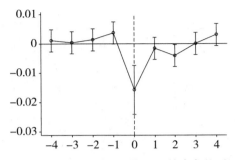
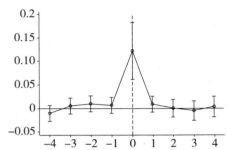

注：图5-8 展示的是不利冲击的平行趋势检验图，横轴是提前滞后的期数，纵轴是洪水项提前及滞后期的系数。

注：图5-9 展示的是对冲效应的趋势图，纵轴是洪水提前及滞后期与增长目标交互项的系数。

图5-8　平行趋势检验　　　　　图5-9　对冲效应趋势检验

成显著负向冲击，而目标对冲效应能够对冲这一负向冲击。

二、稳健性检验

（一）不同对照组及处理组

首先，为了检验本章基本结果的稳健性，本小节将保持处理组不变，细分对照组再现基本回归结果。表5-3中第（1）列对照组为12个省内相邻城市，洪水的回归系数为-0.0094，显著为负。目标与洪水交互项回归系数为0.0843，通过显著性水平为1%的统计检验。这说明目标对冲效应大小约为0.99个百分点，与洪水造成的负向冲击0.94个百分点形成有效对冲。第（2）列对照组为13个省外相邻城市，结果与第（1）列相比基本没有发生变化。第（3）列对照组为三个非相邻城市，洪水的回归系数为-0.0085，通过显著性水平为5%的统计检验；目标与洪水交互项的回归系数为0.0747，通过显著性水平为1%的统计检验。目标对冲效应约为0.87个百分点，与洪水造成的负向冲击0.85个百分点也形成有效对冲。第（4）列对照组为28个无洪水城市，估计目标对冲效应约为1.11个百分点，也能够有效对冲洪水对经济的负向冲击。

以上回归结果表明，变换对照组后本章的结果依然稳健，目标对冲效应仍然存在。

表 5-3 不同对照组

变量	实际 GDP 增长率			
	(1)	(2)	(3)	(4)
$\bar{g}_{it}D_{it}$	0.0843***	0.0869***	0.0747***	0.0952***
	(0.0275)	(0.0268)	(0.0276)	(0.0270)
D_{it}	-0.0094***	-0.0100***	-0.0085**	-0.0107***
	(0.0034)	(0.0033)	(0.0034)	(0.0033)
对冲效应	0.0099	0.0102	0.0087	0.0111
年份固定效应	有	有	有	有
城市固定效应	有	有	有	有
处理组	155 个洪水地级市			
对照组	12 个省内相邻城市	13 个省外相邻城市	3 个非相邻城市	28 个无洪水城市
R^2	0.528	0.544	0.532	0.531
样本量	2672	2688	2528	2928

注：①回归结果没有报告其他控制变量及常数项。②括号内为聚类（cluster）标准误。③**、***分别表示通过显著水平为 5% 和 1% 的统计检验。

在 2001—2016 年间发生洪水的城市中，不同城市出现洪水的年数不同，分布在 1 至 13 个之间。为了排除本章的基本结果是由特定年份样本主导，本小节逐一剔除 1 至 13 个年份出现洪水的样本，重现基准回归。

不论采用剔除哪一种情形下的样本，基本结果依然稳健。图 5-10 报告了在处理组中逐一剔除 1 至 13 个年份出现洪水样本后的回归系数。水平线以上的为目标与洪水交互项系数，水平线以下的为洪水单独项系数。从图形上可以看出，不论剔除洪水年份为几的样本，目标与洪水交互项的回归系数均显著为正，并且大小均在 0.1 上下，与表 5-2 中第（2）列的基准结果接近。另外，从水平线以下的洪水系数来看，洪水单独项的回归系数都显著为负，大小也在 0.01 上下，与基准结果一致。上述结果表明，无论剔除哪些年份的样本，目标对冲效应大小均与洪水造成的负面冲击大致相当，在宏观上都表现为经济快速恢复增长。本章的基本结果不是由特定年份样本主导。

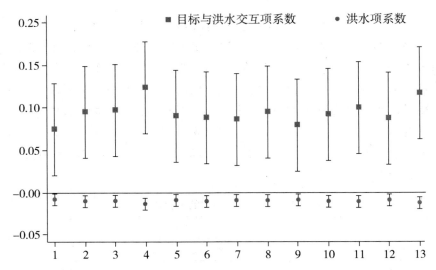

注：①水平线以上的为目标与洪水交互项系数情况，水平线以下的为洪水单独项系数情况。②横轴数字代表从左到右逐一剔除 1 至 13 个年份出现洪水的样本。

图 5–10　逐一剔除样本的回归系数 95% 置信区间

（二）洪水冲击的不同度量

虽同为洪水城市，但是每年洪水发生频率及强度也可能不同。这些差别可能会影响因洪水造成的不利冲击的程度。为了反映洪水频率的影响，本章依据每年的洪水次数构造洪水频率变量 $floodnum_{it}$，替换洪水变量 D_{it} 重新检验本章的基本结果。为了控制洪水的强度，本章利用洪峰水位与警戒水位的差值构造洪水强度变量 $level_{it}$ 重现基本结果。

表 5–4 中第（1）和第（2）列报告了采用洪水频率度量不利冲击的回归结果。第（1）列处理组保持 155 个洪水城市、对照组为 25 个相邻无洪水城市不变，洪水频率的回归系数为 −0.0077，通过显著性水平为 1% 的统计检验。目标与洪水频率交互项的回归系数为 0.0633，通过显著性水平为 1% 的统计检验。这说明洪水冲击每多 1 次，目标对冲效应就增加约 0.74 个百分点，① 大致对冲洪水造成的负向冲击。第（2）列报告以 28 个无洪水城市为对照组的回归结果，基本没有变化。

---

①　目标对冲效应等于目标和洪水频率交互项回归系数与目标均值的乘积，即 $K*$。

第（3）和第（4）列报告了采用洪水强度度量不利冲击的回归结果。第（3）列处理组保持155个洪水城市、对照组为25个相邻无洪水城市不变，洪水强度的回归系数为－0.0093，通过显著性水平为5%的统计检验。这说明随着洪水强度的提高，洪水对经济的负面影响加大。目标与洪水强度交互项的回归系数为0.0838，通过显著性水平为5%的统计检验，说明目标对冲效应约为0.98个百分点，大致与洪水造成的负面冲击形成对冲。第（4）列报告以28个无洪水城市为对照组的回归结果，也基本没有变化。

表5－4　洪水冲击的不同度量

变量	实际GDP增长率			
	（1）	（2）	（3）	（4）
	洪水强度		洪水次数	
$\bar{g}_{it} \times floodnum_{it}/level_{it}$	0.0633*** (0.0228)	0.0634*** (0.0229)	0.0838** (0.0333)	0.0839** (0.0335)
$floodnum_{it}/level_{it}$	－0.0077*** (0.0029)	－0.0077*** (0.0029)	－0.0093** (0.0041)	－0.0092** (0.0041)
$\bar{g}_{it}$	0.3066*** (0.0164)	0.3147*** (0.0163)	0.4081*** (0.0205)	0.4177*** (0.0203)
$\log gdp_{i,t-1}$	－0.0118*** (0.0015)	－0.0124*** (0.0015)	－0.0159*** (0.0019)	－0.0165*** (0.0018)
$\log inv_{it}$	0.0064*** (0.0013)	0.0059*** (0.0013)	0.0084*** (0.0017)	0.0077*** (0.0016)
$\log(n_{it}+0.1)$	－0.0005 (0.0006)	－0.0006 (0.0006)	－0.0010 (0.0007)	－0.0011 (0.0007)
对冲效应	0.0074	0.0074	0.0098	0.0098
年份固定效应	有	有	有	有
城市固定效应	有	有	有	有
处理组	155个洪水城市			
对照组	25个相邻无洪水城市	28个无洪水城市	25个相邻无洪水城市	28个无洪水城市

续表 5-4

变量	实际 GDP 增长率			
	(1)	(2)	(3)	(4)
	洪水强度		洪水次数	
R^2	0.535	0.530	0.555	0.551
样本量	2880	2928	2880	2928

注：①$floodnum_{it}$ 为洪水次数，以当年的洪水出现次数为变量，$level_{it}$ 为洪水强度，以当年洪峰水位与警戒水位差值的均值为度量。②括号内为聚类（cluster）标准误。③**、***分别表示通过显著水平为5%、1%的统计检验。

以上结果表明，不论是采用洪水频率还是洪水强度度量不利冲击，本章的基本结果仍然存在。在 2001—2016 年间，目标导向依然能够有效对冲不利冲击的负向影响。

第五节　排除竞争性解释

到目前为止，本章已经发现，洪水冲击发生后，目标对冲效应显著存在且能够对冲不利冲击对经济增长的负向影响。这个回归结果至少存在三种竞争性解释：其他同期冲击的影响、数据操纵和纯粹的政府抗洪救灾效应。本节尝试排除这三种竞争性解释。

一、排除其他同期冲击的影响

不可否认，在发生洪水冲击的同时也可能发生其他冲击。为了进一步检验本章的结果不是由其他因素驱动的，本章通过随机分配有洪水城市及年份进行安慰剂检验。首先，本章在子样本城市中随机选取 155 个城市作为处理组，假定抽中的这 155 个城市在 2001—2016 年间遭受过洪水灾害，其他城市为对照组；然后，在 2001—2016 年间随机抽取洪水年份，并且设定洪水发生频率与真实发生频率相同；根据上述随机选择的处理组及洪水发生年份构建本章的洪水变量 D_{it}，重复本章的基本检验。

本章进行了 500 次随机抽样，并按式（5-2）重复基准回归 500 次。图 5-11 报告了 500 次安慰剂检验中目标与洪水交互项回归系数的均值及分布图。在 500 次随机分配后，交互项回归系数均值为 0.0012，几乎为零。从分布来看，500 个估计系数都集中在零点附近，而基于真实数据得到的回归系数为 0.0948［见表 5－2 的第（2）列］，处于安慰剂检验回归系数分布之外。这表明，本章的估计结果不是洪水以外的其他因素导致的。

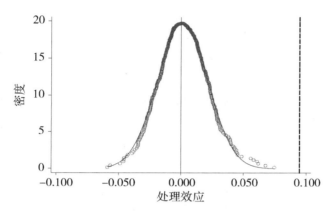

注：横轴表示来自 500 次随机分配的交互项估计系数，曲线是估计的核密度分布。右侧垂直虚线是表 5－2 中第（2）列的真实估计值。

图 5－11　随机抽样 500 次回归系数分布

二、排除数据操纵

数据操纵是对本章基本结果的另一种可能解释。毕竟，增长目标是地方政府公布的，增长速度也是地方政府统计和公布的。为了实现既定目标，地方政府可能进行数据操纵。当存在数据操纵时，即使发生了洪水等不利冲击，经济增长目标也能够实现。为了排除这种竞争性解释，本节采用 2001—2013 年间的夜间灯光亮度替代实际 GDP 度量经济增长绩效，再现本章的基本回归结果。① 自 NOAA（海洋大气分析组织）公布夜间灯光亮度数据以来，越来越多的文献采用这一数据来度量国家或地区的经济活动（Henderson et al.，2012），夜间灯光亮度已成为度量一个国家或地方

---

① 夜间灯光亮度卫星数据在 2013 年间之前和之后存在系统差异：2013 年之前的亮度值有封顶，2013 年之后的没有封顶。为了保持数据的可比性，本章采用的是 2013 年之前的夜间灯光亮度数据。

经济发展的代理变量。

表5-5中第（1）列报告了采用夜间灯光亮度度量经济增长绩效的回归结果。以出现过洪水灾害的150个城市为处理组、30个相邻无洪水城市为对照组。这时，洪水的回归系数为-0.0511，通过显著性水平为1%的统计检验。目标与洪水交互项的回归系数为0.3924，也通过显著性水平为1%的统计检验。相应的目标对冲效应约为4.87个百分点，[①] 大致对冲洪水造成的负向冲击5.11个百分点，宏观上也表现为经济快速恢复增长。这表明，采用更加客观的灯光亮度数据代理经济绩效也得到同样的结果，因此不能够简单地把本章的发现归因于统计数据操纵。

三、排除纯粹的抗洪救灾效应

中国是一个自然灾害频发的国家。[②] 在与自然灾害的长期斗争过程中，中国已经发展出比较成熟的政府主导型救灾制度。需要明确指出的是，救灾主要针对灾害发生地，而非灾害所在的整个地区。这意味着，如果本章的基本回归结果源于纯粹的救灾效应，那么这种效应则只会发生在灾害地，而非整个区域。基于此，本章将洪水发生地具体到县级层面，把县分为洪水县和无洪水县，从洪水市中剔除洪水县再加总得到剔除洪水县的处理组，然后重复基本检验。显然，如果基本结果仍然存在，则可以排除纯粹的抗洪救灾效应这个竞争性解释。

表5-5中第（2）列报告了县级层面的回归结果。处理组为2001—2013年间616个洪水县、对照组为1370个非洪水县。洪水回归系数为-0.0216，通过显著性水平为10%的统计检验；目标与洪水交互项的回归系数为0.2084，通过显著性水平为5%的统计检验。这说明，目标对冲效应约为2.58个百分点，能够有效对冲洪水造成的负向冲击2.16个百分点，在宏观上表现为经济快速恢复增长。

第（3）和第（4）列报告了部分去掉洪水县年份的回归结果。具体做法是，去掉县级层面洪水年份的观测，再加总到地级层面，重复地级层面的基本回归。第（3）列报告了以2001—2013年间150个洪水城市为

[①] 按照2001—2013年间的地级增长目标均值为0.124计算。

[②] 根据1900—2020年间的全球大型自然灾害统计，中国自然灾害发生了970次，位列全世界第二位，其中水文类灾害发生了381次。数据来源：EM-DAT, CRED/UCLouvain, Brussels, Belgium-www.emdat.be（D. Guha-Sapir）。

表 5-5 排除竞争性解释

灯光亮度增长率

变量	(1)	(2)	(3)	(4)	(5)	(6)
数据层面	地级层面	县级层面	地级层面			
样本剔除	—	—	剔除县级洪水年份观测	剔除县级洪水年份观测	剔除洪水县样本	剔除洪水县样本
$\bar{g}_{it}D_{it}$	0.3924***	0.2084**	0.5834***	0.5866***	0.5730***	0.5759***
	(0.1110)	(0.0964)	(0.1826)	(0.1817)	(0.1696)	(0.1689)
D_{it}	-0.0511***	-0.0216*	-0.0810***	-0.0821***	-0.0799***	-0.0809***
	(0.0141)	(0.0123)	(0.0231)	(0.0230)	(0.0215)	(0.0214)
$\bar{g}_{it}$	0.2903***	0.2409***	0.1159	0.1095	0.1408	0.1357
	(0.0717)	(0.0273)	(0.1183)	(0.1169)	(0.1099)	(0.1087)
$luminosity_{i,t-1}$	-0.1521***	-0.1003***	-0.2571***	-0.2548***	-0.2347***	-0.2329***
	(0.0103)	(0.0033)	(0.0147)	(0.0146)	(0.0137)	(0.0135)
$\log inv_{it}$	0.0393***	—	0.0535***	0.0514***	0.0538***	0.0517***
	(0.0058)	—	(0.0096)	(0.0094)	(0.0089)	(0.0087)
$\log(n_{it}+0.1)$	0.0003	—	0.0104*	0.0104*	0.0061	0.0062
	(0.0036)	—	(0.0059)	(0.0058)	(0.0055)	(0.0054)
对冲效应	0.0487	0.0258	0.0723	0.0727	0.0711	0.0714

续表 5-5

变量	灯光亮度增长率					
	(1)	(2)	(3)	(4)	(5)	(6)
年份固定效应	有	有	有	有	有	有
地区固定效应	有	有	有	有	有	有
处理组	150 个洪水城市	616 个洪水县	150 个洪水城市			
对照组	30 个相邻城市	1370 个无洪水县	30 个相邻无洪水城市	33 个无洪水城市	30 个相邻无洪水城市	33 个无洪水城市
R^2	0.493	0.280	0.248	0.247	0.258	0.257
样本量	2340	21890	2340	2379	2340	2379

注：①第（1）列为地级样本，第（2）列为县级样本，由于 2001—2013 年县级层面经济数据缺失严重，只控制期初夜间灯光亮度。②第（3）列为地级市层面样本回归，其中第（3）和第（4）列去掉洪水县观测值后再加总到地级市层面。③第（5）和第（6）列去掉洪水县观测值后再加总到地级市层面。④括号内为相应层面的聚类（cluster）标准误差。⑤*、**和***分别表示通过显著水平为 10%、5% 和 1% 的统计检验。

处理组、30 个相邻的无洪水城市为对照组的回归结果,洪水回归系数仍然显著为负,大小为 -0.0810。目标与洪水交互项的回归系数为 0.5834,通过显著性水平为 1% 的统计检验。这说明,目标对冲效应约为 7.23 个百分点,大致对冲洪水的负向冲击 8 个百分点。第(4)列报告了对照组为 33 个无洪水城市的回归结果,与第(2)列结果一致。第(5)和第(6)列报告了全部去掉洪水县样本的回归结果,也显示本章的基本结果仍然存在。

总之,以上回归结果表明,本章的实证结果不能由纯粹的抗洪救灾效应来解释。在地级市层面,即使去掉洪水县样本,目标对冲效应仍然存在。

第六节 机制检验

目标对冲效应背后的机制是政府实施目标导向政策。财政、信贷和税收是政府的常见政策工具。基于此,本节从上述政策工具入手,识别目标导向政策,检验目标对冲效应背后的机制。同时,为了排除这些政策是纯粹的抗洪救灾政策,回归样本全部剔除洪水县。

表 5-6 中第(1)和第(2)列报告了财政支出的检验结果。第(1)列剔除了县级洪水样本,处理组为 2001—2016 年间的 155 个洪水城市,对照组为 25 个相邻的无洪水城市,目标与洪水交互项的回归系数为 0.0867,通过显著性水平为 10% 的统计检验。第(2)列保持处理组不变,对照组为 28 个无洪水城市,结果与第(1)列一致。这说明,2001—2016 年间,相对于相邻无洪水城市,洪水城市在遭遇冲击当年的财政支出占比平均提高约 1 个百分点。① 这相当于财政支出增加约 12 亿元。②

第(3)和第(4)列报告了实际税负的检验结果。与第(1)列一致,第(3)列回归仍然剔除洪水县样本,处理组为 155 个洪水城市,对照组为 25 个相邻的无洪水城市,目标与洪水交互项的回归系数为

---

① 与目标对冲效应计算相似,财政支出占比的平均影响等于目标与洪水交互项系数和目标均值的乘积,即 $K**$。同理,计算目标导向的实际税负和信贷规模。

② 按照 2001—2016 年间地级市平均产值为 1227.988 亿元计算。

表 5-6 机制检验

变量	(1)	(2)	(3)	(4)	(5)	(6)
	财政支出		实际税负		信贷规模	
			剔除洪水县样本			
$\bar{g}_{it}D_{it}$	0.0867*	0.0856*	-1.2629***	-1.2826***	0.4641***	0.4506***
	(0.0429)	(0.0432)	(0.4251)	(0.4215)	(0.1802)	(0.1598)
D_{it}	0.2534***	0.2499***	-0.9373***	-0.9092***	-0.3999*	-0.4835**
	(0.0396)	(0.0409)	(0.2827)	(0.2782)	(0.2069)	(0.2409)
$\bar{g}_{it}$	-0.0101**	-0.0098*	0.1297**	0.1326**	-0.0553**	-0.0536**
	(0.0051)	(0.0051)	(0.0547)	(0.0542)	(0.0249)	(0.0226)
$\log gdp_{i,t-1}$	-0.0712***	-0.0697***	-0.1335***	-0.1293***	-0.1666***	-0.1464***
	(0.0059)	(0.0055)	(0.0512)	(0.0497)	(0.0468)	(0.0397)
$instru_{it}$	0.1419***	0.1454***	-0.3334**	-0.3367**	-0.2343***	-0.2027***
	(0.0197)	(0.0200)	(0.1533)	(0.1519)	(0.0565)	(0.0677)
$\log credit_{i,t-1}$	—	—	—	—	0.6273***	0.6266***
	—	—	—	—	(0.0681)	(0.0692)
政策力度	0.0101	0.0100	-0.1478	-0.1500	0.0543	0.0527
年份固定效应	有	有	有	有	有	有

续表 5-6

变量	(1)	(2)	(3)	(4)	(5)	(6)
	财政支出		实际税负		信贷规模	
地区固定效应	有	有	有	有	有	有
处理组	2001—2016 年间 155 个洪水城市					
对照组	25 个相邻的无洪水城市	28 个无洪水城市	25 个相邻的无洪水城市	28 个无洪水城市	25 个相邻的无洪水城市	28 个无洪水城市
R^2	0.6689	0.6684	0.0969	0.0976	0.6977	0.6969
样本量	2880	2928	1260	1281	2928	2880

注：①第(1)(2)(5)及(6)列财政支出及信贷规模数据来自 2001—2016 年的《中国县域统计年鉴》。②鉴于《中国县域统计年鉴》中没有税收数据，第(3)和第(4)列实际税负所使用的数据来自 2001—2007 年全国地市县财政统计资料。③括号内为样本的聚类(cluster)标准误。④*、**和***分别表示通过显著水平为 10%、5% 和 1% 的统计检验。

-1.2629，系数为负，通过显著性水平为1%的统计检验。第（4）列以无洪水城市为对照组，结果也基本没有发生变化。这表明，2001—2007年间，相对于相邻无洪水城市，洪水城市当年的实际税负显著降低约15个百分点，相当于税收减少约179亿元。

第（5）和第（6）列报告了信贷规模的检验结果。第（5）列以25个相邻的无洪水城市为对照组，目标与洪水交互项的回归系数为0.4641，通过显著性水平为5%的统计检验。第（6）列报告以无洪水城市为对照组，结果与第（5）列回归结果基本一致。这表明，2001—2016年间，相对于相邻无洪水城市，洪水城市的信贷规模显著扩大了约5个百分点，相当于信贷增加约419亿元。

以上分析表明，扩大财政支出、降低税负和扩大信贷规模可成为地方政府的目标导向政策。平均而言，在2001—2016年间，洪水城市当年增加财政支出约1个百分点，减免税负规模约15个百分点，扩大信贷规模约5个百分点。

❋ 本章小结 ❋

本章借助中国经济增长目标管理的实践，总结提炼了目标引领增长的特殊效果，即目标的不利冲击对冲效应。这种不利冲击的对冲效应，更加突出目标的事前引领，有别于财政政策和货币政策等传统的宏观调控政策。具体而言，政府在年初制定增长目标，不利冲击使实际经济向下偏离目标，为了尽可能缩小这种偏离，政府迅速实施目标导向政策，对冲不利冲击的负面影响，经济较快恢复增长。本章在Weitzman框架下证明了目标对冲效应的存在，并贡献了一个识别目标对冲效应的方法。

本章采用洪水这一准自然实验识别检验目标对冲效应。采用2001—2016年间中国155个洪水城市和25个相邻的无洪水城市样本，本章发现，相对无洪水城市，洪水城市的经济增速显著放缓1.07个百分点，目标对冲效应约为1.11个百分点，恰好对冲了洪水带来的负面影响，从而使经济较快恢复增长。本章还检验了目标对冲效应的机制：2001—2016年间，遭受洪水的城市当年增加财政支出约1个百分点，减免税负规模约15个百分点，扩大信贷规模约5个百分点。

本章的实证发现非常稳健，且与理论预期一致，揭示了目标管理在经济体遭受不利冲击时的应对作用。中国宏观经济管理具有目标导向的特征，从改革开放之初制定的中国经济社会发展目标蓝图"小康社会"到党的十九大的"高质量发展"，一个目标指出一个方向，开辟一条道路。当经济遭受不利冲击时，增长目标的导向作用凸显，各级政府沉着应对，积极采取落实各项措施，保持了国民经济平稳发展。在全球经济面临复杂的不确定性的当下，从理论上系统总结中国经济快速恢复增长的成功经验，可以帮助我们更深刻地认识目标引领的作用，并为全球各个经济体实现更稳更好的经济增长提供宏观经济管理创新的理论启示。

思考讨论题

1. 经济为什么会收缩？结合经济发展实践，谈一谈你对经济收缩的理解。

2. 中国洪水有什么特征吗？结合相关案例，谈一谈洪水带来的影响。

3. 请到官网下载相关数据和程序，再现本章的实证分析结果。你认为哪些实证分析还需要进一步完善？

4. 如果可能，请更新数据样本，再现本章的实证分析结果，重点考察相应的实证结果是否发生变化。

5. 结合相关文献或经济发展案例，谈一谈你对目标对冲不利冲击机制的理解。

6. 你认为目标对冲洪水冲击与抗洪救灾有何异同？

第六章　目标引领的政策：宏观政策

本书前面章节已经通过大量的证据表明目标引领经济增长是一种全球性的现象，并且起到了引领经济增长的作用。本章进一步探讨目标引领经济增长的实现工具手段，专门从政府支出切入，从宏观政策视角考察全球视野下的目标引领政策。本章在理论上贡献识别目标引领政策力度的方法，在实证上利用收集的全球增长目标数据进行检验。本章发现，当需要目标引领时，增长目标每增加1个百分点，政府支出平均增加1.1个百分点。这个发现是稳健的。本章发现目标引领政策的三个特征：在支出结构上，目标引领政策增加经济事务支出；在资金来源上，目标引领政策依靠政府经常性收入；在时间维度上，目标引领政策具有暂时性。本章的发现表明目标引领需要依靠政策实现，目标引领首先起到了引领政策工具的作用。

第一节　引　　言

自"二战"结束以来，经济体设定经济增长目标已是一个全球性的现象。图6-1中的实线呈现了公布增长目标的经济体数量。从图形上看，20世纪下半叶，公布增长目标的经济体数量自1950年开始逐渐增加，到20世纪70年代达到高峰，随后下降，此时全球仍有将近30个经济体公布增长目标；到21世纪初，公布增长目标的经济体数量又呈现上升趋势。[①]整体而言，全球至少有114个经济体曾经或一直公布增长目标。从空间

[①] Yergin and Stanislaw（2002）描绘了20世纪80年代世界范围内出现政府撤出钢铁、煤炭、铁路等经济命脉的现象。本章也观察到，在这段时期设定经济增长目标的经济体数量出现明显下降。

第六章 目标引领的政策：宏观政策

分布上看，这些经济体主要分布在亚洲、非洲、南美洲和欧洲。从收入水平分布上看，约26%的经济体处于高收入水平，如法国、日本；57%处于中等收入水平，如中国、印度；还有17%处于低收入水平，例如乌干达、尼日尔。① 这说明设定增长目标是一个广泛且持续存在的全球性现象。

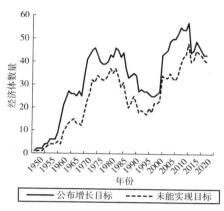

图6-1 公布增长目标的经济体数量　　图6-2 增长目标与实际GDP增速

经济体未能实现增长目标也是一个全球性现象。图6-1中的虚线呈现了未能实现增长目标的经济体数量。从图形上看，未能实现增长目标的经济体一直存在。图6-2是增长目标与目标期内经济增速的散点图。② 从图形上来看，接近3/4的散点位于45度线以下，表示将近3/4的经济体的增长目标未能实现。就经济体而言，在114个经济体中，超过90%的经济体都曾出现未能达到增长目标的现象。这说明，未能实现增长目标同样是一个广泛且持续存在的全球性现象。

从各国媒体报道看，当增长目标可能无法实现时，政府通常不会无动于衷。例如，据印度媒体报道，2019年第一季度GDP增速下降至5%，如果政府不尽快实施新的经济政策，印度将无法实现5万亿美元经济体的目标；泰国媒体报道，在2019年第二季度经济增长放缓的情况下，泰国

---

① 本章根据世界银行2019年的经济体收入分类标准进行划分。
② 目标期内的平均实际GDP增长速度由PWT 9.1的实际国内生产总值计算得到，具体计算方式见第三节的数据介绍。

政府计划出台 100 亿美元的刺激方案来实现 3% 的增长目标；再如中国 1998 年提出了增长速度"保 8"，2018 年提出了"六个稳"。① 由此可见，从全球来看，很多国家都存在目标引领的现象。本章将目标引领政策定义为政府为实现既定增长目标而采取的行动。那么，面对上述两个全球性现象，人们感兴趣的问题是，目标引领政策是一个全球性现象吗？如果答案是肯定的，那么，政府目标引领政策的力度有多大？具有什么特征？尽管媒体已有大量报道，但在我们的知识范围内，还鲜有学术研究系统性地回答这个问题。

基于此，本章尝试从政府支出角度切入考察全球视野下的目标引领政策。本章提出一个简单的理论框架，在市场机制与政府共存的经济体中，政府权衡实现增长目标的收益成本，选择最优的政府支出规模。本章证明了当经济体能够通过市场自发实现增长目标时，政府无须目标引领，此时政府选择保持支出规模不变；反之，政府面临目标引领压力，选择增加支出来刺激经济增长。因此，只有当需要目标引领时，增长目标越高，政府支出规模才越大。

采用上述理论框架定量考察目标引领政策，还需要解决两个难题。一个是如何识别需要目标引领的情形，另一个是如何收集全球的增长目标样本。对于第一个难题，本章以美国经济周期作为外生冲击，识别需要目标引领的情形。美国作为全球第一大经济体，其经济波动对其他经济体有很大的影响（Arora and Vamvakidis，2004；Bayoumi and Bui，2010）。当美国经济衰退时，经济体的外部环境更可能不利于产出增长，我们以此代理需要目标引领的情形；当美国经济扩张时，经济体的外部环境更可能有利于产出增长，我们以此代理无须目标引领的情形。对于第二个难题，我们通过访问政府官方网站和查找发展规划书等历史资料，收集整理了全球 114 个经济体自 1950 年以来的增长目标数据。

本章经实证发现，当需要目标引领时，增长目标每增加 1 个百分点，平均而言政府支出将显著地增加 1.1 个百分点。以泰国为例，当需要目标引领时，随着增长目标从 5.5% 提高到 8%，泰国的政府支出将增加 3 个

---

① 本章引用的印度新闻报道来自：https://www.indiatoday.in/business/story/get-ready-to-say-goodbye-to-rs-5-trillion-subramanian-swamy-1593734—2019-08-31。引用的泰国新闻报道来自：https://www.bloomberg.com/news/articles/2019-08-15/export-led-thailand-to-unveil-stimulus-as-trade-war-hurts-growth。

第六章 目标引领的政策：宏观政策

百分点。为了稳健起见，本章进行五个方面的检验。一是采用其他经济周期计算方式重新识别目标引领样本，排除经济周期计算方式的影响；二是通过剔除一个区域的样本后回归，排除样本的影响；三是采用其他政府支出衡量指标，排除指标选取的影响；四是采用其他实证回归模型，排除模型设定的影响；五是引入更多控制变量，排除政治经济周期的影响。本章还发现，无论是在民主和非民主的经济体之间，还是在普通法系和大陆法系的经济体之间，政府目标引领政策的力度没有呈现出显著的差异。这表明，不仅目标引领政策是全球普遍存在的现象，而且目标引领政策的力度在不同经济体间也没有呈现出异质性。

本章经实证发现，全球目标引领政策具有三个方面的特征：一是从政府支出结构看，目标引领政策增加政府的经济事务支出。本章发现，当施行目标引领政策时，增长目标与经济事务支出显著正相关，与公共服务、国防、医疗保健或教育等支出不相关，表明政府是通过加强经济事务管理而非公共服务来引领经济增长。二是从政府资金来源看，目标引领政策主要依靠政府的经常性收入，而不是政府债务。当施行目标引领政策时，增长目标与政府经常性收入显著相关，与政府财政赤字、政府债务等都不相关，表明政府目标引领政策主要是增加政府经常性收入而非政府债务。三是从时间维度看，目标引领政策具有暂时性。本章发现，当无须目标引领时，政府支出与增长目标之间不再相关，表明目标引领政策不是长期存在的全球性现象。

本章以下内容的结构安排为：第二节介绍实证识别策略；第三节介绍本章的数据来源；第四、五节报告目标引领政策的力度和特征；最后是结论性评述。

第二节 识别策略

一、理论框架

考虑一个市场机制与政府共存的混合经济体，假设经济体通过市场机制自发实现的经济增速为 $\underline{g}$，事先设定的增长目标为 $\bar{g}$，$\underline{g}$ 和 $\bar{g}$ 对政府来说是外生给定的。政府可以通过调整政府支出 Ω 来影响实际经济增速 g。本章将实

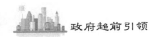

际经济增速表示为 $g(\Omega)$，并假设其满足 $g(0) = \underline{g}$，$g'(\cdot) > 0$，$g''(\cdot) \leq 0$。①这意味着政府支出对经济增长有促进作用，但边际影响递减。

政府设定增长目标后，对是否实现增长目标负责，同时面临着实现目标的收益和成本。本章假设政府实现增长目标的收益取决于实际经济增速 g 接近增长目标 $\bar{g}$ 的程度，其收益函数表示为：

$$G(g,\bar{g}) = \begin{cases} F - a(g - \bar{g})^2, & if \quad g < \bar{g} \\ F, & if \quad g \geq \bar{g} \end{cases} \quad (6-1)$$

式（6-1）表示当经济体未能实现增长目标时，政府获得的收益随着经济增速接近增长目标而提高；当经济体实现增长目标时，政府可以得到收益 F。其中，参数 a（$a > 0$）代表经济体对实现增长目标的重视程度。a 越大，政府实现增长目标的边际收益越大，越有动力刺激经济增长以实现增长目标。

政府通过调整支出来刺激经济增长需要付出行政管理成本。本章假设政府实现增长目标的成本随着实际经济增速 g 偏离市场自发实现的经济增速 $\underline{g}$ 而增大，其成本函数表示为 $C[(g - \underline{g})^2]$，满足 $C(0) = 0$，$C'(\cdot) > 0$。

政府面临的最优化问题为：

$$\max_{\Omega_t} \sum_{t=1}^{T} G[g(\Omega_t), \bar{g}_t] - C[(g(\Omega_t) - \underline{g}_t)^2] \quad (6-2)$$

其中，$T > 0$ 表示一届政府的任期。此时，经济体存在以下两种情形：一种情形是，当无须目标引领时，政府选择保持支出规模不变。当增长目标低于市场自发实现的经济增速时（$\bar{g} \leq \underline{g}$），经济体能够自发实现增长目标，政府选择保持支出规模不变。此时，政府支出与增长目标不相关。

另一种情形是，当需要目标引领时，政府调整支出至最优水平。当增长目标高于市场自发实现的经济增速时（$\bar{g} > \underline{g}$），经济体不能自发实现增长目标，政府面临目标引领压力。此时，政府最大化 $F - a(g(\Omega_t) - \bar{g}_t)^2 - C[(g(\Omega_t) - \underline{g}_t)^2]$。对 Ω_t 求一阶必要条件，整理可得：

$$g(\Omega_t^*) = \omega_t^* \bar{g}_t + (1 - \omega_t^*) \underline{g}_t \quad (6-3)$$

---

① 现有研究发现，更大的政府支出规模往往有利于经济增长（Ram，1986；Blanchard and Perotti，2002）。基于此，本章假设更大的政府支出规模对经济增长具有正向影响。此外，当政府不干预经济活动时，仍然承担着其他社会职能的支出。为简化模型，本章将政府不干预经济活动时的政府支出设定为 0。

其中，$\omega_t^* = \dfrac{a}{a + \dfrac{\partial C}{\partial b}}$，$b = (g_t - \underline{g}_t)^2$。式（6-3）表明，当需要目标引领时，最优的经济增速是增长目标与市场自发实现的经济增速的加权平均数。权重 $\omega_t^* > 0$ 刻画了增长目标对经济增速的正向驱动程度。

在给定 $\underline{g}$ 的情况下，式（3）对 $\bar{g}$ 求导可得：

$$\dfrac{\partial \Omega_t^*}{\partial \bar{g}_t} > 0 \qquad (6-4)$$

式（6-4）表明，当需要目标引领时，随着增长目标的提高，政府选择扩大支出规模，以刺激实际经济达到最优的增速。此时，政府支出与增长目标正相关。

综上所述，本章的理论框架表明，当经济体需要目标引领时，政府选择增加支出来刺激经济增长，且增长目标越高，政府支出越大，两者的相关程度反映了政府目标引领政策的力度；当经济体无须目标引领时，政府选择保持支出规模不变，政府支出与增长目标不相关。

二、实证模型

在上述理论框架下考察目标引领政策力度，首先需要识别政府目标引领的情形。由于市场自发实现的经济增速不可观测，本章无法直接区分两种情形。对此，本章以美国经济周期作为外生冲击，分别以美国经济扩张时期和经济衰退时期代表政府需要目标引领和无须目标引领的情形。作为全球第一大经济体，美国的经济波动对其他经济体有很大的影响（Arora and Vamvakidis，2004；Bayoumi and Bui，2010）。当美国处于经济衰退时期，经济体的外部环境更可能不利于实现增长目标，政府的目标引领压力更大；当美国处于经济扩张时期，经济体的外部环境更可能有利于实现增长目标，政府的目标引领压力更小。另外，采用外生冲击可以排除增长目标对自身经济周期的影响。美国没有设定增长目标，因此也不受增长目标的影响。

需要说明的是，这个识别策略除了识别需要目标引领的情形，也间接检验了增长目标是经济预测的假说。假如增长目标只是经济预测，那么无论是在需要目标引领还是在无须目标引领的情形下，增长目标对政府支出的影响应该一致，而这与本章的理论预测相悖。因此，本章的识别策略有助于间接检验增长目标是经济预测的假说。

本章使用 HP 滤波计算美国经济周期，将样本划分为需要目标引领和无须目标引领两个样本。具体地说，本章采用 Ravn and Uhlig（2002）建议的 HP 滤波参数 $\lambda = 6.25$ 计算美国经济周期。[①] 当产出缺口小于 0 时，美国处于经济衰退时期；当产出缺口大于 0 时，美国处于经济扩张时期。本章根据目标期第一年所处的美国经济周期，将样本划分为需要目标引领和无须目标引领两个样本。

本章在 Alesina and Wacziarg（1998）的回归模型中引入增长目标，实证检验增长目标对政府支出的影响。式（6-5）为本章的基准回归方程：

$$\Omega_{it} = \alpha + \beta \bar{g}_{it} + \delta X_{it-1} + \mu_i + \lambda_t + \varepsilon_{it} \qquad (6-5)$$

其中，Ω_{it} 表示第 i 个经济体在 t 年开始的目标期内的平均政府支出；$\bar{g}_{it}$ 表示第 i 个经济体在 t 年开始的目标期内的增长目标。X_{it-1} 表示其他政府支出影响因素，本章以变量的期初值衡量。μ_i 和 λ_t 分别表示经济体固定效应和目标期开始年份的固定效应。ε_{it} 表示不可观测的误差项，回归模型采用经济体层面的聚类（cluster）稳健标准误。根据理论框架，我们预期当需要目标引领时，政府支出与增长目标显著正相关，即 $\beta > 0$；当无须目标引领时，政府支出与增长目标不相关，即 $\beta = 0$。

第三节 数据来源

一、全球增长目标数据库

本章通过访问全球政府官方网站和查找发展规划书等历史资料，收集了 114 个经济体自 1950 年以来公布的增长目标数据，构建了一个全球增长目标数据库。[②] 在收集整理数据时，本章做了如下三个处理：一是在指标选取上，本章优先选择国内生产总值的增长目标。当出现不同经济增长指标时，本章优先选择国内生产总值的增长目标，并尽可能统一指标。二是本章将目标期限制在 3～8 年。一般情况下，增长目标覆盖未来 5 年的

[①] 本章采用美国 1950—2017 年的实际国内生产总值计算美国的经济周期，数据来自 PWT 9.1。

[②] 本章利用全球增长目标数据库与 PWT 9.1 计算目标期内的平均实际 GDP 增速，将增长目标和平均实际 GDP 增速整理成年度面板数据以绘制图 6-1，以目标期为观测单位绘制图 6-2。

目标期。考虑到不同经济体的目标期存在差异，本章将目标期放宽至 3～8 年。① 三是当目标期出现重叠时，本章采用新提出的增长目标。

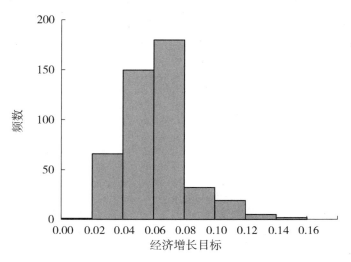

图 6-3 增长目标的频数分布

图 6-3 以目标期为观测单位绘制增长目标的频数分布。其中，最低的增长目标为 1.6%，最高为 15%，大部分增长目标介于 4%～8% 之间。这与许多经济体提出 10 年经济总量翻一番的发展目标相关。例如，在 1960 年，日本国民收入倍增计划提出国民收入翻一番的目标；中共十二大报告明确提出从 1981 年到 20 世纪末的 20 年，力争使全国工农业年总产值翻两番的目标。此外，《里斯本战略》提出欧盟 15 国 2000—2010 年的增长目标为 3%，因此，3% 处的频数明显增多。

二、政府支出与其他变量

与现有文献保持一致，本章采用 PWT 9.1（Feenstra et al.，2015）的政府消费支出占 GDP 比重衡量政府支出。② PWT 9.1 涵盖 1950—2017 年的 182 个经济体，可以减少样本损失，同时也避免了政府采购的相对价格差

---

① 在本章数据中，唯一例外的是《里斯本战略》提出的欧盟 15 国在 2000—2010 年的经济增长目标。

② Penn World Table 9.1 下载自 https://www.rug.nl/ggdc/productivity/pwt/。

异导致的偏差。本章还使用 Easterly（2001）汇编的全球发展网络增长数据库（Global Development Network Growth Database，GDNGD）。该数据库涵盖了 1972—2000 年的 124 个经济体，包括政府支出占比、收入占比、赤字占比，以及按政府职能划分的支出占比等数据。

根据 Alesina and Wacziarg（1998）的回归框架，本章引入以下控制变量。本章控制人口规模、初始人均 GDP、初始人力资本、抚养比率、城市化比率、贸易开放度和民主程度。考虑到控制变量可能存在内生性问题，本章采用控制变量的期初值衡量。由于增长目标对应的目标期长短不一致，本章进一步控制目标期长。

控制变量主要来自 PWT 9.1 和世界银行的世界发展指标（World Development Indicators，WDI）。其中，人口规模、初始人均 GDP、初始人力资本和贸易开放度（进口加出口占 GDP 比重）来自 PWT 9.1，抚养比率和城市化比率来自世界发展指标，民主程度来自 Polity IV 数据库的政体指数，目标期长来自全球增长目标数据库。①

表 6-1 以目标期为观测单位，报告主要变量的描述性统计。第（1）至（4）列报告全样本的描述性统计，第（5）至（8）列报告需要目标引领样本。在匹配增长目标数据库和 PWT 9.1 后，本章共得到 455 个样本，其中需要目标引领样本为 229 个。从第（2）列和第（6）列的样本均值来看，全样本和需要目标引领样本的政府支出、增长目标和控制变量相差不大，说明本章识别的需要目标引领样本与全样本相比差异不大。②

---

① 本章使用的抚养比率以小于 15 岁或大于 64 岁的人口占工作年龄人口比重衡量，城市化比率以城市人口占比衡量。由于世界发展指标的起始年份为 1960 年，对于 1960 年前的样本，我们赋予抚养比率和城市化比率以 1960 年的值。

② 当采用美国经济周期识别需要目标引领样本时，欧盟 15 国在 2000 年提出的 3% 增长目标被划分为无须目标引领样本，因此需要目标引领样本的增长目标均值略微大于全样本均值。

表 6－1 主要变量描述性统计

变量	(1) 样本量	(2) 均值	(3) 最小值	(4) 最大值	(5) 样本量	(6) 均值	(7) 最小值	(8) 最大值
	全部样本				需要目标引领样本			
政府支出	455	0.193	0.060	0.625	229	0.186	0.060	0.625
经济增长目标	455	0.063	0.016	0.150	229	0.066	0.022	0.150
人口规模（对数）	455	2.679	-1.907	7.242	229	2.642	-1.907	7.242
初始人均GDP（对数）	455	8.482	5.971	12.093	229	8.403	6.299	12.093
初始人力资本	433	1.848	1.009	3.620	218	1.821	1.009	3.258
抚养比率	437	0.767	0.331	1.139	220	0.772	0.356	1.139
城镇化比率	437	0.407	0.038	0.971	220	0.384	0.039	0.881
贸易开放度	455	0.375	0.00002	1.885	229	0.345	0.00002	1.221
民主程度	437	0	-10	10	217	-0.028	-10	10
目标期长（对数）	455	1.660	1.099	2.398	229	1.644	1.099	2.303

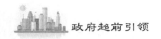

第四节 政策力度

一、基本回归结果

在报告基准回归结果之前，我们分别采用全样本和需要目标引领样本重现已有文献的结果，以检验本章所采用样本的代表性，如表6-2中第(1)和第(2)列所示。第(1)列的结果显示，人口规模的系数显著为负，与Alesina and Wacziarg (1998) 的发现一致；初始人均GDP的系数显著为负，也与Ram (1987) 发现的当采用国际价格计算政府支出时，瓦格纳定律（Wanger's Law）在实证上不成立的结论一致。此外，抚养比率、贸易开放度等变量的系数符号也与现有实证研究（Alesina and Wacziarg, 1998; Rodrik, 1998）基本一致。这说明与现有研究的样本相比，本章收集的增长目标样本具有一定的代表性。同理，第(2)列的结果显示，当采用需要目标引领样本时，解释变量的系数符号变化不大，说明需要目标引领样本也具有一定的代表性。

表6-2中第(3)列引入增长目标，报告政府目标引领政策力度的基准回归结果。为了控制增长目标的实施差异，我们也加入目标期长（取对数）作为控制变量。从回归结果来看，增长目标的系数估计为1.148，通过显著性水平为5%的统计检验，其他解释变量的系数估计与第(2)列相差不大。这说明，当需要目标引领时，事先设定的增长目标每增加1个百分点，随后的政府支出平均增加约1.1个百分点，与理论预期一致。以泰国为例，当需要目标引领时，随着增长目标从5.5%提高到8%，泰国的政府支出将增加3个百分点。实际上，泰国的政府支出从12%提高到21%，增加了9个百分点。这意味着增长目标的变动解释了约1/3的政府支出差异。从经济含义上看，增长目标的影响也是显著的。

考虑到本章的实证策略依赖于如何识别需要目标引领样本，第(4)至(7)列采用其他经济周期进行识别，并重现第(3)列中的回归结果。第(4)列按照Backus and Kehoe (1992) 的做法，采用HP滤波参数$\lambda = 100$计算美国经济周期。第(5)列采用OECD（经济合作与发展组织）建议的HP滤波参数$\lambda = 25$计算美国经济周期。从第(4)和第(5)列

表6-2 基本的回归结果

变量	(1)	(2)	(3)	(4)	(5)	(6)	(7)
	全样本	目标引领样本	基准结果	被解释变量：政府支出	变换经济周期计算方式		
经济增长目标	—	—	1.148*	0.762***	0.835**	0.783**	0.726*
			(0.444)	(0.279)	(0.318)	(0.326)	(0.432)
人口规模（对数）	-0.092*	-0.102	-0.071	-0.019	-0.050	-0.009	-0.027
	(0.053)	(0.061)	(0.060)	(0.058)	(0.060)	(0.059)	(0.071)
初始人均GDP（对数）	-0.053**	-0.052**	-0.052**	-0.045**	-0.044**	-0.044**	-0.067**
	(0.022)	(0.023)	(0.021)	(0.020)	(0.020)	(0.020)	(0.032)
初始人力资本	-0.018	0.097	0.114*	0.051	0.067	0.051	-0.081
	(0.061)	(0.067)	(0.067)	(0.061)	(0.063)	(0.062)	(0.067)
抚养比率	-0.281***	-0.163*	-0.180*	-0.163**	-0.092	-0.098	-0.404***
	(0.093)	(0.094)	(0.089)	(0.068)	(0.069)	(0.075)	(0.137)
城镇化比率	0.110	-0.016	0.156	0.124	0.175	0.160	0.071
	(0.159)	(0.195)	(0.190)	(0.138)	(0.167)	(0.146)	(0.163)
贸易开放度	0.060*	-0.090*	-0.093*	0.052	-0.027	0.043	0.010
	(0.035)	(0.051)	(0.049)	(0.036)	(0.038)	(0.035)	(0.034)

续表 6-2

变量	(1)	(2)	(3)	(4)	(5)	(6)	(7)
	全样本	目标引领样本	基准结果	被解释变量：政府支出	变换经济周期计算方式		
民主程度	0.001	0.001	0.0003	0.0001	0.0001	-0.0002	-0.0003
	(0.001)	(0.002)	(0.002)	(0.001)	(0.001)	(0.001)	(0.001)
目标期长（对数）	—	—	-0.011	-0.006	-0.015	-0.034	0.053*
			(0.032)	(0.025)	(0.029)	(0.030)	(0.031)
年份固定效应	是	是	是	是	是	是	是
经济体固定效应	是	是	是	是	是	是	是
样本量	399	198	198	209	190	203	194
R^2	0.437	0.466	0.512	0.498	0.491	0.501	0.630
经济体个数	100	79	79	78	77	77	71

注：①第（1）列回归样本为全样本，第（2）至（7）列回归样本为需要目标引领样本；第（4）至（6）列分别采用 λ = 100 的 HP 滤波参数、λ = 25 的 HP 滤波参数和 BP 滤波计算经济周期，第（7）列采用经济体自身的经济周期识别目标引领样本。②括号内为经济体的聚类（cluster）稳健标准误。③*、**和***分别表示通过显著水平为 10%、5% 和 1% 的统计检验。

的结果来看,增长目标的系数估计与基准结果相差不大,说明本章的基准结果不受 HP 滤波参数的影响。第(6)列采用 BP 滤波计算美国经济周期并重新划分样本。从第(6)列的回归结果来看,增长目标的系数估计变化不大,说明本章的基准结果也不受经济周期计算方式的影响。第(7)列采用经济体自身的经济周期划分样本($\lambda = 6.25$)。从第(7)列的结果来看,增长目标的系数估计仍然显著为正,说明本章基准结果也不受经济周期参照系的影响。

总之,表 6-2 的回归结果表明,当需要目标引领时,增长目标每增加 1 个百分点,政府支出将显著地增加 1.1 个百分点。该发现与本章的理论预期一致,并且在统计意义上和经济含义上都是显著的。

二、稳健性检验

本章进行四个方面的稳健性检验。第一,排除个别经济体的影响。由于公布增长目标的经济体在社会经济条件上存在较大差异,我们有必要检验基准结果是否由个别经济体驱动。第二,排除指标选取的影响。从政府支出文献来看,采用不同的政府支出衡量指标往往会导致不同的实证结果。本章利用其他政府支出衡量指标,检验基准结果对指标选取的稳健性。第三,排除实证模型设定的影响。本章改用其他实证模型设定,以检验基准结果对模型设定的稳健性。第四,引入更多的控制变量,以排除政治经济周期的影响。

排除样本的影响。本章根据世界银行对经济体的区域划分标准,每次剔除一个区域的经济体后重现表 6-2 的基准结果。表 6-3 第(1)至(6)列分别报告每次剔除样本后的回归结果。从第(1)至(6)列的结果来看,每次剔除一个区域的经济体后回归,增长目标的系数大小基本保持在 1.1~1.5 之间,都能至少通过显著性水平为 5% 的统计检验,与基准结果相比变化不大。这说明本章的基本结论并不是由个别区域的经济体驱动。

排除指标选取的影响。表 6-4 第(1)至(3)列报告指标选取的稳健性检验结果。由于 PWT 9.1 只包含政府消费支出占比,本章利用全球发展网络增长数据库的政府财政统计数据进行检验。考虑到该数据库的样本量较少,为了保证系数估计的准确度,本章简化式(6-5)的回归模型,将年份固定效应改为五年期固定效应(1971—1975,1976—1980……

1996—2000），将经济体固定效应改为控制区域虚拟变量。①

表6-4第（1）列仍采用政府消费支出占比衡量政府支出，以检验数据库变换对基本结果的影响。回归结果显示，增长目标的系数估计为1.902，能够通过显著性水平为5%的统计检验，说明采用全球发展网络增长数据库的政府财政统计数据，本章的基本结论仍然成立。

第（2）和第（3）列分别采用政府支出占GDP比重（包括政府的消费支出和资本支出）、政府的资本支出占GDP比重衡量政府支出。从第（2）和第（3）列的结果来看，增长目标的系数估计都为正，并且都能至少通过显著性水平为10%的统计检验，说明采用其他政府支出衡量指标，本章的基本结论也是稳健的。结合第（1）列的结果还可以发现，当需要目标引领时，增长目标不仅对政府消费支出有正向影响，对公共投资也有显著的正向影响。

排除模型设定的影响。表6-4第（4）至（6）列报告模型设定的稳健性检验结果。考虑到同一区域的经济体更容易受到相同冲击，并影响政府支出，本章根据世界银行对经济体的区域划分标准，允许同一区域内的经济体存在自相关，采用区域的聚类稳健标准误，第（4）列报告相应的回归结果。从结果来看，增长目标的系数估计仍然显著，说明采用不同层面的聚类（cluster）稳健标准误不影响本章基本结论。

第（5）列借鉴Rodrik（1998）的政府支出模型设定，采用对数形式的政府支出作为被解释变量。与水平形式的模型设定不同，Rodrik（1998）采用对数形式的模型设定。借鉴Rodrik（1998）的做法，第（5）列采用对数形式的政府支出，以及对数形式的控制变量。② 回归结果显示，增长目标的系数为4.640，能够通过显著性水平为5%的统计检验，说明采用不同的政府支出模型设定不影响本章的基本结论。

第（6）列采用目标期内的政府支出增长率作为被解释变量。政府支出数据来自世界银行的世界发展指标数据库。第（6）列的结果显示，当采用政府支出增长率作为被解释变量时，增长目标系数为0.715，能够通过显著性水平为5%的统计检验，说明采用政府支出增长率衡量政府支出，

---

① 由于匹配全球发展网络增长数据库和增长目标数据库的样本量较少，同时控制年份固定效应和经济体固定效应将消耗大量的自由度，导致回归模型过度拟合。

② 由于民主程度的取值为-10到10，本章不对其取对数。

第六章 目标引领的政策：宏观政策

表6-3 稳健性检验——排除样本的影响

变量	(1) 撒哈拉沙漠以南非洲	(2) 东亚	(3) 中东和北非	(4) 拉丁美洲和加勒比	(5) 欧洲和中亚	(6) 东亚和太平洋
经济增长目标	1.465***	1.225**	1.136***	1.348***	1.080**	1.329**
	(0.530)	(0.518)	(0.423)	(0.460)	(0.466)	(0.600)
控制变量	是	是	是	是	是	是
年份固定效应	是	是	是	是	是	是
经济体固定效应	是	是	是	是	是	是
样本量	120	177	176	180	180	157
R^2	0.736	0.548	0.540	0.555	0.521	0.572
经济体个数	49	74	67	67	71	67

注：①回归样本为需要目标引领样本，控制变量同表6-2基准回归。②第（1）至（6）列剔除的样本分别来自撒哈拉沙漠以南非洲、东亚、中东和北非、拉丁美洲和加勒比、欧洲和中亚、东亚和太平洋6个区域。③括号内为经济体的聚类（cluster）稳健标准误；④*、**和***分别表示通过显著水平为10%、5%和1%的统计检验。

表6-4 稳健性检验二——指标选取和模型设定

变量	(1)	(2)	(3)	(4)	(5)	(6)
	政府消费支出占比	政府支出占比	政府资本支出占比	政府消费占比	政府消费支出占比（对数）	政府消费支出增长率
经济增长目标	1.902**	1.799*	0.947**	1.148***	4.640**	0.715**
	(0.720)	(0.902)	(0.422)	(0.238)	(2.258)	(0.319)
控制变量	是	是	是	是	是	是
年份固定效应	—	—	—	是	是	是
经济体固定效应	—	—	—	是	是	是
五年期固定效应	是	是	是	—	—	—
地区虚拟变量	是	是	是	—	—	—
样本量	46	53	46	198	198	135
R^2	0.791	0.730	0.715	0.512	0.481	0.542
经济体个数	—	—	—	79	79	61

注：①回归样本为需要目标引领样本。②第（4）列采用区域层面聚类（cluster）稳健标准误，其他列采用经济体聚类（cluster）稳健标准误；第（1）至（3）列被解释变量分别为政府消费支出占比、政府支出占比和政府资本支出占比；第（4）至（6）列被解释变量分别为政府消费支出占比、政府消费支出增长率（取对数），政府消费支出增长率；第（5）列控制变量除民主程度外取对数形式，其他列控制变量同表6-2基准回归。③*、**和***分别表示通过显著水平为10%、5%和1%的统计检验。

本章的基本结论也是稳健的。

排除政治经济周期的影响。表6-5在基准回归的基础上引入其他控制变量，以排除政治经济周期的影响。考虑到增长目标的设定可能与领导人更替同步进行，我们在基准回归中控制增长目标所处的政治经济周期。表6-5中第（1）列引入经济体的领导人任期（取对数），第（2）列引入目标期内是否有领导人换届的虚拟变量，第（3）列引入目标期内是否有选举的虚拟变量。数据来自Bell（2016）收集整理的统治者、选举和异常治理数据集（The Rulers, Elections, and Irregular Governance Dataset）。从回归结果来看，在分别控制了领导人任期、是否有领导人换届以及是否有选举后，增长目标系数估计变化不大，都能通过显著性水平为10%的统计检验，说明在控制了政治经济周期之后，本章的基本结论仍然是稳健的。同时，领导人任期、是否有领导人换届，以及是否有选举的系数并不显著，说明这些政治经济周期因素对目标期内的政府支出并没有显著的影响。

表6-5 稳健性检验三——引入更多控制变量

变量	(1)	(2)	(3)
	被解释变量：政府支出		
经济增长目标	1.296*** (0.440)	1.151** (0.447)	1.149** (0.444)
领导人任期（对数）	-0.001 (0.008)	— —	— —
是否有领导人换届	— —	-0.008 (0.012)	— —
是否有选举	— —	— —	0.021 (0.015)
控制变量	是	是	是
年份固定效应	是	是	是
经济体固定效应	是	是	是
样本量	195	198	198

续表 6-5

变量	(1)	(2)	(3)
	被解释变量：政府支出		
R^2	0.529	0.514	0.520
经济体个数	78	79	79

注：①回归样本为目标引领样本。②被解释变量为目标期内的平均政府消费支出占比，控制变量同表 6-2 基准回归。③括号内为相关项的聚类（cluster）标准误。④*、**和***分别表示通过显著水平为 10%、5% 和 1% 的统计检验。

三、异质性分析

本章比较不同社会制度背景下的政府目标引领政策力度。首先，本章比较民主与非民主经济体的目标引领政策力度。相比民主经济体，非民主经济体更可能为了实现增长目标而采取积极的政策。本章采用 Acemoglu et al.（2019）的二分法民主指标构造民主经济体和非民主经济体虚拟变量。表 6-6 中第（1）列在基准回归中引入增长目标与非民主经济体虚拟变量、民主经济体虚拟变量的交互项。从结果来看，增长目标与两个虚拟变量的交互项系数相差不大，在 10% 显著性水平上都显著为正。本章检验两个交互项系数是否相等，F 检验的 p 值大于 10%，说明在民主或非民主经济体中，政府目标引领政策力度没有显著的差异。

本章比较不同法律起源背景下的政府目标引领政策力度。La Porta et al.（2008）认为，在大陆法系的经济体中，政府力量更可能替代市场机制发挥作用；而在普通法系的经济体中，市场机制发挥着主导作用。由于不同法律起源背景下的政府作用不同，政府的目标引领政策力度也可能存在差异。本章采用 La Porta et al.（2008）的法律起源数据，将经济体分为大陆法系和普通法系两类①，在基准回归中引入增长目标与大陆法系虚拟变量的交互项、增长目标与普通法系虚拟变量的交互项。表 6-6 中第（2）列的结果显示，增长目标与两个法系虚拟变量的交互项系数都显著为正，系数大小相差不大。F 检验的 p 值也显示不能拒绝两个系数相等

---

① 根据普遍的划分方法，本章将 La Porta et al.（2008）法律起源数据中的英国法律起源作为普通法系，将其他的法律起源作为大陆法系。

的原假设,说明在不同法律起源的经济体中,政府目标引领政策力度也没有呈现出显著的差异。

表6-6 目标引领政策力度的异质性分析

变量	(1)	(2)
	被解释变量:政府支出	
经济增长目标*非民主经济体	1.550*	—
	(0.926)	—
经济增长目标*民主经济体	1.271***	—
	(0.462)	—
民主经济体	0.025	—
	(0.048)	—
经济增长目标*大陆法系	—	1.217*
	—	(0.727)
经济增长目标*普通法系	—	1.114**
	—	(0.521)
F检验	[0.732]	[0.902]
控制变量	是	是
年份固定效应	是	是
经济体固定效应	是	是
样本量	160	198
R^2	0.538	0.512
经济体个数	72	79

注:①回归样本为需要目标引领情形的样本。②控制变量同表6-2基准回归。③方括号内报告F检验的p值。④括号内为经济体的聚类(cluster)稳健标准误。⑤*、**和***分别表示通过显著水平为10%、5%和1%的统计检验。

总之,表6-6的实证结果表明,无论是在民主与非民主经济体之间,还是在大陆法系与普通法系的经济体之间,政府的目标引领政策力度并没有显著差异。

第五节 政策特征

一、目标引领政策的支出结构

本章考察当需要目标引领时政府支出结构的变动。根据联合国统计司对政府职能的分类标准，政府支出按职能可以分为10类，包括一般公共服务、国防、公共秩序和安全、经济事务、环境保护、住房和社会福利设施、医疗保健、娱乐文化和宗教、教育以及社会保护。全球发展网络增长数据库提供按职能划分的政府支出数据。其中，环境保护的支出数据不包含在内，公共秩序和安全的支出数据缺失严重，因此本章不考虑这两项政府支出。在剔除这两项政府支出后，其余8项政府支出约占政府总支出的83%。

表6-7报告了各项政府职能支出对增长目标的回归结果。从结果来看，除第（3）列的经济事务之外，其他列的增长目标系数都不显著，第（3）列的增长目标系数估计为1.192，能够通过显著性水平为5%的统计检验。这说明当需要目标引领时，增长目标只对经济事务支出有显著的正向影响，而对公共服务、国防、医疗保健、教育等方面的政府支出没有影响，表明政府是通过增加经济事务支出来进行目标引领。

二、目标引领政策的资金来源

本章利用全球发展网络增长数据库，进一步考察政府目标引领政策的资金来源。首先，本章考察当需要目标引领时，增长目标对政府收入的影响。表6-8中第（1）列的被解释变量为政府收入占GDP的比重，回归结果显示，增长目标的系数估计在10%的显著性水平上显著为正，说明政府收入是目标引领政策的一个资金来源。

本章将政府收入拆分为政府的经常性收入和资本收入。其中，政府的经常性收入包括税收收入和经常性的非税收入；资本收入包括销售资本资产的所得和非政府来源的资本转移所得。表6-8中第（2）和第（3）列分别报告政府经常性收入和资本收入的回归结果。从结果来看，当需要目标引领时，增长目标对政府经常性收入有显著的正向影响，而对政府资

第六章 目标引领的政策：宏观政策

表6-7 政府支出结构与增长目标

变量	(1)	(2)	(3)	(4)	(5)	(6)	(7)	(8)
	被解释变量：按职能划分的政府支出							
	社会保护	公共服务	经济事务	国防	住房和社会福利设施	医疗保健	娱乐、文化和宗教	教育
经济增长目标	-0.037	0.277	1.192**	-0.137	-0.003	-0.016	0.397	-0.239
	(0.207)	(0.330)	(0.478)	(0.100)	(0.206)	(0.049)	(0.261)	(0.401)
控制变量	是	是	是	是	是	是	是	是
五年期固定效应	是	是	是	是	是	是	是	是
地区虚拟变量	是	是	是	是	是	是	是	是
样本量	45	42	45	43	45	36	45	38
R^2	0.701	0.774	0.691	0.589	0.573	0.575	0.825	0.782

注：①回归样本为目标引领样本，控制变量同表6-2基准回归。②第(1)至(8)列的被解释变量为目标期内按职能划分的平均政府支出占比。③回归模型控制五年期固定效应和地区虚拟变量。④括号内为经济体聚类（cluster）稳健标准误。⑤*、**和***分别表示通过显著性水平为10%、5%和1%的统计检验。

本收入没有显著的影响，说明目标引领政策的资金主要来自政府收入中的经常性收入，而不是资本收入。

表6-8 政府目标引领政策的资金来源

变量	(1) 收入	(2) 经常性收入	(3) 资本收入	(4) 赠款	(5) 财政赤字	(6) 中央政府债务
经济增长目标	1.656*	1.882***	0.040	0.073	-0.041	0.595
	(0.882)	(0.652)	(0.043)	(0.147)	(0.403)	(2.658)
控制变量	是	是	是	是	是	是
五年期固定效应	是	是	是	是	是	是
地区虚拟变量	是	是	是	是	是	是
样本量	52	53	41	45	53	42
R^2	0.811	0.847	0.782	0.738	0.318	0.496

注：①回归样本为目标引领样本，控制变量同表6-2基准回归，回归模型设定同表6-7。②第（1）至（3）列的被解释变量分别是政府收入占比、政府经常性收入占比以及政府资本收入占比，第（4）至（6）列的被解释变量分别为政府获得的赠款占比、财政赤字占比以及中央政府债务占比。③括号内为经济体的聚类（cluster）稳健标准误。④*、**和***分别表示通过显著水平为10%、5%和1%的统计检验。

除了政府自有的收入，本章考察政府是否从其他政府或国际机构获得资金来进行目标引领。表6-8中第（4）列以政府获得的赠款占GDP比重作为被解释变量。回归结果显示，增长目标对政府所获赠款占比没有显著影响，说明目标引领政策的资金并不是来自其他政府或国际机构的捐赠。

本章还考察了增长目标对政府财政赤字和政府债务的影响，以检验政府是否通过借债来融资。表6-8中第（5）和第（6）列分别以财政赤字占GDP比重和中央政府债务占GDP比重作为被解释变量。从第（5）列的结果来看，增长目标的系数为负，但在统计上不显著，说明政府目标引领政策并没有显著地扩大财政赤字。第（6）列的回归结果显示，增长目标的系数不能通过显著性水平为10%的统计检验，说明政府目标引领政策没有显著地增加中央政府债务，这可能是由于经济环境不景气时，政府难以发债融资的缘故。

第六章 目标引领的政策：宏观政策

总的来说，表 6-8 的实证结果表明，政府目标引领政策的资金来源主要是政府的经常性收入，而不是政府债务，或来自其他政府或国际机构的赠款。

三、目标引领政策的暂时性

本章讨论全球目标引领政策是否为长期存在的现象。根据理论框架，只有当经济体无法自发实现增长目标时，政府才需要通过增加支出等目标引领政策；当经济体能够自发实现增长目标时，政府无须目标引领，支出规模保持不变。这种不对称的政府支出变动意味着目标引领政策只是暂时性的。本章利用回归方程（6-5），采用无须目标引领样本回归，以检验目标引领政策现象是否长期存在。

表 6-9 报告无须目标引领样本的回归结果。第（1）列以 HP 滤波参数 $\lambda = 6.25$ 计算美国经济周期，识别无须目标引领样本。回归结果显示，增长目标的系数估计约为 -0.688，不能通过显著性水平为 10% 的统计检验，说明当无须目标引领时，增长目标对政府支出没有影响，与理论预期一致。

表 6-9 第（2）至（5）列改用其他经济周期重新识别无须目标引领样本，进行稳健性检验。其中，第（2）和第（3）列分别以 HP 滤波参数 $\lambda = 100$、$\lambda = 25$ 重新计算美国经济周期，第（4）列改用 BP 滤波计算美国经济周期，第（5）列采用自身的经济周期识别无须目标引领样本。从第（2）至（5）列的结果来看，增长目标的系数估计都不显著，说明表 6-9 中第（1）列的回归结果不受经济周期计算方式的影响。

表 6-9 政府支出与增长目标——无须目标引领情形

变量	（1）	（2）	（3）	（4）	（5）
	被解释变量：政府支出				
	无须目标引领样本	变换经济周期计算方式			
经济增长目标	-0.688 (0.430)	-0.520 (0.423)	-0.447 (0.454)	-0.413 (0.463)	0.897 (0.630)
控制变量	是	是	是	是	是
年份固定效应	是	是	是	是	是

续表6-9

变量	(1)	(2)	(3)	(4)	(5)
	被解释变量：政府支出				
	无须目标引领样本	变换经济周期计算方式			
经济体固定效应	是	是	是	是	是
样本量	201	190	209	196	205
R^2	0.529	0.470	0.504	0.522	0.717
经济体个数	85	83	87	86	87

注：①回归样本为无须目标引领样本，控制变量同表6-2基准回归。②第（1）列采用 $\lambda = 6.25$ 的 HP 滤波计算美国经济周期划分样本，第（2）列至第（4）列分别采用 $\lambda = 100$ 的 HP 滤波、$\lambda = 25$ 的 HP 滤波、BP 滤波计算美国经济周期，第（5）列采用自身的经济周期识别无须目标引领样本。③括号内为经济体的聚类稳健标准误。④*、**和***分别表示通过显著水平为10%、5%和1%的统计检验。

总而言之，表6-9的实证结果表明，当无须目标引领时，政府支出与增长目标不相关。结合表6-2的基准结果可以发现，只有当需要目标引领时，政府才会增加支出。这意味着政府目标引领政策是暂时性的现象。

❋ 本章小结 ❋

自"二战"结束以来，经济体设定增长目标是全球广泛存在的现象，但同时，约3/4的增长目标仍未能实现。当增长目标可能无法实现时，许多政府会采取目标引领政策。基于此，本章研究的问题是，目标引领政策是全球性现象吗？如果是，政府目标引领政策力度有多大？具有什么特征？本章从理论与实证两个维度考察了全球视野下的目标引领政策。

本章提出一个简单的识别目标引领政策力度的理论框架，证明当经济体能够自发实现增长目标时，政府无须目标引领；当经济体不能自发实现增长目标时，政府面临目标引领压力，通过增加支出引领增长，此时，增长目标越高，政府支出就越大。

在实证上，本章规范地检验了全球视野下的目标引领政策。首先，本章收集整理了全球增长目标数据库。基于这个数据库和上述理论框架，本

章实证发现，当需要目标引领时，增长目标每增加1个百分点，政府支出就显著地增加1.1个百分点。这个发现是稳健的，并且在民主和非民主经济体之间，在大陆法系和普通法系经济体之间，都没有呈现出显著的差异。

本章还发现全球目标引领政策具有三个特征：一是在支出结构上，目标引领政策增加了政府的经济事务支出，而不是公共服务、国防或教育等支出；二是在资金来源上，目标引领政策主要依靠政府经常性收入，而不是政府债务或其他政府和国际机构的赠款；三是在时间维度上，目标引领政策是暂时性现象，而不是长期存在的现象。

总之，本章的工作表明在目标引领经济增长的框架下，目标必然引领经济政策，从而也成为一种全球性现象。不可否认，沿着本章的思路，至少有两个方向值得进一步研究。一是考察目标引领政策的其他方式。本章从政府支出的角度切入考察目标引领政策，这显然并非唯一的目标引领政策方式。二是考察政府目标引领政策的效果。当需要目标引领时，政府普遍采取了增加支出的方式。从事后看，这种目标引领政策策略并不能够实现所有的既定增长目标。毕竟，全球接近3/4的增长目标并未实现。因此，一个有意义的问题是，政府未能实现目标，是因为目标太高，目标引领政策力度不够，还是政策执行过程的低效率？该问题有待进一步研究。

思考讨论题

1. 结合文献或相关案例，谈一谈你对目标引领政策的理解。
2. 从全球视野看，增长目标具有什么特征？
3. 请到官网下载相关数据和程序，再现本章的实证分析结果。你认为哪些实证分析还需要进一步完善？
4. 如果可能，请更新数据样本，再现本章的实证分析结果，重点考察相应的实证结果是否发生变化。
5. 目标引领政策的特征是什么？
6. 从全球视野看，相当一部分经济体的增长目标并没有实现。结合文献或相关案例，谈一谈你对这种现象的理解。

第七章　目标引领的政策：微观渠道

区域政府制定经济增长目标，引领辖区经济增长，不仅需要政府引领辖区宏观政策，最终也需要由微观企业予以实现。本章构建了目标引领的企业异质行为框架，提供了目标引领增长的微观渠道机制。具体来说，按企业是否承担政府目标约束分为两类：承担目标约束的企业和不承担目标约束的企业，当政府进行目标引领时，承担政府目标约束的企业响应政府号召增加投资，挤出不承担政府目标约束企业的投资。在实证上，本章利用1998—2013年中国省级经济增长目标匹配中国工业企业数据，以国有企业代理承担政府目标约束的企业，结果发现，当政府进行经济增长目标管理时，平均而言，经济增长目标每提高1个百分点，国有企业投资就增加约2个百分点，非国有企业投资就减少约2.5个百分点。该发现表明，目标引领增长最终通过企业的微观渠道得以实现，特别是以国有企业为代表的承担政府目标约束的企业发挥关键作用，这为全球各个经济体更加科学有效地实现目标引领增长提供了经验启示。

第一节　引　　言

经济增长是由企业等市场主体创造的，目标引领也要依靠企业等市场主体来实现。因此，本章从企业的视角考察目标引领的微观渠道。

当国家面临经济增长压力时，完成国家经济增长目标任务往往成为国有企业的重大政治任务。2013年4月23日，国务院国有资产监督管理委员会（简称"国务院国资委"）召开经济形势通报会议，时任国务院国资委主任指出，"中央企业必须承担稳增长的重大责任，这既是重大经济责任，也是重大政治责任"。同时还强调"稳增长"是国务院国资委和中央企业共同的责任，成立"稳增长"工作小组对各项工作任务做了明确分工。2014年11月19日，时任国务院国资委主任在党的十八届四中全会精神学习报告会上要求中央企业勇挑重担，发挥好经济发展"国家队"的作用，确保完成全年的目标任务，为国家稳增长做出应有贡献。2016年3月27日，李克强总理指出："近年来，广大国有企业认真贯彻党中央、国务院决策部署，积极攻坚克难，努力稳增长、保就业，为实现经济平稳运行提供了重要支撑。今年我国发展面临的挑战更为严峻，国有企业在国民经济和社会发展中发挥着重要作用，要在困难面前勇于担当，主动作为。"[1]以上事实表明，当国家稳增长时，国有企业要主动响应国家号召并积极做出贡献。

本章将企业分为两种类型：承担政府经济增长目标约束的企业和不承担政府经济增长目标约束的企业。当政府的经济增长目标无法依靠市场力量自发实现时，承担政府经济增长目标约束的企业响应国家号召，主动追加投资，致力于稳增长。不承担政府经济增长目标约束的企业则只根据市场信息进行决策。本章将这个想法模型化，证明了当政府的目标无法依靠市场力量自发实现时，承担政府经济增长目标约束的企业的投资是政府目标的增函数；不受政府经济增长目标约束的企业的投资是政府目标的减函数。其背后的经济学逻辑是非常直观的，承担政府经济增长目标约束的企业响应国家号召，自然增加投资；在资源给定的情况下，必然挤出其他企业的投资。

本章找到了实证识别经济增长目标微观机制的策略。具体而言，分为三步。第一步，采用经济下行时期代理政府经济增长目标无法实现的情形。给定政府的经济增长目标，当经济处于上行时期，政府的经济增长目标更容易实现；当经济处于下行时期，政府的经济增长目标则不容易实现。第二步，以国有企业代理承担政府经济增长目标约束的企业，以非国有企业代理不受政府经济增长目标约束的企业。[2] 第三步，给出具体的理论假说。根据第一、二步的工作，本章理论模型的结论就可以具体化为：在经济下行时期，国有企业投资是政府经济增长目标的增函数；非国有企业投资是政府经济增长目标的减函数。

---

[1] 上述材料均来源于国资委网站"厅局发布"栏目：http://www.sasac.gov.cn/n2588020/n2588072/n2591426/n2591428/index.html。

[2] 这只是一种粗略的对应，采用这种划分主要是基于识别方便的考虑。现实中，不乏民营企业响应国家号召，为稳增长做贡献。

基于上述识别策略，本章采用1998—2013年的省级经济增长目标匹配中国工业企业数据，实证检验政府目标引领的微观机制。与理论预期一致，本章发现，在经济下行时期，政府增长目标每提高1个百分点，平均而言，每家国有企业的投资就增加约2个百分点，非国有企业投资就减少约2.5个百分点。在进行了一系列稳健性检验后，本章的结果依然存在。首先，本章分别采用目标上限值、目标下限值及目标"加码"程度度量经济增长目标，发现基本结果仍然存在，经济增长目标的回归系数及显著性与基本结果相比没有发生实质性变化。接着，采用不同参数计算经济周期，以及用国家层面的经济周期划分各省的经济上下行，结论仍然成立。然后，引入更多的影响企业投资因素，比如政治周期、地区市场化程度等因素。最后，对国有企业按照不同隶属关系及不同区位进行了异质性分析。经过反复检验，本章的基本结果依然稳健。

本章排除了两个可能的竞争性解释。不可否认，国有企业与非国有企业在投资行为上的差异，可能存在其他竞争性解释。比如，这仅仅反映了现有文献已经揭示的不同所有制企业投资的周期性特征。现有文献表明，国有企业是宏观调控的工具，投资行为呈现逆周期特征；非国有企业则遵循利润最大化原则，基于投资的不可逆性，选择观望其至缩减投资（Leahy et al.，1996；Bloom，2013；Guiso et al.，1999；詹新宇和方福前，2012；王义中等，2014；罗知和徐现祥，2017；郭婧和马光荣，2019）。本章通过构建反事实检验，排除上述竞争性解释。如果本章的结论仅仅是因为企业投资的周期性特征，那么不论人为提前还是推后实现经济增长目标，只要还处于经济下行时期，这种周期性特征应当仍然可以被观察到，也就是说经济增长目标的前置项和滞后项应当仍然显著。实证结果显示，无论是经济增长目标前置项还是滞后项，其回归系数均不显著。这说明，本章发现的国有企业与非国有企业在经济下行时期的投资行为差异，反映的不是不同所有制企业投资对经济周期的不同反应，而是对当年经济增长目标的不同反应。另外一种可能的竞争性解释也可排除。因为中国对国有企业存在信贷及补贴偏好，因此国有企业普遍更容易获得银行信贷支持，能够更便利地、以更优惠的融资成本获得银行贷款，也在获得政府补贴方面有天然优势，也就具备了扩大投资的资金条件（孙铮等，2005；La Porta and Shleifer，2002；余明桂、潘红波，2008；余明桂等，2006；江伟、李斌，2006）。为此，本章在企业投资中减去负债、补贴收入，以剔除银行信贷及补贴对投资的影响。如果剔除了企业负债、补贴收入后，本章的基本结论依然成立，则说明国企与非国企投资行为的差异并不是银行信贷、补贴偏好导致的。实证结果显示，在企业投资中剔除负债、补贴收入后，本章的基本结果依然存在。

第二节 识别策略

一、一个简单的分析框架

假定经济体存在一个社会计划者和 $n+m$ 家同质企业。社会计划者外生地制定产出目标 $\bar{y}$，$n+m$ 家同质企业的生产函数为 $y_i = k_i^\alpha$。经济体的资本总量为 $(n+m)\bar{k}$。显然，在没有其他约束的情况下，当经济体达到均衡时，每家企业的资本为 $k_i^* = \bar{k}$，产出水平为 $y_i^* = \bar{k}^\alpha$，资本市场的均衡利率水平为 $r^* = \alpha \bar{k}^{\alpha-1}$。

承担政府目标约束的企业，是指响应政府实现产出目标的号召，在追求利润最大化的同时，主动承担社会计划者的产出目标 $\bar{y}$ 的企业。不承担政府目标约束的企业则完全按照利润最大化原则进行投资生产。

根据 $\bar{y}$ 和 y_i^* 的大小，经济体将出现两种情形：$\bar{y} < y_i^*$ 和 $\bar{y} \geq y_i^*$。第一种情形：当 $\bar{y} < y_i^*$ 时，市场能够自发实现社会计划者的产出目标。这时，社会计划者无须稳增长，企业无须承担产出目标约束，相应地，经济体的资源配置不会发生任何变化。在均衡状态下，依然是 $k_i^* = \bar{k}$，$y_i^* = \bar{k}^\alpha$，$r_i^* = \alpha \bar{k}^{\alpha-1}$。因此，当 $\bar{y} < y_i^*$ 时，产出目标 $\bar{y}$ 对所有企业无影响。

第二种情形：当 $\bar{y} \geq y_i^*$ 时，市场无法自发实现社会计划者的产出目标。这时，社会计划者需要稳增长，呼吁企业响应国家号召。经济体里 $n+m$ 家同质企业将开始分为两类：n 家承担政府目标约束的企业和 m 家不受政府目标约束的企业。前者主动承担社会计划者的产出目标，后者无须承担社会计划者的产出目标。相应地，承担社会计划者产出目标约束企业面临的问题变为：

$$\max_{k_i} y_i - rk_i$$
$$s.t. \quad y_i \geq \bar{y} \tag{7-1}$$

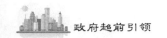

当 $\bar{y} \geq y_i^*$ 时，承担社会计划者产出目标约束的企业面临的约束是紧的。因此，解决此类企业面临的问题，可得 $k_i^{**} = \bar{y}^{\frac{1}{\alpha}} > \bar{k}$。这表明，当市场力量无法自发实现产出目标时，承担政府目标约束的企业将追加更多的投资。

不受社会计划者产出目标约束的企业，其最大化问题不变，资本需求不变，依然为 $k_j^{**} = \alpha^{\frac{1}{1-\alpha}} r^{\frac{1}{\alpha-1}}$。代入资本市场的出清条件 $nk_i^{**} + mk_j^{**} = (n+m)\bar{k}$，可得承担政府产出目标约束的企业和不受政府目标约束企业的均衡的资本配置为：

$$k_i^{**} = \bar{y}^{\frac{1}{\alpha}}$$
$$k_j^{**} = \bar{k} - \frac{n}{m}(k_i^{**} - \bar{k}) \quad (7-2)$$

式（7-2）的经济含义非常直观，主要有以下两点。第一，对承担政府产出目标约束的企业而言，其资本需求是社会计划者产出目标的增函数。由式（7-2）显然可得，$\frac{\partial k_i^{**}}{\partial \bar{y}} > 0$。这意味着，当需要稳增长时，社会计划者的产出目标越高，承担政府产出目标约束企业的投资需求越大。

第二，对不受政府目标约束的企业而言，其资本需求是社会计划者产出目标的减函数。由式（7-2）显然可得，$\frac{\partial k_j^{**}}{\partial \bar{y}} < 0$。其背后的经济含义也是显然的，度量了产出目标对不受政府目标约束企业的影响。具体而言，当需要稳增长时，社会计划者的产出目标越高，承担政府目标约束企业的投资需求越大，由于经济体资本存量给定，不受政府目标约束企业的投资将减少。本章把以上两点总结为命题1。

命题1：当 $\bar{y} > y_i^*$ 时，市场力量无法自发实现产出目标，社会计划者需要稳增长，承担政府产出目标约束的企业与不受政府目标约束企业的投资行为是异质的，且与 $\bar{y}$ 相关：前者满足 $\frac{\partial k_i^{**}}{\partial \bar{y}} > 0$；后者满足 $\frac{\partial k_j^{**}}{\partial \bar{y}} < 0$。

以上分析表明，只有在市场无法自发实现社会计划者的产出目标的情形下，产出目标才会对企业投资产生影响。这时，经济体里出现承担政府目标约束的企业，承担社会计划者的产出目标，追加更多的投资，不受政府目标约束企业的投资缩减。

二、识别策略

对上述命题进行实证检验,需要解决三个问题:一是如何度量目标,二是如何区分市场是否能够自发实现产出目标,三是承担政府产出目标约束的企业和不承担政府产出目标约束的企业如何与现实经济当中的企业相对应。

首先,本章以各地当年年初提出的经济增长目标度量社会计划者提出的产出目标。① 经济增长目标为省级层面,来自各省历年的政府工作报告。本章主要通过各省的人民政府门户网站途径收集政府工作报告,② 整理得到各地的经济增长目标数据。在1998—2013年间,各省的政府工作报告都明确了当年的增长目标。政府工作报告对经济增长目标的表述近年来出现了一些变化。在早期,基本都是准确的数字目标;近年来,在增长目标之前逐渐出现"约""左右""最低""不低于"等修饰语,还有部分地级市采取了区间目标的表述形式。③ 本章的处理规则是,以具体数字为准,对于区间目标则取其均值。④

其次,本章利用经济周期把样本划分为经济上行时期和下行时期,利用经济下行时期代理市场力量不足以自发实现经济增长目标的情形。这主要是因为,当经济体不能由市场自发实现产出目标时,尽管本章无法观察到市场自发实现的增长速度,但是经济周期具有反映市场能否自发实现期初增长目标的可能性。给定期初增长目标,当经济上行时,市场自发实现增长目标的可能性较大;当经济下行时,市场自发实现增长目标的可能性较小。本章采用常用的HP滤波法,基于GDP指标来计算经济周期值。经济周期值等于实际GDP对潜在GDP的偏离程度,计算经济周期的关键在于估算潜在的GDP,HP滤波法的原理是把样本点的趋势值当作潜在的

---

① 一般而言,地级人大在每年年初召开市人大代表大会,市长代表市政府向市人大代表做政府工作报告,回顾总结上一年的工作和取得的成绩,宣布当年的包括经济增长目标在内的各类目标及工作部署。

② 通过以上两个途径不能收集到的政府工作报告,主要通过各省份年鉴获取。政府工作报告通常会在该省当年的统计年鉴上以"特载"形式出版。

③ 例如宁夏回族自治区在2000年的政府工作报告中对当年经济增长速度目标的描述为"地区生产总值增长8%~9%"。在本文的主要回归中,对区间目标的处理方式为以区间目标均值代替,比如宁夏回族自治区2000年的经济增长目标就记为8.5%。

④ 比如在宁夏回族自治区2000年的经济增长目标在政府工作报告中表述为"8%~9%",区间均值目标就为(8% +9%)/2 =8.5%。

GDP，通过最小化实际 GDP 和趋势值之间的差距，估算出潜在 GDP（Hodrick and Prescott，1997），公式为 $\min_{X_t, t=1,2,\cdots,T} \left\{ \sum_1^T (Y_t - X_t)^2 + \lambda [(X_{t+1} - X_t) - (X_t - X_{t-1})]^2 \right\}$①。本章的主要结果采用的是 λ 取值100计算的省级层面经济周期，具体而言，31个省（自治区、直辖市）1998—2013年间的经济周期值均值为0.001，接近于0。另外，本章根据经济周期值是否大于0来划分经济上行时期及经济下行时期，当经济周期值大于0，界定为经济上行时期；当经济周期值小于0，界定为经济下行时期（见表7-1）。

表7-1 经济上行、下行时期经济增长目标实现情况比较

参数	上行时期实现目标的比重/%	下行时期实现目标的比重/%	二者差异/%
$\lambda = 100$	93.83	77.87	15.96***
$\lambda = 50$	93.09	78.40	14.69***
$\lambda = 25$	93.12	78.31	14.81***
$\lambda = 6.25$	90.91	80.71	10.20***

注：① λ 为采用 HP 滤波法计算经济周期使用的参数值。② *** 表示通过显著水平为1%的统计检验。

从统计结果来看，利用经济周期划分的上行时期和下行时期能够较好地代理市场能否自发实现期初增长目标的两种情形。以当年的实际经济增长速度是否大于年初的经济增长目标来判断目标是否实现，本章发现，经济上行时期的确比经济下行时期更有可能实现期初的经济增长目标。例如，当采用参数 $\lambda = 100$ 时，从31个省（自治区、直辖市）1998—2013年的统计结果来看，经济处于上行时期时有约94%的样本实现了年初的增长目标，经济下行时期有约78%的样本能够实现年初目标，二者的差异明

---

① 其中 Y_t 是对数形式的实际 GDP，X_t 是 Y_t 时间序列中的趋势成分，λ 是对 X_t 波动的惩罚系数。$Cycle_t = Y_t - X_t$ 就是周期成分。假定 $Cycle_t$ 服从独立正态分布，当 $\lambda = var(Cycle_t)/var(\Delta^2 X_t)$，HP 滤波结果最佳（董进，2006）。使用年度数据时 λ 的取值不同观点，本文采用文献中提到的几种参数（6.25，25，50，100）分别进行了计算（Ravn and Uhlig，2002；Backus and Kehoe，1992），主要回归采用的是 $\lambda = 100$ 计算出的经济周期，采用其他三种参数的经济周期后，本文的结论依然存在。

显,并通过显著性水平为1%的统计检验。采用其他参数也得到大致相同的结果。

最后,将国有企业对应为承担政府经济增长目标约束的企业,将非国有企业对应为不受政府经济增长目标约束的企业。利用国有企业作为宏观经济管理的工具是近年来中国经济增长管理实践的一个典型事实,国有企业成为地方政府干预微观经济活动以实现其政治目标和经济目标的重要途径。长期以来,国有企业都是中央和地方政府参与市场的重要手段(李艳和杨汝岱,2018)。①

基于以上识别策略,本章可以合理预计:在经济下行时期,经济增长目标对企业投资行为产生影响,国有企业主动承担经济增长目标约束,显著追加企业投资,非国有企业投资自然减少。

接下来,根据企业投资文献的常见做法,本章采用以下核心回归方程:

$$inv_{it} = \alpha_0 + \beta \, target_{pt} + XB + \mu_i + \lambda_t + \varepsilon_{it} \quad (7-3)$$

本章的关键解释变量 $target$ 为各省年初提出的经济增长目标,度量政府提出的产出目标,β 是本章关心的回归系数,度量经济增长目标对企业投资的影响程度。被解释变量为企业投资(inv),与现有文献一致(谭语嫣等,2017),以企业固定资产投资增速度量。下标 i、p、t 分别代表企业、省份与年份。企业层面控制变量包括企业规模($size$)、企业成立年限(age)、资产流动性($liquid$)、利润率($profit$)。企业规模以对数形式的总资产度量,资产流动性以速动资产占总资产比重度量,利润率以利润总额占总资产比重度量。省级层面的控制变量包括上一期人均GDP水平 $llog\,pgdp$(对数形式),总人口 $log\,pop$(对数形式),城市化水平 $urban$,第一产业占GDP份额 $firstratio$,第二产业占GDP份额 $secondratio$,进出口贸易总额占GDP比重 $trade$,外商直接投资占GDP比重 FDI,以及财政支出占GDP比重 $expratio$。另外,还控制了企业固定效应及年份固定效应,以最大可能地分离各种固定效应。

在式(7-3)中,系数 β 能够度量经济增长目标对企业投资的影响。在实证分析中,本章将主要在经济下行时期分别以国有企业样本和非国有企业样本对核心参数系数 β 进行估计。预计在经济下行时期,国有企业主

---

① 本文再次强调,这只是一种粗略的对应,采用这种划分主要是基于方便识别的考虑。现实中,不乏民营企业响应国家号召为稳增长做贡献。

动承担政府经济增长目标约束，随着经济增长目标的提高，显著增加企业投资，预计此时 $\beta > 0$；对于不受政府经济增长目标约束的非国有企业，投资减少，$\beta < 0$。

第三节　数据来源

本章选择1998—2013年的中国工业企业数据作为回归样本。在实证检验之前，本章进行了以下处理：一是按照数据库中显示的行政区划代码，将所有企业匹配到省级层面；二是按照实收资本将企业类型分为国有企业和非国有企业两类；① 三是根据现有文献的做法（杨汝岱，2015；聂辉华等，2012；谭语嫣等，2017），对样本进行了必要的剔除处理，主要剔除了以下样本：①总资产小于0；②资产负债率小于0或者大于1；③工业销售产值缺失；④销售额小于500万元；⑤从业人数小于8人；⑥总资产小于流动资产；⑦实收资本小于等于0。经过上述处理，最终包括199 407个国有企业样本、2 440 389个非国有企业样本。具体地，文中涉及的主要变量描述性统计见表7-2。

表7-2　主要变量描述性统计

变量	企业层面变量					
	全样本		经济下行样本			
			国有企业		非国有企业	
	均值	标准误	均值	标准误	均值	标准误
	(1)	(2)	(3)	(4)	(5)	(6)
inv	0.128	0.773	0.157***	0.653	0.079	0.853
$size$	10.009	1.485	10.913***	1.886	10.113	1.443
age	11.518	11.126	25.307***	18.419	10.236	8.918
$liquid$	0.513	0.275	0.422***	0.257	0.496	0.290

---

① 具体而言，本文根据工业企业数据库中的"实收资本"变量确定一家企业是否国有企业，非国有企业包括民营企业和外资企业（港澳台企业放在此类），Huang et al.（2017）也采用以实收资本区分国有企业与非国有企业。

续表 7-2

变量	企业层面变量					
	全样本		经济下行样本			
			国有企业		非国有企业	
	均值	标准误	均值	标准误	均值	标准误
	(1)	(2)	(3)	(4)	(5)	(6)
$profit$	0.108	0.160	0.036***	0.100	0.133	0.174
Obs	2 639 796		60 035		1 643 839	
省级层面变量						
$target$	9.912	1.472	—	—	—	—
$llog\ pgdp$	9.649	0.816	—	—	—	—
$\log pop$	8.051	0.875	—	—	—	—
$urban$	7.278	0.879	—	—	—	—
$firstratio$	0.140	0.073	—	—	—	—
$secondratio$	0.451	0.084	—	—	—	—
FDI	0.469	0.604	—	—	—	—
$trade$	0.413	0.529	—	—	—	—
$expratio$	0.195	0.152	—	—	—	—
Obs	496		—	—	—	—

注：①第（1）和第（2）列是全样本的描述性统计，全样本包括经济上行时期及下行时期样本；第（3）和第（4）列是经济下行时期国有企业样本的描述性统计；第（5）和第（6）列是经济下行时期非国有企业样本的描述性统计。②经济周期为省级层面周期，采用 HP 滤波分析法（$\lambda = 100$）计算。③$target$ 为省级经济增长目标，为当年政府工作报告中的地区生产总值增长速度目标。inv 企业投资为本章的被解释变量，以企业固定资产增长率度量；企业层面的控制变量包括 $size$ 为企业规模，对数形式的总资产度量；age 为企业成立年限；$liquid$ 为资产流动性，以速动资产占总资产比重度量；$profit$ 为利润率，以利润总额占总资产比重度量；所有企业层面变量进行了上下 0.5% 的缩尾处理。省级层面的控制变量包括上一期人均 GDP 水平 $llog\ pgdp$（对数形式），总人口 $\log pop$（对数形式），城市化水平 $urban$，第一产业占 GDP 份额 $firstratio$，第二产业占 GDP 份额 $secondratio$，进出口贸易总额占 GDP 比重 $trade$，外商直接投资占 GDP 比重 FDI，以及财政支出占 GDP 比重 $expratio$。④经济增长目标数据来源于各省 1998—2013 年历年的政府工作报告；企业数据来源于 1998—2013 年中国工业企业数据库。⑤国有企业样本中标注有 * 的表示和非国有企业样本相应变量的 t 检验差异，*** 表示通过显著水平为 1% 的统计检验。

第四节 实证结果

一、基本结果

与预期一致,在经济下行时期,经济增长目标对企业投资有显著影响:随着增长目标的提高,国有企业的投资显著增加,非国有企业的投资减少。具体而言,在1998—2013年间,经济增长目标每提高1个百分点,平均每家国有企业的投资就会增加约2个百分点,平均每家非国有企业的投资就会减少约2.5个百分点。① 如表7-3所示。

表7-3 基本结果

变量	(1)	(2)	(3)	(4)
	企业投资			
	经济下行时期		经济上行时期	
	国有企业	非国有企业	国有企业	非国有企业
$target_{pt}$	0.0225***	-0.0248***	-0.0025	-0.0028
	(0.0055)	(0.0015)	(0.0031)	(0.0022)
$size_{it}$	0.3908***	0.5928***	0.4878***	0.4435***
	(0.0109)	(0.0015)	(0.0051)	(0.0022)
age_t	-0.0158	-0.0162**	-0.0006	-0.0098*
	(0.0176)	(0.0070)	(0.0090)	(0.0058)
$liquid_t$	-0.0605***	-0.4490***	-1.0088***	-1.3837***
	(0.0222)	(0.0037)	(0.0146)	(0.0069)
$profit_t$	-0.1557***	0.0044	0.1139***	-0.0074
	(0.0555)	(0.0069)	(0.0369)	(0.0111)
$llog\ pgdp_{pt}$	0.3635***	0.6767***	-0.0094	-0.3055***
	(0.1006)	(0.0255)	(0.0552)	(0.0266)

---

① 本文也做了不加入增长目标的回归,发现分样本回归与全样本回归相比,控制变量的回归系数与现有文献一致,并且保持稳定。具体回归结果见本章附录。

续表 7-3

变量	(1)	(2)	(3)	(4)
	企业投资			
	经济下行时期		经济上行时期	
	国有企业	非国有企业	国有企业	非国有企业
$\log pop_{pt}$	0.5676***	1.3616***	0.0927	0.2755***
	(0.2176)	(0.0542)	(0.0667)	(0.0387)
$urban_{pt}$	-0.0626***	0.0055	-0.0081**	0.0008
	(0.0228)	(0.0085)	(0.0036)	(0.0022)
$firstratio_{pt}$	-0.4537	-0.5429***	-0.2612	-0.0720
	(0.4975)	(0.2017)	(0.2081)	(0.1469)
$secondratio_{pt}$	-1.4374***	-2.0361***	-0.1915	0.4334***
	(0.2480)	(0.0636)	(0.1414)	(0.0916)
FDI_{pt}	0.0041*	0.0007	-0.0008	-0.0061***
	(0.0025)	(0.0010)	(0.0010)	(0.0009)
$trade_{pt}$	0.0209***	0.0192***	0.0056**	0.0040***
	(0.0052)	(0.0010)	(0.0022)	(0.0011)
$expratio_{pt}$	-2.7348***	-3.6311***	-0.0782	-0.2503**
	(0.2559)	(0.0998)	(0.1420)	(0.1272)
年份固定效应	Y	Y	Y	Y
企业固定效应	Y	Y	Y	Y
R^2	0.407	0.415	0.352	0.356
样本量	42 042	1 526 390	120 462	666 817

注：①第（1）和第（2）列采用经济下行时期样本；第（3）和第（4）列回归采用经济上行时期样本。②经济周期为省级层面周期，采用 HP 滤波分析法（$\lambda = 100$）确定。③被解释变量为企业投资（inv），以企业固定资产总值取对数后的差值度量；经济增长目标为当年省政府工作报告中的地区生产总值增长速度目标。④企业层面的控制变量包括企业规模（$size$）、企业成立年限（age）、资产流动性（$liquid$）、利润率（$profit$）。企业规模以对数形式的总资产度量，资产流动性以速动资产占总资产比重度量，利润率以利润总额占总资产比重度量。省级层面的控制变量包括上一期人均 GDP 水平 $l\log pgdp$（对数形式），总人口 $\log pop$（对数形式），城市化水平 $urban$，第一产业占 GDP 份额 $firstratio$，第二产业占 GDP 份额 $secondratio$，进出口贸易总额占

GDP 比重 trade，外商直接投资占 GDP 比重 FDI，以及财政支出占 GDP 比重 expratio。另外，还控制了企业固定效应及年份固定效应。⑤没有报告常数项。⑥括号内为聚类（cluster）稳健标准误。⑦ *、* * 和 * * * 分别表示通过显著水平为 10%、5% 和 1% 的统计检验。

表 7-3 第（1）和第（2）列报告了经济下行时期的回归结果。第（1）列报告了国有企业样本的回归结果，经济增长目标的回归系数约为 0.0225，通过显著性水平 1% 的统计检验。这表明，经济增长目标每提高 1 个百分点，每家国有企业的投资就显著增加约 2 个百分点。第（2）列报告的是非国有企业样本的回归结果，经济增长目标的回归系数约为 -0.0248，也通过显著性水平为 1% 的统计检验。这表明，经济增长目标每提高 1 个百分点，每家非国有企业的投资就减少约 2.5 个百分点。就控制变量而言，回归系数符号仍然与现有文献结论保持一致。上述结果意味着，在经济下行时期，随着经济增长目标的提高，国有企业投资显著增加，而非国有企业的投资显著减少。

第（3）和第（4）列报告了经济上行时期的回归结果。① 具体地，第（3）列报告了国有企业样本的回归结果，经济增长目标的回归系数约为 -0.0025，不显著。就控制变量而言，其符号和显著性与现有文献结论基本保持一致。第（4）列报告了非国有企业样本的回归结果，经济增长目标的回归系数约为 -0.0028，也不显著。与理论预期一致，在无须稳增长，即经济上行时期，不论国有企业还是非国有企业，经济增长目标都不形成约束，不影响企业投资行为。

以上结果表明，实证与理论预期一致：在经济下行时期，国有企业主动承担目标约束，企业投资显著增加，非国有企业投资显著减少。具体而言，在 1998—2013 年间，在稳增长情形即经济下行时期，经济增长目标每提高 1 个百分点，国有企业的投资相应增加约 2 个百分点，非国有企业投资减少约 2.5 个百分点。

二、稳健性检验

本节将进行两个稳健性检验。一个是采用不同的经济增长目标度量，

---

① 表 7-3 报告的经济上行时期样本回归结果，与本文的命题预测完全一致。在后文的检验中，经济上行时期样本的回归结果也与预期一致。鉴于经济增长目标的微观机制体现在经济下行时期，后文不再报告经济上行样本的回归结果。

重复基本回归以检验基本结论的稳健性。具体有以下两种度量方式：一种是采用经济增长目标的上限值和下限值度量经济增长目标；① 一种是依据现有文献的结论，根据周黎安（2015）发现的经济增长目标存在从中央到基层政府"层层加码"现象，本章以省级增长目标与中央增长目标的差值构造"加码"程度度量。

表 7 -4 报告了不同经济增长目标度量的回归结果。第（1）至（3）列报告了国有企业样本的回归结果，在经济下行时期，不论采取哪种经济增长目标度量，回归系数都显著为正。采用目标下限值度量经济增长目标时，回归系数为 0.0208，通过显著性为 1% 的统计检验；采用目标上限值度量经济增长目标时，回归系数为 0.0197，通过显著性水平为 1% 的统计检验；采用"加码"程度度量时，回归系数为 0.0233，也通过显著性水平为 1% 的统计检验。第（4）至（6）列报告了非国有企业的回归结果，采用不同增长目标度量的回归系数分别为 -0.0246、-0.0237 和 -0.0277，均通过显著性水平为 1% 的统计检验。不论采取哪种增长目标的度量方式，经济增长目标回归系数，无论是大小还是显著性，与基本结果相比，基本没有发生变化。

以上结果表明，本章的基本结论对不同的经济增长目标度量稳健。不论采用上述哪种方式度量，都显示，在经济下行时期，国有企业投资随着经济增长目标的提高而增加，非国有企业投资则显著减少。具体而言，在采用不同的经济增长目标度量时，在 1998—2013 年经济下行期间，经济增长目标每提高 1 个百分点，国有企业的投资增加约 2 个百分点，非国有企业的投资减少 2～3 个百分点。

另一个稳健性检验是采用不同经济周期划分。基本结果采用的是以省级经济周期来划分经济是否上下行，本节将采用不同的参数计算省级经济周期以及采用国家层面经济周期，以此为标准重新划分经济周期后来检验基本结果的稳健性。

表 7 -5 第（1）至（4）列报告了分别采用 λ = 50 以及 λ = 6.25 计算省级经济周期的回归结果。前两列采用 λ = 50 计算经济周期时，检验

---

① 近年来，少部分地级市政府在政府工作报告中对经济增长目标的表述发生了变化，由准确的数字目标变成了"区间目标"，采用上、下限值度量增长目标是指，当表述为区间目标时，分别采用区间目标的上、下限值作为增长目标的度量，而不是取二者的均值。

表7-4 不同经济增长目标度量

变量	(1)	(2)	(3)	(4)	(5)	(6)
	目标下限值	目标上限值	"加码"程度	目标下限值	目标上限值	"加码"程度
		国有企业			非国有企业	
			企业投资			
$target_{pt}$	0.0208***	0.0197***	0.0233***	-0.0246***	-0.0237***	-0.0277***
	(0.0053)	(0.0049)	(0.0062)	(0.0015)	(0.0014)	(0.0016)
$size_{it}$	0.5928***	0.5928***	0.5927***	0.3909***	0.3911***	0.3902***
	(0.0015)	(0.0015)	(0.0015)	(0.0109)	(0.0109)	(0.0109)
age_t	-0.1618**	-0.1620**	-0.1613**	-0.1588	-0.1583	-0.1614
	(0.0703)	(0.0703)	(0.0703)	(0.1756)	(0.1756)	(0.1756)
$liquid_t$	-0.4491***	-0.4493***	-0.4494***	-0.0603***	-0.0604***	-0.0592***
	(0.0037)	(0.0037)	(0.0037)	(0.0222)	(0.0222)	(0.0222)
$profit_t$	0.0044	0.0047	0.0041	-0.1554***	-0.1559***	-0.1533***
	(0.0069)	(0.0069)	(0.0069)	(0.0555)	(0.0555)	(0.0555)
省级控制变量	Y	Y	Y	Y	Y	Y
年份固定效应	Y	Y	Y	Y	Y	Y

第七章 目标引领的政策：微观渠道

续表 7-4

变量	企业投资					
	国有企业			非国有企业		
	(1)	(2)	(3)	(4)	(5)	(6)
	目标下限值	目标上限值	"加码"程度	目标下限值	目标上限值	"加码"程度
企业固定效应	Y	Y	Y	Y	Y	Y
R^2	0.407	0.407	0.407	0.415	0.415	0.415
样本量	42 042	42 042	42 042	1 526 390	1 526 390	1 526 390

注：①上述回归采用经济下行样本。②经济周期为省级层面周期，采用 HP 滤波分析法（λ = 100）确定。③第（1）和第（4）列采用目标下限值度量经济增长目标，第（2）和第（5）列采用目标上限值度量经济增长目标，第（3）和第（6）列采用目标"加码"程度度量经济增长目标。④没有报告省级控制变量回归结果及常数项。⑤括号内为聚类（cluster）标准误。⑥ *、* * 和 * * * 分别表示通过显著水平为 10%、5% 和 1% 的统计检验。

表7-5 不同经济周期

变量	(1)	(2)	(3)	(4)	(5)	(6)
	企业投资					
	$\lambda=50$		$\lambda=6.25$		国家层面周期	
	国有企业	非国有企业	国有企业	非国有企业	国有企业	非国有企业
$target_{pt}$	0.0158***	-0.0119***	0.0233***	-0.0136***	0.0106**	-0.0094***
	(0.0049)	(0.0017)	(0.0053)	(0.0016)	(0.0054)	(0.0016)
$size_{it}$	0.5555***	0.3680***	0.5936***	0.3940***	0.5206***	0.3637***
	(0.0016)	(0.0092)	(0.0015)	(0.0104)	(0.0016)	(0.0097)
age_t	-0.0186***	-0.0100	-0.0171**	-0.0013	-0.0231***	-0.0130
	(0.0071)	(0.0158)	(0.0071)	(0.0170)	(0.0070)	(0.0164)
$liquid_t$	-0.4154***	-0.1393***	-0.4449***	-0.0875***	-0.4231***	-0.1113***
	(0.0039)	(0.0210)	(0.0038)	(0.0220)	(0.0039)	(0.0217)
$profit_t$	-0.0177**	-0.1073**	0.0020	-0.1481***	-0.0212***	-0.1087**
	(0.0072)	(0.0508)	(0.0070)	(0.0540)	(0.0071)	(0.0518)
省级控制变量	Y	Y	Y	Y	Y	Y
年份固定效应	Y	Y	Y	Y	Y	Y

续表 7-5

变量	(1)	(2)	(3)	(4)	(5)	(6)
	λ = 50		企业投资 λ = 6.25		国家层面周期	
	国有企业	非国有企业	国有企业	非国有企业	国有企业	非国有企业
企业固定效应	Y	Y	Y	Y	Y	Y
R^2	0.403	0.419	0.407	0.416	0.399	0.415
样本量	52 192	1 418 371	45 489	1 501 050	48 334	1 460 809

注：①全部回归采用的经济下行样本。②第（1）和第（2）列是采用 λ = 50 计算的省级经济周期，第（3）和第（4）列是采用 λ = 6.25 计算的省级经济周期，第（5）和第（6）列是国家层面经济周期。③没有报告省级控制变量回归结果及常数项；④括号内为聚类（cluster）标准误。⑤ *、**和 *** 分别表示通过显著水平为 10%、5% 和 1% 的统计检验。

结果仍然与基本结果保持一致。第（1）列国有企业样本回归中，经济增长目标的回归系数约为 0.0158，通过显著性水平为 1% 的统计检验。第（2）列非国有企业样本回归中，经济增长目标的回归系数约为 -0.0119，也通过显著性水平为 1% 的统计检验。上述结果与表 7-3 的基本结果相比，系数大小略有变化，但实质含义没有发生变化。第（3）和第（4）列报告了采用 $\lambda = 6.25$ 计算省级经济周期划分经济上行、下行时期的回归结果。同样地，国有企业样本回归中经济增长目标的回归系数显著为正，非国有企业样本回归中经济增长目标的回归系数显著为负，与基本结果相比，除了系数大小略有变化，系数符号和显著性没有任何变化。上述结果进一步验证了本章基本结果的稳健性，在经济下行时期，随着经济增长目标的提高，国有企业投资显著增加，非国有企业投资显著减少。

第（5）和第（6）列报告了以国家经济周期划分经济上行期与下行期的回归结果，基本结果仍然存在。第（5）列国有企业样本回归中，经济增长目标的回归系数约为 0.0106，系数与基本结果相比略有变小，通过显著性水平为 5% 的统计检验。第（6）列非国有企业样本回归中，经济增长目标的回归系数约为 -0.0094，与基本结果相比，系数绝对值变小，仍然通过 1% 的显著性水平检验。与表 7-3 的基本结果相比，除了系数大小略有差别，系数符号和显著性基本没有发生变化。以全国经济周期划分经济上行、下行的回归结果表明，本章的基本结果是稳健的。

以上结果表明，无论是采用不同参数计算的省级经济周期划分经济上行、下行，还是采用国家层面的经济周期划分经济上行、下行，本章的基本结果依然稳健。当采用不同参数计算省级经济周期时，在 1998—2013 年的经济下行期间，经济增长目标每提高 1 个百分点，国有企业投资就增加约 2 个百分点，非国有企业投资减少约 1 个百分点；当采用国家层面经济周期时，经济增长目标每提高 1 个百分点，国有企业的投资就平均增加约 1 个百分点，非国有企业的投资减少约 1 个百分点。

三、控制更多因素

本节将进一步引入两类控制变量。一类是政治因素。地方官员能够显著影响辖区经济发展（徐现祥等，2007；钱先航，2012；姚洋和张牧扬，2013；张军和高远，2007；杨海生等，2010）。现有文献认为，企业投资行为可能受到政治因素的影响。周黎安等（2013）发现党代会周期影响制造业资源配置效率,并且在国有企业密集度高的行业表现更明显。曹春方(2013)发现在省级官员更替时地方国企投资会减少。依据现有文献结论,为了避免遗漏重要变量,本章将考察控制政治周期及地方官员更替因素后,本章的基本结论是否依然成立。① 具体而言,本章以省党代会年份作为政治周期的代理变量,加入基本回归以控制政治周期的影响;另外,将省级层面的党政领导更替数据与工业企业库数据进行匹配,② 在基本回归中控制地方官员更替变量。如表 7-6 所示。

表 7-6 政治周期及官员更替

变量	(1)	(2)	(3)	(4)
	企业投资			
	国有企业	非国有企业	国有企业	非国有企业
$target_{pt}$	0.0148*** (0.0057)	-0.0311*** (0.0016)	0.0219*** (0.0055)	-0.0247*** (0.0015)
$pc_{pt} * target_{pt}$	0.0236*** (0.0052)	0.0189*** (0.0013)	— —	— —
$turnover_{pt}$	— —	— —	-0.0331*** (0.0083)	0.0143*** (0.0017)
$size_{it}$	0.5928*** (0.0015)	0.3901*** (0.0109)	0.5930*** (0.0015)	0.3899*** (0.0109)
age_t	-0.0163** (0.0070)	-0.0161 (0.0176)	-0.0162** (0.0070)	-0.0164 (0.0176)
$liquid_t$	-0.4489*** (0.0037)	-0.0593*** (0.0222)	-0.4452*** (0.0037)	-0.0623*** (0.0222)
$profit_t$	0.0044 (0.0069)	-0.1571*** (0.0555)	0.0048 (0.0069)	-0.1523*** (0.0555)
省级控制变量	Y	Y	Y	Y
年份固定效应	Y	Y	Y	Y

---

① 曹春方(2013)基于 2000—2008 年上市公司数据与省委书记更替信息的匹配样本,发现官员更替对国有企业投资有显著负向影响。

② 省级层面包括 31 个省(自治区、直辖市)的省委书记(区委书记、市委书记)。

续表7-6

变量	(1)	(2)	(3)	(4)
	企业投资			
	国有企业	非国有企业	国有企业	非国有企业
企业固定效应	Y	Y	Y	Y
R^2	0.407	0.415	0.407	0.415
样本量	42 042	1 526 390	42 042	1 526 390

注：①上述回归采用经济下行样本，经济周期为省级层面周期，采用HP滤波分析法（λ = 100）确定。②政治周期变量 pc_{pt}，以省级党代会召开年份虚拟变量度量，赋值原则为，党代会召开年份为1，否则为0；具体而言，1998—2013年间，本章将2002年、2007年及2012年这三个年份为省级党代会召开年份。③官员更替变量 $turnover_{pt}$，以当年是否发生省委书记、省长更替的虚拟变量度量。赋值规则同王贤彬等（2009）。如果更替发生在6月及之前，则当年取值为1，而如果更替发生在7月及以后，则第二年赋值为1。④没有报告省级控制变量回归结果及常数项。⑤括号内为聚类（cluster）标准误。⑥*、**和***分别表示通过显著水平为10%、5%和1%的统计检验。

表7-6中前两列报告了控制政治周期因素的回归结果。第（1）列国有企业样本的回归结果显示，在控制政治周期因素后，基本结果仍然存在。经济增长目标的回归系数仍然显著为正，约为0.0148，通过显著性水平为1%的统计检验。第（2）列报告了非国有企业样本的回归结果，在控制政治周期因素后，经济增长目标变量的回归系数约为-0.0311，通过显著性水平为1%的统计检验，这也与基本结果一致。

表7-6中后两列报告了控制官员更替因素后的回归结果。第（3）列国有企业样本的回归结果显示，在控制官员更替因素后，经济增长目标的回归系数仍然显著为正，约为0.0219，与基本结果相比，无论是系数大小还是显著性都几乎没有发生变化。此时官员更替变量的回归系数显著为负，这也与现有文献一致（曹春方，2013）。第（4）列报告了非国有企业样本的回归结果，经济增长目标变量的回归系数约为-0.0247，与基本结果相比，系数大小和显著性基本没有发生变化。

以上结果表明，无论是控制政治周期因素，还是考虑官员更替因素的影响，在经济下行时期，经济增长目标依然影响企业资本配置，随着增长目标的提高，国有企业投资显著增加，非国有企业投资显著减少。具体而言,在 1998—2013 年的经济下行时期,控制政治周期或者考虑官员更替因素后,增长目标每提高 1 个百分点,国有企业投资就增加 1～2 个百分点,非国有企业投资就减少 2～3 个百分点。

另一类是市场化因素。地区市场化水平也可能会对企业投资产生影响。谭语嫣等(2017)发现市场化程度越低的地区,僵尸企业对私有非僵尸企业的投资挤出效应更强。为了控制市场化因素的影响,本节在基本回归中加入地区市场化指数,① 包括市场化水平总指数,以及政府与市场关系、非国有经济发展、产品市场发育、要素市场发育、中介组织发育和法律 5 个分指数,重新检验本章的基本结论是否依然成立。

表 7-7 的 Part A 报告了国有企业样本控制市场化水平的回归结果,考虑市场化因素后,本章的基本结果依然存在。第(1)列报告的是加入市场化总指数的结果,经济增长目标的回归系数与基本结果相比没有发生实质性变化,大小约为 0.0241,比基本结果略大,通过显著性水平为 1% 的统计检验。第(2)至(6)列报告的是控制分项指数的回归结果,在这四列回归中,经济增长目标的回归系数在 0.02～0.03 之间,符号与显著性与基本结果相比,没有发生实质性变化,只是系数大小上略有差别。

表 7-7 的 Part B 报告了非国有企业样本控制市场化水平的回归结果,在控制了市场化因素后,本章的基本结果也仍然存在。第(1)列报告了控制市场化总指数的回归结果,经济增长目标的回归系数约为 -0.0256,通过显著性水平 1% 的统计检验。余下的五列报告了控制各项分指数的回归结果,经济增长目标的回归系数均显著为负,大小在 -0.0272～0.0114 之间。各项市场化分指数的回归系数均通过显著性水平为 1% 的统计检验,除了产品市场发育程度的回归系数为负,其他均显著为正。总体而言,市场化因素对非国有企业投资的影响比对国有企业的影响显著,但是不影响本章的基本结论,经济增长目标的回归系数仍然全部显著为负。

以上结果表明,在控制了市场化水平因素后,本章的基本结论依然成立。在控制了地区市场化因素后,随着经济增长目标的提高,国有企业的投资显著增加,非国有企业投资显著减少。具体而言,在 1998—2013 年经济下行期间,在控制各项市场化指标后,经济增长目标每提高 1 个百分点,国有企业投资就增加约 2 个百分点,非国有企业的投资就减少 1～3

---

① 市场化指数数据来源于樊纲、王小鲁编著的《中国市场化指数》。

表 7-7 市场化水平

变量	(1)	(2)	(3)	(4)	(5)	(6)
			Part A: 企业投资：国有企业			
$target_{pt}$	0.0241***	0.0240***	0.0243***	0.0258***	0.0240***	0.0242***
	(0.0055)	(0.0055)	(0.0055)	(0.0055)	(0.0055)	(0.0055)
$total_{pt}$ 市场化总指数	0.0019 (0.0081)	—	—	—	—	—
$index1_{pt}$ 政府与市场关系	—	0.0020 (0.0094)	—	—	—	—
$index2_{pt}$ 非国有经济发展	—	—	0.0086* (0.0049)	—	—	—
$index3_{pt}$ 产品市场发育	—	—	—	−0.0182*** (0.0070)	—	—
$index4_{pt}$ 要素市场发育	—	—	—	—	−0.0024 (0.0043)	—
$index5_{pt}$ 中介组织发育和法律	—	—	—	—	—	0.0030 (0.0030)

续表 7-7

变量	(1)	(2)	(3)	(4)	(5)	(6)
			企业投资			
			Part A：国有企业			
其他控制变量	Y	Y	Y	Y	Y	Y
年份固定效应	Y	Y	Y	Y	Y	Y
企业固定效应	Y	Y	Y	Y	Y	Y
R^2	—	—	—	—	—	—
样本量	—	—	—	—	—	—
$target_{pt}$	−0.0256*** (0.0015)	−0.0272*** (0.0015)	−0.0252*** (0.0015)	−0.0114*** (0.0016)	−0.0262*** (0.0015)	−0.0216*** (0.0015)
$total_{pt}$ 市场化总指数	0.0216*** (0.0010)	—	—	—	—	—
$index1_{pt}$ 政府与市场关系	—	0.0353*** (0.0018)	—	—	—	—
$index2_{pt}$ 非国有经济发展	—	—	0.0070*** (0.0007)	—	—	—

Part B：非国有企业

续表 7-7

变量	(1)	(2)	(3)	(4)	(5)	(6)
			Part B: 非国有企业 企业投资			
$index3_{pt}$	—	—	—	−0.0476*** (0.0015)	—	—
产品市场发育	—	—	—	—	—	—
$index4_{pt}$	—	—	—	—	0.0197*** (0.0008)	—
要素市场发育	—	—	—	—	—	—
$index5_{pt}$	—	—	—	—	—	0.0108*** (0.0004)
中介组织发育和法律	—	—	—	—	—	—
其他控制变量	Y	Y	Y	Y	Y	Y
年份固定效应	Y	Y	Y	Y	Y	Y
企业固定效应	Y	Y	Y	Y	Y	Y
R^2	0.415	0.415	0.415	0.416	0.415	0.415
样本量	1 526 389	1 526 389	1 526 389	1 526 389	1 526 389	1 526 389

注：①上述回归采用的是经济下行样本。②经济周期为省级层面周期，采用 HP 滤波分析法（$\lambda = 100$）确定。③没有报告控制变量回归结果及常数项。④括号内为聚类（cluster）标准误。⑤*、**和***分别表示通过显著水平为 10%、5% 和 1% 的统计检验。

个百分点。

四、异质性分析

国有企业的隶属关系可能会影响国有企业的投资行为。按照隶属关系划分，国有企业可以分为中央企业和地方国有企业。中央企业为国务院国资委直接管理，地方国有企业则归地方国资委管辖。理论上，地方政府能够干预中央企业的空间相对较小，地方国有企业才是更为可行的经济调控工具。基于此，本章将国有企业按照隶属关系分为中央企业样本和地方国有企业样本，考察不同类型的国有企业对经济增长目标的反应。如表7-8所示。

表 7-8 不同隶属关系

变量	(1)	(2)	(3)
	企业投资		
	中央企业	地方国有企业	全部国有企业
$target_{pt}$	0.0276*	0.0244***	—
	(0.0145)	(0.0060)	—
$target_{pt} * central_{it}$	—	—	0.0222***
	—	—	(0.0059)
$target_{pt} * local_{it}$	—	—	0.0225***
	—	—	(0.0055)
$size_{it}$	0.3242***	0.4032***	0.3909***
	(0.0324)	(0.0118)	(0.0109)
age_t	-0.0071	-0.0121	-0.0158
	(0.0583)	(0.0187)	(0.0176)
$liquid_t$	-0.1664***	-0.0385	-0.0606***
	(0.0643)	(0.0242)	(0.0222)
$profit_t$	0.1308	-0.2046***	-0.1558***
	(0.1721)	(0.0597)	(0.0555)
省级控制变量	Y	Y	Y
年份固定效应	Y	Y	Y

续表 7-8

变量	(1)	(2)	(3)
	企业投资		
	中央企业	地方国有企业	全部国有企业
企业固定效应	Y	Y	Y
R^2	0.463	0.404	0.407
样本量	5 248	36 218	42 042

注：①上述回归采用经济下行时期的国有企业样本。②如果国有企业隶属于中央，则 $central_{it}=1$，否则为 0；如果国有企业隶属于地方，则 $local_{it}=1$，否则为 0。③经济周期为省级层面周期，采用 HP 滤波分析法（$\lambda=100$）确定。④没有报告省级控制变量回归结果及常数项。⑤括号内为聚类（cluster）标准误。⑥ * 、 * * 和 * * * 分别表示通过显著水平为 10%、5% 和 1% 的统计检验。

表 7-8 报告了考虑国有企业隶属关系的回归结果。第（1）列报告的是中央企业样本的回归结果，经济增长目标的回归系数为 0.0276，通过显著性水平为 10% 的统计检验。第（2）列报告的是地方国有企业样本的回归结果，经济增长目标的回归系数为 0.0244，通过显著性水平为 1% 的统计检验。从分样本回归的系数来看，首先，不论中央企业还是地方国有企业，在经济下行时期企业投资都会随着经济增长目标显著增加；另外，中央企业样本的回归中的经济增长目标系数要略大于地方国有企业样本回归中的相应系数。

为了合理地比较经济增长目标对中央企业和地方国有企业投资的影响，本章采用所有国有企业样本，加入经济增长目标与中央企业和地方国有企业交互项进行回归。第（3）列采用所有国有企业样本加入交互项的回归结果，中央企业虚拟变量与经济增长目标交互项的回归系数为 0.0222，通过显著性水平为 1% 的统计检验，地方国有企业虚拟变量与经济增长目标交互项的回归系数约为 0.0225，也通过显著性水平为 1% 的统计检验。从系数大小上看，地方国有企业的回归系数要略微大于中央企业。这意味着，在经济下行时期，地方国有企业对经济增长目标的反应略大于中央企业。

以上结果表明，不论是中央企业还是地方国有企业，在经济下行时期，都会随着经济增长目标的提高而显著增加企业投资，并且地方国有企业的反应略微大于前者。具体而言，1998—2013 年间，经济增长目标每提高 1 个百分点，中央企业的投资就增加约 2.22 个百分点，地方国企的投资增加约 2.25 个百分点。

除了在行政上的隶属关系可能对国有企业投资产生影响外，在地理上离政治权力中心的距离也可能会对国有企业投资产生影响。Huang et al.（2017）利用中国工业企业数据发现，国有企业和政府之间距离越远，即信息不对称程度越高，国有企业越容易被分权，受到政府的干预越小。省会城市无论在距离上还是在政治层级上都比非省会城市离省委权力中心的距离更近，位于省会城市的国有企业更容易获得信息，也可能更容易受到政府的影响。本章将国有企业按照所在区位分为省会城市和非省会城市，进一步检验本章基本结果的稳健性。见表 7-9 所示。

表 7-9 不同区位

变量	(1)	(2)	(3)
	企业投资		
	省会城市国企	非省会城市国企	全部国有企业
$target_{pt}$	0.0334**	0.0222***	—
	(0.0131)	(0.0061)	—
$target_{pt} * capital_{it}$	—	—	0.0323***
	—	—	(0.0106)
$target_{pt} * nocapital_{it}$	—	—	0.0203***
	—	—	(0.0058)
$size_{it}$	0.4197***	0.3875***	0.3908***
	(0.0284)	(0.0118)	(0.0109)
age_{it}	0.0312	-0.0210	-0.0160
	(0.0870)	(0.0178)	(0.0176)
$liquid_{it}$	-0.1513***	-0.0381	-0.0604***
	(0.0531)	(0.0246)	(0.0222)
$profit_{it}$	-0.0790	-0.1712***	-0.1549***
	(0.1463)	(0.0599)	(0.0555)
省级控制变量	Y	Y	Y
年份固定效应	Y	Y	Y

续表7-9

变量	(1)	(2)	(3)
	企业投资		
	省会城市国企	非省会城市国企	全部国有企业
企业固定效应	Y	Y	Y
R^2	0.393	0.412	0.407
样本量	7 393	34 586	42 042

注：①上述回归采用经济下行时期的国有企业样本。②如果国有企业位于省会城市，则$capital_{it}=1$，否则为0；如果国有企业位于非省会城市，则$nocapital_{it}=1$，否则为0。③经济周期为省级层面周期，采用HP滤波分析法（$\lambda=100$）确定。④没有报告省级控制变量回归结果及常数项。⑤括号内为聚类（cluster）标准误。⑥*、**和***分别表示通过显著水平为10%、5%和1%的统计检验。

表7-9报告了对国有企业按照是否位于省会城市划分样本的回归结果。第（1）列报告的是省会城市国有企业样本的回归结果，经济增长目标的回归系数约为0.0334，通过显著性水平为5%的统计检验。第（2）列报告的是非省会城市国有企业的回归结果，经济增长目标的回归系数约为0.0222，通过显著性水平为1%的统计检验。与现有文献基本一致（顾永昆和葛鹏，2018），省会城市国有企业受到经济增长目标的影响略大于非省会城市国有企业。

为了更合理地比较经济增长目标对省会城市国有企业与非省会城市国有企业的影响大小，在第（3）列回归中，本章采用所有国有企业样本，同时加入省会城市、非省会城市和经济增长目标的交互项进行检验。省会城市国有企业与经济增长目标交互项的回归系数约为0.0323，非省会城市国有企业与经济增长目标交互项的回归系数约为0.0203，在系数大小上，前者大于后者，均通过显著性水平1%的统计检验。上述结果说明，在经济下行时期，经济增长目标对省会城市国有企业投资的影响要大于对非省会城市国有企业投资的影响。

总而言之，不论是位于省会城市的国企，还是位于非省会城市的国企，在经济下行时期都会随着增长目标的提高而显著增加企业投资。并且，经济增长目标对不同区位国有企业的投资具有异质性影响，位于省会城市的国有企业受到经济增长目标的影响大于非省会城市的国有企业，这也与现有文献结论保持一致。具体而言，1998—2013年间，增长目标每提高 1 个百分点，省会城市国有企业的投资就增加约 3 个百分点，非省会城市国有企业投资增加约 2 个百分点。

第五节 排除竞争性解释

对于本章的基本结论，依据现有文献，可能还存在其他的竞争性解释。至少有以下两种：一是因为在中国存在对国有企业的信贷及补贴偏好所致，二是这只是反映了不同所有制企业的周期性投资特征。本节对上述竞争性解释逐一进行排除。

一、排除仅仅是对国有企业信贷及补贴偏好的解释

不可否认，国有企业与非国有企业在投资行为上的差异，可能存在的一种竞争性解释是：这是银行对国有企业存在信贷偏好所致。国有企业债务违约风险显著低于民营企业，因而普遍更容易获得银行信贷支持（孙铮等，2005；La Porta and Shleifer，2002；余明桂和潘红波，2008；余明桂等，2006；江伟和李斌，2006）。国有企业能够更便利地、以更优惠的融资成本获得银行贷款，也就具备了扩大投资的资金条件。另外，国有企业与政府存在天然的政治关联，在获得补贴方面可能存在天然优势，也可能构成国有企业扩大投资的一个资金来源。为了排除上述竞争性解释，本部分分别将企业获得的银行贷款及补贴收入从原有被解释变量投资中剔除，以近似度量企业的自有投资，对本章的基本结果重新进行检验。如果剔除了企业贷款、补贴收入后，本章的基本结论依然成立，至少说明在经济下行时期国有企业与非国有企业的投资差异，并不仅仅是因为国企信贷偏好及补贴激励带来的。

表 7 - 10 报告了剔除企业贷款后的回归结果，本章的基本结论依然成立。第（1）列报告了国有企业样本的回归结果，经济增长目标的回归系数仍然显著为正，大小约为 0.0199，比基本结果略小，通过显著性水平为 1% 的统计检验。非国有企业样本回归中，经济增长目标的回归系数约为 - 0.0470，通过显著性水平为 1% 的统计检验。这意味着，在 1998—2013 年间的经济下行时期，增长目标每提高 1 个百分点，国有企业的投资将增加约 2 个百分点，非国有企业的投资将减少约 5 个百分点。这意味

着，剔除企业贷款后，经济增长目标在经济下行时期对国有企业和非国有企业投资的影响依然存在。

第（3）和第（4）两列报告了剔除企业补贴收入后的回归结果。第（3）列国有企业的回归结果中，经济增长目标的回归系数为0.0177，比基本结果略小，通过显著性水平为1%的统计检验。非国有企业样本回归中，经济增长目标的回归系数为-0.0201，通过显著性水平为1%的统计检验。这意味着，在1998—2013年间的经济下行时期，增长目标每提高1个百分点，国有企业的投资将增加约2个百分点，非国有企业的投资将减少约2个百分点。这意味着，剔除企业补贴收入后，本章的基本结果依然存在。

以上结果排除了国有企业投资增加仅仅是银行信贷偏好及补贴作用结果的解释，在企业投资中剔除企业贷款及补贴收入后，本章的基本结论仍然成立。具体而言，剔除银行贷款及补贴收入后的结果显示，在1998—2013年的经济下行期间，增长目标每提高1个百分点，国有企业的投资增加约2个百分点，非国有企业的投资减少2～5个百分点。

表7-10 排除对国有企业的信贷、补贴偏好

变量	(1)	(2)	(3)	(4)
	企业投资（剔除企业贷款）		企业投资（剔除企业补贴收入）	
	国有企业	非国有企业	国有企业	非国有企业
$target_{pt}$	0.0199***	-0.0470***	0.0177***	-0.0201***
	(0.0072)	(0.0019)	(0.0046)	(0.0012)
$size_{it}$	0.3436***	0.5251***	0.3158***	0.4158***
	(0.0150)	(0.0021)	(0.0091)	(0.0012)
age_{it}	-0.0188	-0.0413***	-0.0013	-0.0019***
	(0.0262)	(0.0091)	(0.0015)	(0.0006)
$liquid_{it}$	-0.2748***	-0.6499***	-0.0515***	-0.3462***
	(0.0329)	(0.0050)	(0.0186)	(0.0030)
$profit_{it}$	-0.1276	-0.0132	-0.0825*	-0.0062
	(0.0791)	(0.0090)	(0.0465)	(0.0055)
省级控制变量	Y	Y	Y	Y

续表 7-10

变量	(1)	(2)	(3)	(4)
	企业投资（剔除企业贷款）		企业投资（剔除企业补贴收入）	
	国有企业	非国有企业	国有企业	非国有企业
年份固定效应	Y	Y	Y	Y
企业固定效应	Y	Y	Y	Y
R^2	0.467	0.483	0.421	0.420
样本量	24 791	985 605	42 000	1 526 065

注：①回归采用的经济下行样本。②没有报告省级控制变量的回归系数及常数项。③括号内为聚类（cluster）标准误。④ * 、 * * 和 * * * 分别表示通过显著水平为 10% 、5% 和 1% 的统计检验。

二、排除仅仅反映企业周期性投资特征的解释

另外一种可能的竞争性解释是：这只是反映了现有文献已经揭示的企业周期性投资特征。现有文献已经揭示，在面临市场不确定性时，国有企业可能被当作宏观调控的工具，从而出现逆周期投资行为；非国有企业则选择观望甚至缩减投资（郭婧和马光荣，2019；罗知和徐现祥，2017；Bloom，2013）。显然，本章以经济下行时期样本代理市场力量不足以自发实现经济增长目标的情形，得到国有企业投资增加、非国有企业投资减少的结论，与现有文献的结论似乎差别不大。为了突出与现有文献的区别，强调经济增长目标的作用，本章利用经济下行时期样本构建反事实进行检验。如果本章的结论仅仅只是说明了在经济下行时期国有企业与非国有企业的投资差异，那么，在利用经济下行时期样本进行反事实检验时，反事实检验结果中企业的周期性投资特征应当仍然存在。因为采用的是经济下行时期样本，不论构建提前还是滞后的反事实，企业的周期性特征应当仍然能够观察到，也即经济增长目标的前置项或者后置项应当依然显著。

表 7-11 报告了前置反事实的回归结果，不论在国有企业样本回归中，还是在非国有企业样本回归中，经济增长目标的前置项均不显著。前三列报告的是经济下行时期国有企业样本前置反事实的回归结果，第（1）列报告了加入经济增长目标变量前置 1 期的回归结果，经济增长目标前置项的回归系数为 -0.0078，不显著。经济增长目标的回归系数为 0.0275，

通过显著性水平为1%的统计检验。第（2）和第（3）列分别报告了加入经济增长目标前置2期和3期的回归结果，与第（1）列回归结果一致，经济增长目标前置项的回归系数均不显著，而经济增长目标的回归系数仍然显著为正，且系数大小和显著性都没有发生实质性变化。国有企业前置反事实的检验结果说明，在经济下行时期，国有企业随着经济增长目标的提高而增加投资，不是体现的纯粹的国有企业逆周期投资特征，而是反映了经济增长目标的作用。

表7-11中后第（4）至（6）列报告了非国有企业样本的前置反事实结果。与国有企业前置反事实结果一致，不论是加入经济增长目标的前置1期、2期，还是3期，这些前置项的回归系数都不显著。但是同时，经济增长目标的回归系数仍然显著为负，并且系数大小和显著性与基本结果相比，没有发生实质性变化。

前置反事实的检验结果意味着，本章的结论与现有文献存在明显差异，现有文献揭示的是不同所有制企业投资的周期性特征，本章突出的则是经济增长目标对不同所有制企业投资的影响。

表7-12报告了国有企业和非国有企业后置反事实的回归结果。第（1）至（3）列报告的是国有企业样本的回归结果，第（1）列加入了经济增长目标的滞后1期，经济增长目标滞后项的回归系数为0.0064，不显著。经济增长目标的回归系数为0.0196，通过显著性水平为1%的统计检验。与基本结果相比，除了系数略微变小，系数符号和显著性没有实质性变化。第（2）和第（3）列分别报告了加入经济增长目标滞后2期、3期的回归结果，在上述回归中，经济增长目标滞后项的回归系数均不显著，而经济增长目标的回归系数仍然显著为正，而且大小与显著性与基本结果相比均没有发生实质性变化。第（4）至（6）列报告了非国有企业后置反事实的回归结果，与国有企业的回归结果一致，不论是加入经济增长目标的滞后1期、2期还是3期，这些滞后项的回归系数均不显著。而经济增长目标的回归系数仍然显著为负，与基本结果相比，系数大小和显著性也没有发生实质性变化。

上述反事实检验结果排除了基本结果仅仅体现了企业周期性投资特征的解释。因为无论是在前置反事实还是后置反事实检验中，经济增长目标前置和滞后项的回归系数全部不显著，而当期经济增长目标的系数大小与显著性仍然与基本结果保持一致。这说明，本章的结果不是纯粹的企业应

表 7-11 排除纯样的企业周期性行为——前置反事实

变量	(1)	(2)	(3)	(4)	(5)	(6)
	国有企业			非国有企业		
	企业投资					
$target_{pt}$	0.0275***	0.0284***	0.0309***	−0.0251***	−0.0252***	−0.0254***
	(0.0063)	(0.0066)	(0.0077)	(0.0016)	(0.0017)	(0.0019)
$forward1target_{pt}$	−0.0078	—	—	0.0007	—	—
	(0.0050)			(0.0014)		
$forward2target_{pt}$	—	−0.0087	—	—	0.0008	—
		(0.0056)			(0.0015)	
$forward3target_{pt}$	—	—	−0.0112	—	—	0.0011
			(0.0071)			(0.0020)
控制变量	Y	Y	Y	Y	Y	Y
年份固定效应	Y	Y	Y	Y	Y	Y
企业固定效应	Y	Y	Y	Y	Y	Y
R^2	0.407	0.407	0.407	0.415	0.415	0.415
样本量	42 042	42 042	42 042	1 526 390	1 526 390	1 526 390

注：①上述回归采用经济下行时期的国有企业样本。②$forward1target_{pt}$、$forward2target_{pt}$、$forward3target_{pt}$分别表示经济增长目标的前置1~3期。③经济周期为省级层面周期，采用HP滤波分析法（λ=100）确定。④没有报告控制变量回归系数及常数项。⑤括号内为聚类（cluster）标准误。⑥*、**和***分别表示通过显著性水平为10%、5%和1%的统计检验。

表7-12 排除纯粹的企业周期性行为——后置反事实

变量	(1)	(2)	(3)	(4)	(5)	(6)
	国有企业			企业投资	非国有企业	
$target_{pt}$	0.0196***	0.0223***	0.0210***	-0.0249***	-0.0247***	-0.0247***
	(0.0061)	(0.0055)	(0.0056)	(0.0016)	(0.0015)	(0.0015)
$backward1target_{pt}$	0.0064	—	—	0.0004	—	—
	(0.0060)			(0.0016)		
$backward2target_{pt}$	—	0.0050	—	—	-0.0007	—
		(0.0054)			(0.0015)	
$backward3target_{pt}$	—	—	0.0073	—	—	-0.0004
			(0.0065)			(0.0019)
控制变量	Y	Y	Y	Y	Y	Y
年份固定效应	Y	Y	Y	Y	Y	Y
企业固定效应	Y	Y	Y	Y	Y	Y
R^2	0.407	0.407	0.407	0.415	0.415	0.415
样本量	42 042	42 042	42 042	1 526 390	1 526 390	1 526 390

注：①上述回归采用经济下行时期的国有企业样本。②$backward1target_{pt}$、$backward2target_{pt}$、$backward3target_{pt}$分别表示经济增长目标的后置1-3期。③经济周期为省级层面周期，采用HP滤波分析法（λ=100）确定。④没有报告控制变量回归系数及常数项。⑤括号内为聚类（cluster）标准误。⑥*、**和***分别表示通过显著水平为10%、5%和1%的统计检验。

对周期行为,而是体现了在经济下行时期,国有企业与非国有企业投资对当年经济增长目标的不同反应。

❋ 本章小结 ❋

目标引领最终是由企业等市场主体来实现,本章尝试从企业视角考察目标引领的微观渠道。

在理论上,本章将企业分为主动承担政府产出目标约束的企业和不受政府产出目标约束的企业,分析了政府产出目标对上述两种类型企业投资决策的影响。当政府进行目标引领时,承担政府产出目标约束的企业响应国家号召,增加投资,挤出不受政府产出目标约束企业的投资。

在识别策略方面,本章以各地政府工作报告年初公布的经济增长目标度量产出目标,通过计算经济周期界定经济下行时期代理市场力量不足以实现产出目标情形,以国有企业代理承担政府经济增长目标约束企业,以非国有企业代理不受政府产出目标约束企业,为识别目标引领的微观机制贡献了一个简洁方法。

在实证检验方面,本章基于1998—2013年中国省级经济增长目标与中国工业企业数据匹配对微观机制进行了验证。具体而言,1998—2013年间,在经济下行时期,经济增长目标每提高1个百分点,平均每家国有企业的投资将增加约2个百分点,平均每家非国有企业的投资将减少约2.5个百分点。这些发现与理论预期保持一致。

本章的发现是稳健的,从企业视角揭示了目标引领的微观机制:国企的关键作用。中国经济增长目标引领绩效的微观基础,正是在于以国有企业和国有经济为代表的承担政府目标约束的企业的积极响应,从投资上引领和实现了经济增长。需要指出的是,在中国经济发展实践中,不仅国有企业主动承担政府目标约束,非国有企业也可能响应国家号召,这值得进一步研究。

思考讨论题

1. 结合文献或相关案例,谈一谈你对国企的理解。

2. 本文把企业分为承担目标约束的企业和不承担目标约束的企业。谈一谈你对这个分类的理解。

3. 请到官网下载相关数据和程序,再现本章的实证分析结果。你认为哪些实证分析还需要进一步完善?

4. 如果可能,请更新数据样本,再现本章的实证分析结果,重点考察相应的实证结果是否发生变化。

5. 结合相关文献或经济发展案例,谈一谈国有企业在目标引领中的作用。

6. 当政府进行目标引领时,承担政府产出目标约束的企业响应国家号召,增加投资,挤出不受政府产出目标约束企业的投资。谈一谈你对这种挤出效应的理解。

第八章 目标引领的挑战：效率损失

本书此前章节已经论证了目标引领能够带来经济增长，但没有关注目标引领可能面临的挑战。本章将制造业的绿色全要素生产率作为考察对象，以此度量中国最关键产业的发展质量，并从经济增长目标给地方政府和官员所产生的目标实现压力的角度考察目标引领所产生的制造业发展质量效应。具体来说，本章利用全国各省份 1998—2016 年制造业面板数据实证研究发现：经济增长目标压力降低了制造业绿色全要素生产率。在机制上，经济增长目标压力减弱了政府和企业的环境治理力度，同时降低了环境规制对污染物排放的治理效果，从而抑制了制造业绿色全要素生产率的提升。异质性分析表明，提高经济发展水平、公众环保意识、公众环保支持力度、政府环保重视程度，并降低政府规模，有利于缓解经济增长目标压力对制造业绿色全要素生产率发展的负面影响。本章初步揭示了目标引领所可能引发的负面效应。

第一节 引　言

目标引领也面临着一些挑战。2020 年 5 月 22 日，习近平总书记参加内蒙古代表团审议，对代表们谈不提全年经济增速目标背后的抉择时说，"如果没有这次疫情，一般情况下经济增长目标会定在 6% 左右。但是，疫情发生以后有的事情不由我们作主，世界经济衰退已成定局，我们受到的影响有多大、有多深，还有很多不确定性。""如果我们硬性定一个，那着眼点就会变成强刺激、抓增长率了，这样不符合我们经济社会发展的宗旨……"显然，不提经济增长目标是考虑到了经济增长目标的扭曲效应。如何度量经济增长目标的扭曲效应？扭曲效应到底有多大？这是中国经济实践提出的急需回答的问题。本章尝试以制造业绿色全要素生产率度量制造业发展质量,从经济发展质量的视角来度量经济增长目标的扭曲效应。

改革开放40多年来,我国取得了举世瞩目的经济成就。中国已成为世界第二大经济体,也是世界上头号制造大国。"中国模式"虽令世界各国刮目相看,但也饱受质疑,"中国模式"是否可持续,广受各界争议。我国经济过去的高速增长主要依靠人口资源红利和庞大的国内市场,然而政府主导下的粗放型发展模式难以为继,高增长模式下的环境污染、资源消耗、生态退化等问题日益凸显。《2018年全球环境绩效指数报告》显示,我国EPI得分为50.74,在180个国家中排名第120位,相对2016年的第109名有所下降,说明我国环境绩效水平不增反减,这也意味着经济增长质量不升反降(钞小静和任保平,2012)。工业是我国经济的主导力量,制造业作为工业部门的核心主体,是国力提升、民族兴盛、国家富强的坚实保障,因而其发展壮大是"中国制造2025"行动纲领的首要攻坚目标。我国要实现由制造大国向制造强国的历史跨越,就必须妥善解决工业行业固有的高耗能、高排放、高污染等环境问题。2015年,工业部门消费全国68%的能源总量,工业二氧化硫排放量占全国二氧化硫排放量的84%,工业烟(粉)尘排放总量占全国的80%。因而,制造业作为工业体系最核心的部分,急需摆脱过去依赖资源投入的低效发展模式,进而转向依靠绿色技术进步的高效增长方式,才能保障我国经济增长质量持续提升(詹新宇和崔培培,2016)。

环境作为公共物品,具有很强的正外部性,因而由政府负责治理才能保障环境公共服务满足社会需求。但从环境治理投入资金来看,我国地方政府的环境治理绩效仍有很大的提升空间。根据国际经验,当节能环保财政支出占GDP比例达1%~1.5%时,就可以控制环境污染的增长趋势,当该比例在2%~3%时,就能改善环境质量。2018年,我国节能环保支出占GDP比重为0.65%,这说明我国环保支出仍未达到有效控制污染增长趋势所需的资金量。为进一步了解工业部门在污染治理方面的资金投入情况,本章将每年的工业污染治理投资除以工业总产值来度量单位工业产出所花费的治污资金。根据测算结果,从1997年到2011年,工业污染治理投资额占工业总产值比重波动下降,该比值在2012—2013年稍微上涨,但从2014年开始又呈显著的下降态势。治污投资额总体逐年降低,一方面可能是企业生产效率提高,单位工业产出排放出更少的污染物,因而需要花费的治理费用减少;另一方面可能是污染治理费用作为企业的额外生产成本，挤压利润空间，不利于企业扩大生产规模，在地方政府环保监管不到位或监管力度减弱的情况下，企业有意缩减治污投资，以最大限度扩大收益。结合历年的环境绩效表现，似乎第二种解释更能说明为什么工业污染治理投资额趋于削减。

企业治污积极性能否提高、高排污行为能否被遏制，很大程度上取决于地方政府对环境保护的重视程度。我国特有的官员管理模式决定了GDP长期以来是影响官员升迁的核心判断指标，因而保障经济稳定高增长是地方官员在有限任期内的工作重心。在短期政绩的诉求刺激下，地方官员对环境治理这种费时费力又绩效不明显的"不讨好"职责任务可能采取"懒政"态度，而且环境治理力度增强又会阻碍短期经济增速的提高，因而在地方政府利益权衡作用下，二者长期表现出非此即彼的矛盾关系，且多数情况是环境治理让步于经济增长。Wang等（2018）发现，自20世纪90年代以来，中国生态经济协调系数呈现恶化趋势。魏婕等（2016）也发现地方政府偏好经济增长数量而缺乏对经济增长质量的兴趣，造成我国经济增长质量水平长期呈现低下的状态。因而忽略了生态保护也就忽视了经济质量的改善（钞小静和任保平，2012）。地方政府非完全执行环境规制，或落实环境政策不到位等现象曾经广泛存在，致使工业发展质量提升滞后，也引起了中央政府的高度重视。中央政府为充分调动地方政府对环保工作的积极性，下达了一系列环境治理指标并相应提高环保绩效的考核权重，期望通过惩罚和激励的双重约束来刺激地方政府提高对环保工作的积极性。尽管中央政府加强环保管制，但根据对前面数据的分析可知，环境治理效果仍不尽如人意。王印红和李萌竹（2017）通过分析政府工作报告也发现，地方政府对环境治理的关注力度虽明显提高，但经济发展依然是地方政府首要关注的重点方向，而且2008年国际金融危机冲击使得各地政府削减了对环境治理的关注程度，转向偏重经济建设。

此外，中央政府虽不断压缩经济增长并相应提高环境保护的政绩考核权重，但似乎并未从根本上降低地方政府发展经济所面临的巨大压力。尽管我国是世界第二大经济体，但人均收入水平离发达经济体还有很大差距，"以经济建设为中心"的基本路线依然是我国目前经济社会发展的主线。"发展才是硬道理"在各地政府工作报告中也有所体现，报告提及的与经济发展相关的内容占多数篇幅，经济增长目标的设定普遍优先于其他社会工作目标的设定，经济增长速度相对质量优化更受关注、更可度量，经济发展指标占据工作报告的突出位置，由此可知，经济增长至今仍具有不可撼动的主导地位。官员效用最大化的途径是职位升迁，而经济增长是影响晋升概率的最显性指标。韩晶和张新闻（2016）也发现，长期以来决定官员晋升的核心因素是 GDP 增长而非绿色发展等质量指标。因而，地方政府主导经济目标的设定是官员参与晋升博弈的必然选择。地方官员因晋升而管理经济增长目标的竞争行为已经得到学者的广泛关注。周黎安等（2015）发现，经济增长目标"层层加码"现象在多层级晋升体系中广泛存在。余泳泽和潘妍（2019）也发现地方官员对经济增长目标的设定偏好选用"之上""确保"等修饰词。因而，经济增长率作为地方政府对外展示本地政绩、对内取悦上级的焦点，对官员的仕途前景不言而喻。由此可知，经济增长目标"合意"敲定并出彩达成不仅是官员晋升博弈的重要环节，也是地方政府始终重视经济发展的压力之源。本章在之前强调增长目标本身的基础上，更加突出地方政府和官员设定经济增长目标所产生的压力。

本章关注的是制造业发展质量。学术界对制造业发展质量的内涵并未给出统一的定义，尽管如此，现有学者基本认可高质量的制造业增长至少具备以下特征：增长速度稳、技术进步快、生产效率高、产业结构合理、资源环境改善。现在常用来度量制造业发展质量的指标主要有全要素生产率和绿色全要素生产率，其中绿色全要素生产率是在保留全要素生产率测算的基础上充分考虑能源投入和污染产出的改进方法，在新时代更能体现高质量发展内涵。因而绿色全要素生产率的提升能显著促进工业质量的提高（李玲等，2013），但我国制造业绿色全要素生产率非但没有增长甚至出现倒退现象（陈超凡，2016），制造业增长方式越发显现粗放性和外延性（李斌等，2013）。经济增长目标压力是否构成我国工业质量发展受阻的关键原因？在经济增长目标压力的影响下，地方政府是否疏于环境治理投资，懈怠于环境规制执行，致使工业部门忽略污染整治和绿色工艺发展，从而阻碍了制造业绿色全要素生产率的增长？

实际上，经济增长目标压力影响以制造业绿色全要素生产率为代表的发展质量具有重要的内在逻辑。工业污染治理投资体现了政府对环境管理的意愿和努力，通常投入治理资金越多，政府对环境管制越严格（余长林和高宏建，2015）。郑思齐等（2013）也认为地方政府的环境治理投资力度对改善环境质量十分重要。但地方政府能否发挥环保优势、履行环保职能，基本取决于地方政府如何平衡自身短期效用最大化和公众福利最大化。何爱平和安梦天（2019）发现地方政府间的经济赶超和晋升竞争，会驱使官员不惜破坏生态环境来追求经济发展速度，导致绿色全要素生产率提升受阻。因此，经济增长目标作为地方官员每年必须保障的基本政绩，也可能会影响到地方政府的环保投资积极性，并通过企业作用于绿色全要素生产率。此外，环境规制作为政府实现环境和经济协调发展的干预手段，也是政府用来实现环境规制的有效工具。殷宝庆（2012）发现环境规制强度由弱变强将对绿色全要素生产率产生先削弱后提升的影响。但环境规制的生态治理效率受到地方政府行政思路的干扰，李胜兰等（2014）发现，当地方政府实施环境规制由"模仿"转向"独立"时，环境规制对生态效率的作用也由"制约"转变为"促进"。因此，晋升锦标赛带来的经济增长目标压力虽鼓励地方政府创造了"经济奇迹"，但也容易刺激地方官员形成追求短期经济利益而忽略长期经济质量的执政理念，从而不利于绿色全要素生产率的提高。在实证意义上，这一理论逻辑是否成立，涉及目标引领是否存在负面效应的重要话题。

为了用更科学严谨的方式回答这一问题，本章基于各地方政府的经济增长目标数据来构造地方经济增长压力指标，利用1998—2016年除西藏、港澳台之外的30个省（自治区、直辖市）的制造业面板数据，实证检验经济增长目标压力和制造业绿色全要素生产率的作用关系。实证结果表明：经济增长目标压力与制造业绿色全要素生产率之间存在显著的负相关关系。本章又发现，在经济增长目标压力作用下，地方政府降低环境治理力度，削弱环境规制的作用效果，从而抑制制造业绿色全要素生产率水平的提升。提高经济发展水平、公众环保意识、公众环保支持力度、政府环保重视程度，降低政府规模，有利于缓解经济增长压力对制造业绿色全要素生产率增长的负面影响。本章从地方政府面临的经济增长目标压力视角来揭示我国经济增长速度和工业发展质量不调和的体制因素，为地方政府应如何处理好经济增长和工业质量的关系提供理论和实证依据。

本章以下内容的结构安排为：第二节是实证策略与数据说明，第三节是实证分析结果，第四节是稳健性检验，第五节是机制分析，第六节是异质性分析，最后是本章小结。

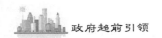

第二节 实证策略与数据说明

一、模型设定

根据上述假说,本章设定如下面板数据模型,以检验地方政府经济增长目标压力与各省制造业绿色全要素生产率之间是否存在负向作用关系,模型设定如下:

$$GTFP_{it} = \beta_0 + \beta_1 TARGET_{it} + \Gamma Control_{it} + \mu_i + \nu_t + \varepsilon_{it} \quad (8-1)$$

其中,i 表示省份,t 是年份。$GTFP$ 是各省制造业绿色全要素生产率,表示工业发展质量水平(李玲等,2013),$TARGET$ 是地方政府经济增长目标压力。μ 和 ν 分别是省份固定效应和年份固定效应,ε 是随机误差项。$Control$ 是一组影响 $GTFP$ 的控制变量。

二、指标设定

制造业绿色 TFP 是本章实证工作的被解释变量,地方政府经济增长目标压力为核心解释变量。本章借鉴其他学者的研究成果,选用外商直接投资、对外开放水平、工业化水平、经济发展水平、市场化水平、资本密度、研发支出水平、人力资本作为控制变量,以尽可能避免因遗漏变量而引起的内生性问题。各变量指标的设定方式如下。

(一)制造业绿色全要素生产率 GTFP

学术界测算 TFP 普遍采用随机前沿分析法(Stochastic frontier approach,SFA)和数据包络分析法(Data envelopment analysis,DEA),DEA 法相较于 SFA 法不仅无须设定具体的生产函数形式,而且在测算多投入和多产出变量方面具有优势。但传统的 DEA 法一般采用基于径向的(radial)、角度的(oriented)方向性距离函数(将能源投入、环境污染等要素纳入全要素生产率的测算框架),该函数没有充分考虑松弛性问题(即忽略投入过度或产出不足的情况),这会导致传统 DEA 法测算得出的生产效率值偏高。此外,基于角度的方向性距离函数的 DEA 法也不能同时以投入和产出为导向来计算生产效率,容易使得测算结果失真。基于此，本章采用非径向、非角度的 SBM（Slack-based measure）方向性距离函数，并结合 Chung 等（1997）提出的 Malmquist-Luenberger（ML）生产率指数来测算我国各省制造业绿色全要素生产率 GTFP。ML 生产率指数能很好地度量出在模型存在非期望产出时的全要素生产率的动态变化情况。根据 Chung 等的测算方法，t 期和 t+1 期之间的 SBM_ML 指数表示为：

$$ML_t^{t+1} = \left\{ \frac{[1+\vec{D}_t(x_{t+1},y_{t+1},d_{t+1},g_{t+1})]}{[1+\vec{D}_t(x_t,y_t,d_t,g_t)]} \times \frac{[1+\vec{D}_{t+1}(x_{t+1},y_{t+1},d_{t+1},g_{t+1})]}{[1+\vec{D}_{t+1}(x_t,y_t,d_t,g_t)]} \right\}^{\frac{1}{2}} \quad (8-2)$$

ML 生产率指数可分解为技术效率（TEC）和技术进步（TP）两部分：

$$ML_t^{t+1} = TEC_t^{t+1} \times TP_t^{t+1} \quad (8-3)$$

$$TEC_t^{t+1} = \frac{1+\vec{D}_{t+1}(x_{t+1},y_{t+1},d_{t+1},g_{t+1})}{1+\vec{D}_t(x_t,y_t,d_t,g_t)} \quad (8-4)$$

$$TP_t^{t+1} = \left\{ \frac{[1+\vec{D}_t(x_{t+1},y_{t+1},d_{t+1},g_{t+1})]}{[1+\vec{D}_{t+1}(x_{t+1},y_{t+1},d_{t+1},g_{t+1})]} \times \frac{[1+\vec{D}_t(x_t,y_t,d_t,g_t)]}{[1+\vec{D}_{t+1}(x_t,y_t,d_t,g_t)]} \right\}^{\frac{1}{2}} \quad (8-5)$$

式（8-2）中的 D 为生产单元 DMU，x、y、d 和 g 分别是生产投入、期望产出、非期望产出和方向向量。其中，$ML>1$ 表示绿色全要素生产率增长，$ML<1$ 表示绿色全要素生产率下降；$TEC>1$ 表示绿色技术效率提高，$TEC<1$ 表示绿色技术效率降低；$TP>1$ 表示绿色技术进步，$TP<1$，表示绿色技术退步。根据式（8-2）可知，测算制造业绿色全要素生产率需要用到生产投入、期望产出、非期望产出三类数据指标。本章将资本投入、劳动投入、能源投入作为生产投入要素，其中劳动投入用制造业从业人员平均人数表示，能源投入用各省能源消费总量近似代理，资本投入用资本存量表示。本章利用永续盘存法估算制造业资本存量，其中资本折旧率设为 6%（顾乃华和李江帆，2006）。产出要素包括期望产出和非期望产出，期望产出选用制造业工业总产值，并用工业生产者出厂价格指数进行平减得到以 1998 年为基期的实际总产值。本章参考王兵等（2010）的做法，选择工业 SO_2 排放量和工业 COD（化学需氧量）排放量作为非期望产出。为保持数据口径一致，本章借鉴庞瑞芝和邓忠奇（2014）转换思路，将能源消费总量乘以（制造业就业人数/各省总就业人数），工业 SO_2 排放量、工业 COD 排放量分别乘以（制造业就业人数/工业就业人数），以折算得到制造业部门的能源消费量、SO_2 排放量、COD 排放量。最后，

本章利用 MaxDEA Ultra 7.12 软件进行测算，并将计算得出的 ML 指数作为本章的被解释变量 GTFP。

（二）经济增长目标压力 TARGET

本章将经济增长目标压力变量设定为虚拟变量，即当（i 省 t 期的经济增长目标 $-i$ 省过去 5 年的实际经济增长速度均值）大于 0，经济增长目标压力变量 TARGET 取值为 1，否则取值为 0。其中，经济增长目标数据来自各省政府每年公布的政府工作报告。本章将各省过去 5 年的经济增长率均值作为反映本地实际经济实力和经济增长潜力的依据，由于经济增长的惯性，过去 5 年的经济增长率均值一定程度上能够预示出未来一段时期内该地区的经济增长趋势，也就是说，未来一段时期的经济增长表现基本围绕该均值上下波动，正常情况下不会有显著的偏离。因而过去 5 年经济增长率均值大体上可表示为该地区的经济增长趋势。若地方政府设定的经济增长目标值大于该趋势值，表示政府采取了扩张激进型经济发展策略，这也意味着政府官员在当年面临较大的经济增长压力，因而其干预经济的冲动也更加强烈。若地方政府设定的经济增长目标小于该趋势值，表示该地政府面临较小压力或者无压力。此外，各地政府不仅需要完成本地的经济增长目标，也要参考比较其他省份经济目标的设定情况，因为若该省政府预设的经济增长目标普遍高于其他省份的，那么该省政府官员必然面临相对更大的经济增长压力。因而，为进一步检验本地经济压力和外地追赶压力对当地官员经济干预冲动的综合影响效果，本章更换经济增长压力变量的设定方式如下：当（i 省 t 期的经济增长目标 $-$ 除 i 省外的其他省份在 t 期的经济增长目标均值）大于 0，同时（i 省 t 期的经济增长目标 $-i$ 省过去 5 年的实际经济增长速度均值）也大于 0，则将经济增长压力变量 TARGET1 设为 1，其他情况赋值为 0。

（三）控制变量

本章控制变量设定方式如下：①外商直接投资（FDI）：用外商直接投资与制造业总产值比值来表示，外商直接投资能够产生积极的人才引入效应和技术外溢效应，推动东道国提升绿色全要素生产率。②对外开放水平（open）：用进出口总额与制造业总产值的比值衡量，对外贸易规模扩大，国外市场对我国出口产品的绿色环保标准提出更高要求，间接驱动我国企业增加对绿色技术研发的投资规模。③工业化水平（industrialize）：用第二产业增加值占 GDP 比重度量，工业化越发达，整个市场的工业体系越健全，越有利于技术交流和技术扩散。④经济发展水平（lnpergdp）：用各省人均 GDP 取对数表示，经济发展水平提高使得政府更有能力解决环境问题，更有决心转变重数量轻质量的粗放式经济增长模式，并对企业的绿色发展提出更高要求，进而促进整个工业部门绿色全要素生产率的发展。⑤市场化水平（market）：本章采用王小鲁等（2016）构建的市场化指数来衡量，市场化程度越高越有利于提高资源配置效率，资源配置有效对绿色全要素生产率的增长有积极影响。⑥资本密度（capden）：用制造业资本存量除以制造业就业人数并取对数来度量，绿色技术发展和环境污染处理需要大规模资金投入，资金充裕使得企业有能力应付绿色环保支出中的高额资金需求。⑦研发支出水平（RD_expen）：用大中型工业企业研发经费内部支出来表示，研发支出增加对绿色工艺引进和绿色技术研发有正向推动作用。⑧人力资本（human）：用平均受教育年限度量，其中文盲、小学、初中、高中、大专、本科和研究生的受教育年限分别设定为 0 年、6 年、9 年、12 年、15 年、16 年和 19 年，人力资本是经济绿色发展的保障和强大动力。

三、数据来源

基于 DEA 法测算 GTFP 具有数据敏感特性，数据异常和数据缺失等问题会对测算结果的准确性造成较大干扰，又考虑到数据可得性问题，因而本章选择进行计量分析的样本只包含除西藏、港澳台地区之外的 30 个省（自治区、直辖市）的 1998—2016 年间的 20 个二位码制造业行业数据，剔除制造业行业中的纺织服装、家具制造、木材加工、皮革制鞋、文教工美、橡胶塑料、印刷复印、废气资源、金属机械和其他制造业这 10 类行业的数据，因为这些行业中的从业人员数据普遍缺失严重，而本章使用的地区层面的制造业数据就是在这些二位码行业数据基础上加总得出的，如果不剔除数据缺失严重的行业，将会导致用来测算制造业全要素生产率的投入要素数据和产出要素数据不匹配，即较低水平的劳动投入却生产偏高的产出水平，进而降低测算结果的准确性。剩余的 20 个二位码制造业总产值占全部制造业总产值的 89%，因而这些行业总体能代表整个制造业行业。本章的研究数据来自《中国工业经济统计年鉴》《中国经济普查年

鉴》《中国统计年鉴》《中国科技统计年鉴》《中国能源统计年鉴》《中国环境年鉴》,各省统计年鉴和国家统计局。

第三节 实证分析

为了避免伪回归问题出现,本章使用了 LLC 检验、IPS 检验、HT 检验这三种方法对所有变量的原始序列进行了平稳性检验。结果发现,有部分变量未通过该检验,但对原始数据进行一阶差分处理后,全部变量均通过了平稳性检验,因此可以认为所有序列是平稳的。为检验经济增长目标压力与制造业绿色全要素生产率的作用关系,本章采用同时控制省份和年份的双向固定效应计量模型,以尽可能避免不可观察因素对实证结果进行干扰。表 8 - 1 报告的是模型(1)的基准回归结果,从第(1)至(3)列可看出,不管是否加入控制变量、是否加入省份和年份固定效应,经济增长目标压力 TARGET 与制造业绿色全要素生产率 GTFP 之间均呈显著的负相关关系,且在 10% 的水平上显著,验证了本章的理论推断。实证结果说明,如果地方政府预设的经济增长目标大于其所管辖地区的潜在经济增长趋势,将会对该地区制造业绿色全要素生产率的增长产生不利影响。也就是说,地方政府若面临较高的经济增长目标压力会约束工业发展质量水平的提高。

表 8 - 1 经济增长目标压力与制造业绿色全要素生产率的实证结果

变量	(1) GTFP	(2) GTFP	(3) GTFP	(4) GTFP
TARGET	-0.041* (0.021)	-0.059*** (0.022)	-0.045* (0.023)	— —
TARGET1	—	—	—	-0.050** (0.023)
FDI	— —	0.035 (0.022)	0.027*** (0.008)	0.030*** (0.008)
open	— —	-0.010 (0.025)	0.057 (0.062)	0.062 (0.062)

续表 8-1

变量	(1) GTFP	(2) GTFP	(3) GTFP	(4) GTFP
industrialize	—	0.251**	0.134	0.132
	—	(0.116)	(0.298)	(0.304)
lnpergdp	—	-0.099***	0.108	0.119
	—	(0.029)	(0.103)	(0.102)
market	—	0.030***	-0.008	-0.009
	—	(0.008)	(0.015)	(0.015)
capden	—	-0.002	0.016	0.011
	—	(0.027)	(0.041)	(0.040)
RD_expen	—	0.000	0.000**	0.000**
	—	(0.000)	(0.000)	(0.000)
human	—	0.034**	-0.034	-0.035
	—	(0.013)	(0.032)	(0.032)
_cons	1.277***	1.514***	0.518	0.440
	(0.060)	(0.149)	(0.753)	(0.746)
省份固定效应	是	否	是	是
年份固定效应	是	否	是	是
R^2	0.160	0.114	0.176	0.176
样本量	570	570	570	570

注：①括号内为回归系数的标准误。②*、**和***分别表示通过显著水平为10%、5%和1%的统计检验。

实证结果也蕴含了以下两方面内容：一是地方政府每年设定的经济增长目标确实与当年的经济表现相关联，二是政府工作报告作为地方政府必须发布的纲领性文件，其中设定的经济增长目标基本可作为地方政府主动向上级认领的政绩任务，因而该经济目标实现与否将直接影响官员的晋升机会。既然经济增长目标的达标率决定了地方官员的仕途前景，那么地方政府在当年设定的经济增长目标不会轻易地较前一年大幅度提高，保证目标实现是各地政府的占优策略，因而我国各省政府的经济增长目标达标率较高，也就是各省每年实际完成的经济增长速度基本高于当年预设的经济增长目标。本章将过去五年的实际经济增速作为经济增长趋势，在正常情况下，当年的经济增长目标设定值是稍低于趋势值的，但若当年预设的经济增长目标高于趋势值，一方面可能是地方政府看好未来一年的经济增长势头，另一方面可能是地方政府采取了激进的经济增长目标竞争策略，以期在晋升竞赛中"脱颖而出"。不管出于何种原因，高目标均会构成地方政府必须面对的巨大压力。该压力往往会驱动地方政府采取积极乃至激进的经济发展策略，进而可能制约我国制造业绿色生产效率的发展。表 8-1 中第（4）列是同时考虑其他地区经济增长目标竞争压力情况下的回归结果，从结果可看出，新经济增长目标压力变量 TARGET1 的系数值较大，显著性水平也较高，这说明地方政府不仅面对自身的经济达标压力，也要兼顾竞争对手的经济表现，双重压力进一步恶化了制造业的绿色生产效率，从而不利于工业发展质量的提升。

第四节　稳健性检验

为验证实证结果的稳健可靠，本章进行以下稳健性分析：

一是更换核心解释变量的设定方式。本章在前面章节已经证实了当地方政府同时面临自身经济达标压力和其他地区经济追赶压力时，会导致制造业绿色全要素生产率水平显著下降。但在上述分析中，我们在衡量其他省份对本省经济增长的影响时，并未细化考虑地理位置相邻地区或经济发展水平相似地区对本省经济增长压力形成的影响，只是做了整体性分析。一般情况下，各省政府每年预设经济增长目标首要参考的对象基本是邻近省份或者跟本省经济发展水平相当的省份，这类省份对本省带来的经济压力可能更加直接和强烈，因此为了进一步识别跟本省有较强竞争关系的省份对本省经济增长压力带来的影响，本章更换经济增长目标压力变量的设定方式如下：①当（i 省 t 期的经济增长目标 − 除 i 省外且与 i 省地理位置相邻的其他省份在 t 期的经济增长目标均值）大于 0，同时（i 省 t 期的经济增长目标 − i 省过去 5 年的实际经济增长速度均值）也大于 0，则将经济增长压力变量 TARGET2 设为 1，其他情况赋值为 0；②当（i 省 t 期的经济增长目标－除 i 省外且与 i 省经济发展水平相似的其他省份①在 t 期的经济增长目标均值）大于 0，同时（i 省 t 期的经济增长目标－i 省过去 5 年的实际经济增长速度均值）也大于 0，则将经济增长压力变量 TARGET3 设为 1，其他情况赋值为 0；③本章参考潘文卿（2015）的做法，将全国（西藏、港澳台地区除外）30 个省份划分为八大经济区②，因为该经济区划分时关注到了地理位置相邻、经济发展水平相近、产业结构和自然资源禀赋相似等因素，所以在相同经济区内，各省政府间的竞争程度也更为激烈，很好地契合了本章的研究目的。因此，本章按照如下方式设定经济增长目标压力变量，即当（i 省 t 期的经济增长目标－除 i 省外且与 i 省在同一经济区的其他省份在 t 期的经济增长目标均值）大于 0，同时（i 省 t 期的经济增长目标－i 省过去 5 年的实际经济增长速度均值）也大于 0，则将经济增长压力变量 TARGET4 设为 1，其他情况赋值为 0。实证结果如表 8－2 中第（1）至（3）列所示。从结果可以看出，不管以何种方式定义经济增长目标压力变量，其对制造业绿色全要素生产率的负向影响均在 10% 的水平上显著，这进一步支持本章的理论推断。

表 8－2　稳健性检验结果

变量	(1) GTFP	(2) GTFP	(3) GTFP	(4) GTFP	(5) GTFP	(6) GTFP
TARGET2	-0.053* (0.027)	—	—	—	—	—
TARGET3	—	-0.042* (0.024)	—	—	—	—
TARGET4	—	—	-0.044* (0.024)	—	—	—

---

①　本章按照如下方式划分经济发展水平相似省份：对每个省份在样本期间的人均生产产值求平均值，然后按照平均值大小进行从小到大排列，接着根据排列顺序划分为 5 组，每组 6 个省份，这样在一定程度上可以保障相同组内的各省之间的经济发展水平相似。

②　八大经济区如下：东北地区（黑龙江、吉林、辽宁）、京津地区（北京、天津）、北部沿海地区（河北、山东）、东部沿海地区（江苏、上海、浙江）、南部沿海地区（福建、广东、海南）、中部地区（山西、河南、安徽、湖北、湖南、江西）、西北地区（内蒙古、陕西、宁夏、甘肃、青海、新疆）以及西南地区（四川、重庆、云南、贵州、广西）。

续表 8-2

变量	(1) GTFP	(2) GTFP	(3) GTFP	(4) GTFP	(5) GTFP	(6) GTFP
TARGET2008	—	—	—	—	-0.060 (0.037)	—
TARGET2013	—	—	—	—	—	-0.128*** (0.043)
TARGET	—	—	—	-0.042* (0.024)	-0.031 (0.027)	-0.037 (0.024)
控制变量	—	—	—	—	—	—
省份固定效应	是	是	是	是	是	是
年份固定效应	是	是	是	是	是	是
R^2	0.176	0.175	0.175	0.195	0.177	0.179
样本量	570	570	570	540	570	570

注：①括号内为回归系数的标准误。②*、**和***分别表示通过显著水平为 10%、5% 和 1% 的统计检验。

二是控制外生冲击的影响。2008 年金融危机席卷全球，对我国经济发展带来巨大压力。为稳定经济增速，政府可能放松当年的环境治理要求，以期通过降低企业成本来提高全球竞争优势，因而可能影响制造业绿色全要素生产率增长。为了避免金融危机对实证结果造成干扰，本章剔除掉 2008 年的数据再进行回归分析。表 8-2 中第（4）列实证结果表明，在控制金融危机冲击影响后，基准回归结论保持不变。党的十七大（2007）提出"转变经济发展方式"，2012 年经济进入新常态，这些政策因素和经济形势变化可能会影响地方政府的行政策略进而影响绿色经济的发展，因而为了检验这些外生冲击是否影响研究结论，本章分别设置两个虚拟变量 year2008 和 year2013，即当年份为 1998—2007 年时，year2008 为 0，当年份为 2008—2016 年时，year2008 为 1；当年份为 1998—2012 年时，year2013 为 0，当年份为 2013—2016 年时，year2013 为 1。接着将 year2008 和 year2013 分别与经济增长目标压力 TARGET 进行交乘，得到交互项 TARGET2008 和 TARGET2013，再分别把这两个解释变量加入基准模型中，最后进行回归分析，回归结果如第（5）至第（6）列所示。

从表 8-2 中可以看出，TARGET2008 变量的回归系数为 -0.06，相应 p 值为 11.2%，TARGET2013 变量的回归系数为 -0.128，且在 1% 的统计水平显著为负。实证结果说明经济增长目标压力对绿色全要素生产率的负向影响是后半阶段的比前半阶段的更大，即 2008 年之后的经济增长目标压力对绿色全要素生产率的负向影响比 2008 年之前的大约 0.06，2013 年之后的经济增长目标压力对绿色全要素生产率的负向影响比 2013 年之前的大约 0.128。因而总体来说，尽管中央政府提出"转变经济发展方式"，提高各级政府的环境保护意识，地方政府面临的经济增长目标压力仍会负向影响制造业绿色全要素生产率，经济进入新常态同样加深这种负向效应。因此，该实证结果也间接证明本章研究结论相对稳健可靠。

三是内生性检验。考虑到模型可能存在遗漏变量、测量误差等潜在内生性问题，而内生性问题又会导致固定效应的估计结果存在偏误，因此我们采用工具变量法来解决这个问题。我们使用地级市个数、中央经济增长目标和各省省委书记年龄来构建工具变量。省级政府管辖的地级市个数越多，可能越不容易实现预设的经济增长目标，由于各省地级市在地理、历史、政策等方面存在差异，所以城市之间发展普遍不平衡。省级政府要想如期实现经济目标，就要全面兼顾各个地级市的经济发展情况，确保经济发展水平较低的地级市的经济增速至少不落后。因此，各省地级市个数越多，省级政府面临的经济增长压力可能越大。我们统计分析中央经济增长目标和各省经济增长目标数据，发现 1998—2012 年之间，各省经济增长目标的设定值逐年增长，虽增幅不大，但总体呈上升趋势。2012 年之后，经济增速放缓，因此从 2013 年开始，各省设定的经济增长目标值显著下降，之后目标值大体呈下降趋势。中央政府也从 2014 年开始下调经济增长目标，并且目标设定值也每年向下调整，所以中央经济增长目标可能与各省经济增长目标存在相关性。由于地级市个数具有时不变特性，且中央经济增长目标具有个体不变特性，这两个指标变动范围较小，因此我们增加一个时变且个体层面变动的指标与地级市个数、中央经济增长目标交乘，并将这三个变量交乘后的结果作为工具变量。我们选用各省省委书记年龄是考虑到该指标可能跟解释变量有关，蔡显军等（2020）发现，省委书记年龄越大，晋升激励越强，晋升意愿就越强，省委书记就越可能重视经济增长。直觉上，各省地级市个数、中央经济增长目标和省委书记年龄与绿色 TFP 没有直接相关性。表 8-3 中第（1）列是 2SLS 回归的第一阶段结果,从结果可以看出经济增长目标压力变量与工具变量显著正相关,可认为该工具变量满足相关性要求,且F统计量值大于10,所以工具变量不存在弱相关问题。第(2)列是加入工具变量后的回归结果,可以看出经济增长目标压力与绿色全要素生产率关系依然显著为负,且系数值较基准回归结果更大,说明经济增长目标压力对绿色全要素生产率的负向影响实际上更大。

表8-3 稳健性检验结果

变量	(1) TARGET 2SLS第一阶段	(2) GTFP 2SLS第二阶段
IV	0.012*** (0.003)	— —
TARGET	— —	-0.331* (0.187)
控制变量	是	是
省份固定效应	是	是
年份固定效应	是	是
样本量	570	570
R^2	0.326	0.179
F统计量	—	14.397

注:①括号内为回归系数的标准误。②*、**和***分别表示通过显著水平为10%、5%和1%的统计检验。

第五节 机制分析

一、环境治理力度

我国各地环保部门负有制定污染物排放标准、指导解决环境问题、查处环境污染事故、监督环境保护工作之责。但各地的环境监管权并未完全实现垂直管理,依然部分归属于当地政府管理,因而环保部门处于地方政府和上级环保部门的双重领导境地；又因环保部门的人事任免和财政拨款均受地方政府管控，且上级环保局向下级监察存在滞后性和不连续性，因而环保部门基本上是向当地政府负责，这使得环保职权缺乏一定的独立性和权威性。由此也可知，地方政府对环境政策的执行力度和强度将直接影响我国的环境治理水平。根据前面的实证结论可知，经济增长目标压力与制造业绿色全要素生产率之间存在负相关关系。那么在经济增长目标压力驱使下，地方政府是否通过干涉环保部门，减少环境治理投入或者降低监管力度来为经济增长让位，进而阻碍了制造业绿色效率的增长？为了检验该猜测，本章选用排污费收入（$EPE1$）、废水治理设施运行费用和废气治理设施运行费用之和（$EPE2$）、环境污染治理投资总额（$EPE3$）来作为环境治理力度的度量指标来进行验证。其中，排污费收入（简称"排污收入"）是地方政府针对企业的排污行为强制征收的费用，可用来表示地方政府对治污的决心；废水、废气治理设施运行费用（简称"运行费用"）是企业治理污染物过程中必要的支出，体现了企业对治污的决心；环境污染治理投资总额（简称"治污投资"）主要来源于政府补贴和企业自筹，可用于节能减排、设备购买、清洁技术研发等，一定程度上体现了地方政府和企业共同治污的决心。

为检验经济增长目标压力是否会降低环境治理决心，本章对排污费收入、运行费用、治污投资取对数并将其作为被解释变量，经济增长目标压力作为核心解释变量，并进行实证分析。回归结果如表 8-4 中第（1）至（3）列所示，对结果进行分析可知，经济增长目标压力与排污收入、运行费用均呈显著的负相关关系，与治污投资有负向作用关系，也就是说，若地方政府面临经济增长压力，政府官员不仅会降低自身对环境治理的积极性，也会抑制企业的治污意愿。这初步证实了各地政府确实有选择牺牲环境来换取经济增速的举动。从系数值大小来看，经济增长目标压力对企业的治污行为影响最大，该结果也印证了政企合谋不利于环境质量改善的基本现实，即企业完成地方政府下达的产量任务，而政府以纵容、默许企业的排污行为来作为回馈。为进一步检验地方政府对环境治理的懈怠或者不作为是否会对制造业绿色生产效率的增长产生消极影响，本章将排污收入、运行费用、治污投资分别除以工业增加值来构建环境污染治理力度指标 $EPI1$、$EPI2$ 和 $EPI3$，接着按照经济增长目标压力是否通过作用于环境治理力度进而影响制造业绿色全要素生产率的设计思路来进行实证分析。

表8-4 经济增长目标压力、环境治理力度与制造业绿色全要素生产率的回归结果

变量	(1) EPE1	(2) EPE2	(3) EPE3	(4) EPI4	(5) GTFP	(6) EPI6	(7) GTFP	(8) EP8	(9) GTFP
TARGET	-0.140** (0.068)	-0.187* (0.094)	-0.070 (0.085)	-0.148** (0.066)	—	-0.195** (0.090)	—	-0.078 (0.088)	—
EPI1	—	—	—	—	-0.011 (0.024)	—	—	—	—
EPI2	—	—	—	—	—	—	0.032 (0.019)	—	—
EPI3	—	—	—	—	—	—	—	—	0.052*** (0.015)
控制变量	是	是	是	是	是	是	是	是	是
省份固定效应	是	是	是	是	是	是	是	是	是
年份固定效应	是	是	是	是	是	是	是	是	是
样本量	570	570	570	570	570	570	570	570	570
R^2	0.726	0.918	0.720	0.579	0.172	0.367	0.174	0.380	0.186

注：①括号内为回归系数的标准误。②*、**和***分别表示通过显著水平为10%、5%和1%的统计检验。

回归结果报告在表 8-4 的第（4）至（9）列，从实证结果中可看出，经济增长目标压力 TARGET 与环境治理力度（EPI1、EPI2、EPI3）均呈负相关关系，而环境治理力度基本正向作用于制造业绿色全要素生产率（GTFP），也就是说，经济增长目标压力通过降低不同治理主体的环境治理强度抑制了制造业绿色全要素生产率的提高，验证了前面的猜想。实证结果也说明了经济增长压力效应确实会抑制地方政府和企业对污染治理的投入积极性，导致制造业绿色全要素生产率提高受阻。由此可见，在经济增长目标压力的作用下，地方政府缺少环境保护动力，且倾向于削弱环境治理努力来为经济增长让步，造成制造业绿色全要素生产率下降。这可能是因为在地方政府的干预和庇护下，企业进行生产活动的环境约束弱化，企业节能减排成本大幅缩减，这虽有利于刺激企业扩大生产，提高利润率，却也使得企业对环境治理创新缺乏动力。一方面，企业偏好采用末端处理而不是源头防治的方式解决排污问题，但"先污染后治理"的治污方式普遍缺乏效率，带来的环境损失也最大。另一方面，企业不愿意投资大量人力、物力进行清洁技术研发和绿色治理经验引进，而宁愿选择长期维持节能技术水平低下、绿色设备运作效率低的生产状态，这既不利于资源配置优化，也不能从根源上消除污染，从而制约了制造业绿色效率的提高。陈诗一和陈登科（2018）发现，政府环境治理能够有效降低雾霾污染，从而促进经济发展质量的提升，而本章发现，经济增长目标压力会降低地方政府的环境治理决心，说明经济增长目标压力确实不利于工业发展质量的提升。

二、环境规制

学术界对环境规制与绿色全要素生产率的作用关系做了全面深入的探讨，但对于环境规制是促进还是抑制绿色全要素生产率的发展仍然存在激烈争论。有学者认为环境规制通过污染物外部性的内部化来提高企业的经营成本，削减了企业生产投资的可用资金，进而压缩了对技术创新的投入，从而不利于绿色全要素生产率的增长（Gray and Shadbegian，1998）。但也有学者认为，环境规制对企业的技术研发和效率改进有积极促进作用。设计恰当合理的环境规制能倒逼企业开发绿色技术、采用先进工艺、改善管理模式。技术创新和效率提升带来的新增收益能部分甚至完全抵销治污成本，提高企业竞争优势，产生了"创新补偿效应"（Porter and

Linde，1995）。那么我国环境规制与制造业绿色全要素生产率的关系又如何？现有文献已经证明了财政分权、政府干预对环境规制效应的负面影响，那么在经济增长目标压力的驱动下，地方政府是否也抑制了环境规制对环境治理效用的发挥？

为验证上面的猜想，本章首先构建环境规制指标。已有文献对环境规制的设定普遍采用减排投资、治污费用、污染物排放量、综合指数等方式，为了更好地刻画环境规制强度，本章参照原毅军和谢荣辉（2014）的方法来构建环境规制变量。由于各省固体废物排放量数据缺失严重，又考虑到不同污染物排放严重程度不同，本章选取 SO_2 去除率、COD 去除率、烟（粉）尘去除率作为构建环境规制综合指数的测量指标。① 环境规制 ER 值越大，表示环境管制越严厉。为检验环境规制与制造业绿色全要素生产率的关系，本章将环境规制变量 ER 加入基准模型（1）中，并进行实证分析。结果如表 8-5 中第（1）列所示，环境规制在 10% 显著性水平上正向作用于制造业绿色全要素生产率，即环境规制对企业绿色全要素生产率改进提升有积极的作用，验证了"波特假说"。环境规制改善制造业绿色全要素生产率的渠道是什么呢？谢荣辉（2017）发现环境规制激励企业增加 R&D 投资，并通过促进技术创新间接提高了绿色全要素生产率。本章参考上述学者的研究思路，将环境规制与研发支出的交互项加入回归模型，结果发现，环境规制对研发支出具有显著的正向调节效应，进一步印证了上述学者的研究结论。②

环境规制的环境污染治理效果又如何？环境规制通过改善环境质量能提高制造业绿色全要素生产率水平吗？为检验上面的猜想，本章将工业 SO_2 排放量、工业 COD 排放量和工业烟（粉）尘排放量进行加总并乘以（制造业就业人数/工业就业人数），以将这些工业污染物排放量转换成制造业层面的排放量，接着将这些转换后的污染物排放量除以制造业企业个数，用来表示为各地区的环境污染程度 EG，最后对 EG 进行实证分析。

---

① 参见原毅军、谢荣辉《环境规制的产业结构调整效应研究——基于中国省际面板数据的实证检验》，载《中国工业经济》2014 年第 8 期，第 59 页。原毅军和谢荣辉（2014）详细介绍了环境规制指标的构建方法，本章不再赘述。

② 由于篇幅限制，本章没在正文中详细介绍该调节效应的实证过程。不过实证结果发现，环境规制与研发支出交互项的系数值在 5% 水平上显著为正，说明了环境规制确实能引致企业提高研发支出来促进提升制造业绿色全要素生产率。

EG 是单位企业的污染物排放量，EG 值越大，表示平均每个企业污染物的排放数量越多，则环境污染越严重。第（2）列是环境规制 ER 和环境污染程度 EG 之间作用关系的实证结果，从结果可看出，环境规制与环境污染程度之间呈显著的负相关关系，即环境规制能减轻环境污染水平，达到治污效果。第（3）列展示了环境污染程度 EG 对制造业绿色全要素生产率 $GTFP$ 有负向的影响效应，也就是说，环境污染程度越大，制造业绿色全要素生产率水平越低。结合分析第（2）列和第（3）列的实证结果可知，环境规制也可以通过加强对环境污染的治理来间接改善制造业绿色全要素生产率水平。在环境规制下，企业为应付治污成本对生产成本的挤压，势必会转换原有的生产思路。一方面，企业可能通过引进先进设备工艺来提高生产效率，以通过降低单位产出的生产成本来节省投入资金，并将剩余资金转移到污染治理环节，以减轻短期成本负担；另一方面，可能通过购买清洁技术或者开展清洁技术研发来降低单位产出的污染物排放量，从源头整治既能完成节能减排指标又能提高生产效率，进而缩减长期治污开销。因而，环境规制的有效实施能实现改善环境质量和提升制造业绿色全要素生产率水平的双赢局面。

那么经济增长压力会影响环境规制的治污效果吗？经济增长压力会通过削减环境规制的作用效用，进而抑制制造业绿色全要素生产率的发展吗？第（4）列和第（5）列被解释变量分别是环境污染程度 EG 和制造业绿色全要素生产率 $GTFP$，核心解释变量是环境规制和经济增长目标压力的交互项 ERG。第（4）列交互项 ERG 的系数显著为负，说明了在经济增长目标压力的驱使下，地方政府干涉环境规制对企业治污行为的管制力度，使得环境规制对污染物的治理效果削减，导致污染物排放数量增加，从而恶化了环境状况。这也意味着地方政府若面临经济压力，确实有不完全执行环境规制的非理性举动，进而阻碍了环境规制治污效用的发挥。根据前面的实证分析可知，增加污染物排放量会抑制制造业绿色全要素生产率的发展，因而，经济增长目标压力弱化环境规制的治污效果也可能会降低制造业绿色全要素生产率水平。第（5）列交互项 ERG 的系数符号为正印证了这个猜测。在没有经济增长目标压力的作用下，环境规制对 $GFTP$ 的影响系数为 0.026，而当地方政府面临经济压力时，环境规制对 $GTFP$ 的影响系数值变为 0.002（0.028 − 0.026），由此说明经济增长目标压力确实降低了环境规制改善制造业绿色全要素生产率水平的积极效应。地方政府执行严格的环境规制会抑制企业的生产热情，企业缩减产出不利于经济快速增长，经济政绩不达标又迫使地方官员在晋升博弈中处于竞争劣势地位，因而地方政府间的占优策略是非完全执行环境规制。由此可知，地方政府偏重 GDP 增速而忽略环境保护的现象依然普遍存在，甚至弱化环境规制管制来刺激经济增长，导致环境问题恶化，进而降低我国制造业绿色效率水平。黄清煌和高明（2016）发现环境规制存在抑制经济数量增长和促进经济质量提升的双重效应，而本章发现经济增长目标压力会削弱环境规制提高绿色全要素生产率的作用效果，同黄清煌等学者的研究结论有异曲同工之处，即为保障经济数量持续增长来达成预设经济目标，地方政府降低环境规制执行强度，造成工业发展质量提升受限。

表 8-5 经济增长目标压力、环境规制与制造业绿色全要素生产率的回归结果

变量	(1) GTFP	(2) EG	(3) GTFP	(4) EG	(5) GTFP
TARGET	-0.041* (0.022)	— —	— —	-0.003 (0.003)	0.003 (0.031)
ER	0.026* (0.013)	-0.007*** (0.002)	— —	-0.007*** (0.002)	0.028** (0.013)
EG	— —	— —	-3.099*** (0.893)	— —	— —
ERG	— —	— —	— —	-0.002* (0.001)	0.026* (0.013)
控制变量	是	是	是	是	是
省份固定效应	是	是	是	是	是
年份固定效应	是	是	是	是	是
R^2	0.184	0.588	0.203	0.593	0.187
样本量	570	565	565	565	570

注：①括号内为回归系数的标准误。②*、**和***分别表示通过显著水平为 10%、5% 和 1% 的统计检验。

第六节 异质性分析

为探究地理区域、经济发展水平、公众环保支持、公众环保意识、政府规模、政府环保重视程度是否会影响经济增长目标压力与制造业绿色全要素生产率的作用关系,本章将按照上述影响因素进行分组,以识别出不同分组中的经济增长目标压力对制造业绿色效率的影响效应是否存在差异性。因此,本章设定模型(6)来检验该异质性特性是否存在,模型(6)的设定方式如下:

$$GTFP = \alpha_0 + \alpha_1 GV1 * TARGET + \alpha_2 GV2 * TARGET + \Gamma Control + \mu_i + \nu_t + \varepsilon_{it}$$
$$(8-6)$$

其中,GV 是分组变量(grouping variable),包括上述提及的地理区域、经济发展水平、公众环保支持、公众环保意识、政府规模、政府环保重视程度。本章拟将全部样本按照分组变量划分为两组,用来检验不同组间的经济增长目标压力与制造业绿色全要素生产率的作用关系是否存在异质性,因而将经济增长目标压力变量 TARGET 分别与分组变量 GV1 和 GV2 交乘并作为核心解释变量加入模型(6)中。本章设定的分组变量均是虚拟变量,以地理区域变量为例,若某省属于东部地区,则东部区域虚拟变量 EA 赋值为 1,否则赋值为 0;若某省属于中西部地区,则中西部区域虚拟变量 MW 赋值为 1,否则赋值为 0。

我国东中西部地区经济社会发展水平不平衡,东部地区由于地理位置优势和政策倾斜,在经济社会发展方面普遍领先于中西部地区,使得东部和中西部地区的产业发展进程和产业发达程度差距明显。本章按照国家行政区划标准,将除西藏、港澳台之外的 30 个省(自治区、直辖市)划分为东部地区 EA 和中西部地区 MW 两类。一般而言,经济发展水平是决定技术创新水平的物质基础,也是提高研发成功概率的坚实保障,因而经济发达程度与制造业绿色效率之间有很强的相关关系。本章对每个省(自治区、直辖市)在作为样本期间的人均 GDP 求平均,然后按照平均值大小进行从小到大排列,并将排序在前 15 位的省(自治区、直辖市)定义为经济欠发达组 Ndev,排序后 15 位的省(自治区、直辖市)设定为经济发达组 Dev。社会公众在环境保护方面也发挥了重要作用,而且社会力量提高政府对环境治理的积极性越来越明显。本章对各个省（自治区、直辖市）的公众因环境污染来访次数进行加总，得到每个省（自治区、直辖市）在1998—2016年间的总访问量，接着对总访问量进行从小到大排序，把排序前15的省（自治区、直辖市）设为公众环保支持力度低组Plow，把剩下的15个省（自治区、直辖市）设为公众环保支持力度高组Phigh。公众环保意识高低一定程度也决定了其所在地区环境质量水平的高低。本章借鉴原毅军和谢荣辉（2014）的研究思想，并采用熵值法将居民收入水平、受教育程度、人口密度和年龄结构[①]这四个指标构建成为公众环保意识综合指数，接着按照前面的划分方法，根据综合指数大小将整个样本划分为公众环保意识低组Slow和公众环保意识高组Shigh。政府规模越大意味着官员对经济的干预力度越强，对环保工作的干涉力度也越强。本章将政府消费总额除以各省（自治区、直辖市）最终消费总额来度量政府规模大小，然后按照前面的划分方式，将全部样本区分为政府规模小组Gslow和政府规模大组Gshigh。地方政府对环境保护的重视程度也直接影响其所管辖地区的环境治理状况。本章对各省（自治区、直辖市）政府每年颁布的地方性环境法规数进行加总，并把地方性法规总数用来度量政府对环保的重视程度，最后按照上述分类方式将样本划分为政府环保重视程度低组Glow和政府环保重视程度高组Ghigh。

本章接着对上述分组分别进行实证检验，实证结果报告见表8-6。经济增长目标压力变量在东部组EA和中西部组MW的系数值不同。在中西部地区，经济增长目标压力与制造业绿色全要素生产率的负向关系在5%水平上显著。东部地区凭借其优先发展红利，经济增长动力足，因而地方政府无须过度干预都能实现经济快速增长，而中西部地区仍处于追赶崛起阶段，地方政府在经济建设方面还需发挥重要作用。但牺牲环境、资源依赖等粗放型增长方式在中西部地区普遍存在，进而不利于制造业绿色全要素生产率的发展。从第（2）列结果中可看出，相较于经济发达组Dev，经济欠发达组Ndev中的经济增长目标压力变量的系数值和显著性水平更高；结果表明经济发展水平提高有益于减轻经济增长压力阻碍制造业绿色全要素生产率增长

[①] 参见原毅军、谢荣辉《环境规制的产业结构调整效应研究——基于中国省际面板数据的实证检验》，载《中国工业经济》2014年第8期，第60页。原毅军和谢荣辉（2014）在文章中详细介绍了居民收入水平、受教育程度、人口密度和年龄结构这四个指标的选择意义和定义方式。

的消极影响。这可能是因为在经济发达地区，地方政府有足够多的人力、物力去改善环境质量，去开发清洁环保技术，而这些环保支出不会构成政府的财政压力；在经济欠发达地区，地方政府不管在治污资金还是治污经验上均面临压力，经济优先发展仍可能是当地政府的首要选择。在公众环保支持力度低组 Plow、公众环保意识低组 Slow，经济增长目标压力与制造业绿色全要素生产率之间呈显著的负相关关系，而在公众环保支持力度高组 Phigh 和公众环保意识高组 Shigh，这两者的负向关系不显著。实证结果说明，社会公众对环境保护的支持和参与能够有效提高地方政府对环境治理的重视态度和努力程度。公众通过投诉、上访、媒体曝光、网络施压等方式表达环保诉求，公众舆论不仅能约束政府在环境治理方面的松懈举动，而且有助于激励地方政府在环保工作上多做努力，进而有利于改善环境状况。Farzin 和 Bond（2006）也认为公众环保参与和民主监督能提高环境质量。

表 8-6 异质性分析的回归结果

变量	(1) GTFP	(2) GTFP	(3) GTFP	(4) GTFP	(5) GTFP	(6) GTFP
EA	-0.019 (0.069)	—	—	—	—	—
MW	-0.051** (0.024)	—	—	—	—	—
Dev	—	-0.006 (0.029)	—	—	—	—
Ndev	—	-0.065** (0.029)	—	—	—	—
Phigh	—	—	-0.016 (0.026)	—	—	—
Plow	—	—	-0.066** (0.029)	—	—	—
Shigh	—	—	—	-0.037 (0.029)	—	—

续表 8-6

变量	(1) GTFP	(2) GTFP	(3) GTFP	(4) GTFP	(5) GTFP	(6) GTFP
Slow	—	—	—	-0.059* (0.031)	—	—
Gshigh	—	—	—	—	-0.058** (0.026)	—
Gslow	—	—	—	—	-0.025 (0.036)	—
Ghigh	—	—	—	—	—	-0.029 (0.035)
Glow	—	—	—	—	—	-0.060** (0.029)
控制变量	是	是	是	是	是	是
省份固定效应	是	是	是	是	是	是
年份固定效应	是	是	是	是	是	是
R^2	0.176	0.178	0.177	0.176	0.177	0.177
样本量	570	570	570	570	570	570

注：①括号内为回归系数的标准误。②*、**和***分别表示通过显著水平为 10%、5% 和 1% 的统计分析。

在政府规模大组 Gshigh，经济增长目标压力对制造业绿色全要素生产率的负向影响系数不管在数值上还是显著性水平上，均高于政府规模小组 Gslow。这说明政府规模越大，经济增长目标压力抑制制造业绿色全要素生产率增长越明显。政府规模扩大一般是地方政府行政职能管辖范围扩大的体现，政府权力过大既有助于提高官员干预经济决策的话语权，也有利于实现官员侧重发展的重点目标，因而当地方政府面临较大的经济增长压力时，地方政府过度干涉经济进而制约制造业绿色全要素生产率发展的影响程度也更大。政府环保重视程度低组 Glow 相较于政府环保重视程度高组 Ghigh，其经济增长目标压力系数值更大、显著性水平更高，也就是说，地方政府提高对环境保护的重视程度，能有效减缓经济增长目标压力对制造业绿色全要素生产率发展的负面影响。中央政府不断提高对环境保护工作的指导强度,地方政府响应中央的号召,并出台了相应的环境法律法规,环境法规的增加释放了政府严治排污行为的市场信号,企业为避免严厉的法律惩罚,势必加大对污染治理的投资力度。环境污染物排放减少,有益于提升企业的绿色全要素生产率水平。因而,环境法规数量的增加对环境质量改善和制造业绿色全要素生产率改进均有积极影响。若中央政府不断完善现有的晋升考核体系,有望激励地方政府同时兼顾环境和效率,最终既能赢得"金山银山",又能守住"绿水青山"。

❋ 本章小结 ❋

目标引领是我国长期进行的经济实践。目标引领在提高经济增长绩效的同时,也面临一些挑战,比如可能会扭曲资源配置、损害发展质量等。本章以制造业的绿色全要素生产率作为制造业发展质量的代理,从制造业发展质量的角度,围绕上述问题展开讨论,系统地考察目标引领的生产率损害效应。

具体而言,本章利用全国除西藏、港澳台之外的 30 个省(自治区、直辖市)1998—2016 年的制造业面板数据实证检验地方政府经济增长目标压力与制造业绿色全要素生产率的作用关系。结果表明:经济增长目标压力与制造业绿色全要素生产率之间存在显著的负相关关系。为探寻经济增长压力是通过何种渠道作用于环境进而对制造业绿色效率增长产生影响,本章用排污收入、治污运行费用、治污投资总额来衡量地方政府和企业对环境治理的努力程度,结果发现,经济增长目标压力同时抑制了政府和企业的环境治理努力。此外,经济增长目标压力也削弱了对环境的治理力度,而对环境的治理力度能正向作用于制造业绿色全要素生产率。本章也证实了环境规制能显著提高制造业绿色全要素生产率水平,而且环境规制是通过引致 R&D 增加和减少污染物排放量来促进制造业绿色全要素生产率水平增长,支持了"波特假说"。在经济增长目标压力作用下,地方政府非完全执行环境规制的现象得到验证。经济增长目标压力降低了环境规制对污染物排放的治理效果,且削减了环境规制对制造业绿色全要素生产率的提升效应。通过异质性分析,本章发现,在东部地区和经济发达地区,经济增长目标压力对制造业绿色全要素生产率的负向作用效应减弱,此外，公众环保支持增加、公众环保意识提高、政府规模削减、政府环保重视程度的提升也有助于缓解经济增长目标压力对提高制造业绿色全要素生产率的负面效应。

本章表明，目标引领在驱动经济增长绩效的同时，也会引发挑战与增加成本。在经济增长目标引领的模式下，区域政府可能面临激励扭曲，从而不能做到在经济增长和发展效率之间实现平衡，从而损害经济发展质量。当然，上述的工作都是初步的，很多方面仍然需要进一步研究。比如，经济增长目标所造成的压力会损害制造业绿色全要素生产率，这种效应是否在更加广泛和一般范围内存在；经济增长目标一旦引发区域政府的经济增长推动压力，其会产生负面的质量效应，这种负向影响是否可以消除，是否存在着一种可以兼容和平衡经济增长和发展质量之间的发展模式，这些都是目标引领的重要话题。

思考讨论题

1. 为什么既要关注经济增长目标引领的经济增长效益，也要关注其所可能带来的挑战与成本？其可能带来哪些方面的挑战和成本？

2. 本章如何构造经济增长目标压力的度量？如何从经济增长目标压力的角度来考察经济增长目标引领所可能造成的成本？这与此前考察经济增长目标何时产生经济增长引领效应是否存在逻辑关联？

3. 请到官网下载相关数据和程序，再现本章的实证分析结果。你认为哪些实证分析还需要进一步完善？

4. 如果可能，请更新数据样本，再现本章的实证分析结果，重点考察相应的实证结果是否发生变化。

5. 结合相关理论和案例，谈谈经济增长目标压力为何可能损害制造业发展质量。

6. 经济增长目标引领一定会损害制造业发展质量吗？是否存在经济增长目标引领兼容并行驱动经济增长与发展质量的可能路径选择？

第九章 目标引领的挑战：目标冲突

本章进一步直接从生产率视角探讨目标引领所带来的挑战。本章将其提炼为目标引领下的目标冲突难题，即经济增长速度目标与质量目标之间的权衡。在理论上，本章证明了当政府的目标引领政策工具是要素投入时，经济增长目标侵蚀经济发展质量，二者负相关；当目标引领政策工具是技术进步时，二者正相关。在经验分析上，本章采用2000—2012年中国省区增长速度目标数据，发现经济增长目标每提高1个百分点，发展质量下降约1个百分点。这些经验发现支持要素驱动模式下增长目标"侵蚀"发展质量的理论预测。本章表明目标引领在实践上往往面临着速度和质量之间的目标冲突，这种冲突难题的存在和破解的可能性取决于区域政府是否能够实现以创新驱动发展。因此，推行政府目标引领，更需关注其引领实践的工具和方式，以实现高质量发展。

第一节 引　　言

本章以经济增长速度目标与质量目标为例，考察目标之间可能存在的冲突。改革开放以来，历届党代会报告都提出经济建设的宏伟目标。党的十二大至十八大每次都明确提出经济总量翻番的增长目标；同时也都提出经济发展质量目标，[①] 只是不同时期的表述不同。最初的表述是"以提高经济效益为中心"[②]，党的十三大到十八大反复指出要"转变经济发展方

[①] 经济增长方式指推动经济增长的各种生产要素投入及其组合方式，实质是依赖什么要素、借助什么手段，通过什么途径，怎样实现经济增长（马凯，2004）。

[②] 李鹏在1995年9月25日《关于制定国民经济和社会发展"九五"计划和2010年远景目标建议的说明》中明确表述，"转变经济增长方式与中央多年来强调的以提高经济效益为中心，精神是一致的。"参见 http://www.china.com.cn/ch-80years/lici/14/14-0/9.htm。

式"。党的十九大则对经济增长目标与经济发展质量做出了新的选择。我国经济进入新时代,"已由高速增长阶段转向高质量发展阶段,正处在转变发展方式、优化经济结构、转换增长动力的攻关期",明确指出"推动经济发展质量变革、效率变革、动力变革,提高全要素生产率",实现高质量发展,满足人民日益增长的美好生活需要。

在党的十二大至十八大期间,增长速度目标与发展质量目标一直无法同时实现。一方面,提高经济发展质量、转变经济增长方式的目标至今尚未实现。党的十七大和十八大报告分别指出"长期形成的结构性矛盾和粗放型增长方式尚未根本改变","转变经济发展方式任务艰巨"。另一方面,平均而言,经济增长速度目标几乎总能够实现。按照国家统计局的口径,1980—2016 年,中国经济年均增长速度为 9.7%;如果采用宾大世界表 8.0(PWT 9.0)的数据①,中国在 1980—2014 年的经济年均增长速度则为 7.3%。显然,无论采用哪个统计口径,事后的经济增长速度都高于 7% 的增长目标。② 不过,如果具体到某些特定年份,当年的经济增长目标并没有实现。③

本章尝试在一个框架内同时考察经济增长速度目标与经济发展质量目标。从经济增长核算的角度看,经济增长速度等于各生产要素增长速度的"加权"平均数;经济增长质量则是各生产要素增长速度的占比。因此,经济增长速度目标与经济发展质量目标恰好分别位于经济增长核算方程的两端。经济增长速度目标能否实现取决于等式左边的经济增长速度;经济发展质量的提升则取决于等式右边的经济增长来源构成的变化。在一个框架内同时考察经济增长速度目标与经济发展质量目标,不仅必要而且可行。

在理论上,我们考察一个中央政府制定经济增长目标、地方政府对经济增长和发展质量负责的经济体,得到两个竞争性的结论。一个是关于经济增长速度目标与经济发展质量之间的关系。当地方政府的政策工具是要素投入时,经济增长速度目标与经济发展质量负相关。这时,地方政府无法兼得经济增长速度目标和经济发展质量目标。中央政府设定的经济增长

---

① 数据来源于 http://www.rug.nl/ggdc/productivity/pwt/。
② 党的十二大至十八大提出十年翻一番目标对应的经济平均增长速度目标约为 7%。
③ 中国宏观经济管理中出现的"保八"和"稳增长"现象就是例证。

目标越高，地方政府面临的经济增长目标压力就越大，越不得不依靠要素投入保增长，经济发展质量就越低。因此，经济增长目标"侵蚀"发展质量。当地方政府的政策工具是创新驱动发展时，经济增长速度目标与经济发展质量正相关。中央设定的经济增长目标越高，地方政府面临的经济增长目标压力就越大，越不得不依靠创新驱动发展，经济发展质量就越高。因此，经济增长目标是否"侵蚀"发展质量，因地方政府的政策工具而异。

另一个竞争性结论是，从高速增长转向高质量发展是否伴随经济增长速度放缓。当地方政府的政策工具是要素投入时，由于经济增长速度与经济发展质量负相关，转向高质量发展将伴随经济增长放缓。当地方政府的政策工具是创新驱动发展时，由于经济增长速度与经济发展质量正相关，转向高质量发展未必伴随经济增长放缓。因此，转向高质量发展是否伴随经济增长速度放缓，同样也因地方政府的政策工具而异。

在经验分析的基础上，本章采用2000—2012年各省（自治区、直辖市）的经济增长目标数据发现，与理论预期一致，在地方政府以要素积累和投入方式推动经济增长的情况下，较高的经济增长目标会显著"侵蚀"经济发展质量。具体而言，2000—2012年，各省（自治区、直辖市）倾向于以要素积累和投入方式推动经济增长，以实现经济增长速度目标，其制定的经济增长目标每提高1个百分点，经济发展质量将显著下降约1个百分点。本章还以经济增长目标与实际经济增长速度之比的对数度量保增长压力，考察了保增长压力与经济发展质量之间的关系。我们发现，与经济增长目标的影响一致，保增长压力显著"侵蚀"经济发展质量。并且，这种"侵蚀"作用主要存在于保增长压力相对较大的情形。此外，本章还稳健地发现，经济增长目标显著地"倒逼"资本增长速度和固定资产投资率提高。换言之，经济增长速度目标压力越大，地方政府越不得不更加依赖通过刺激投资和物质资本积累来实现既定增长目标。

本章的发现为党在十二大至十九大期间的经济增长目标选择提供了内在逻辑一致的解释。当经济体以要素投入和积累方式推动经济增长时，经济增长速度与经济发展质量负相关，政策当局无法兼得增长速度目标和经济发展质量目标。在党的十二大至十八大期间，中国的主要矛盾是人民日益增长的物质文化需要同落后的社会生产之间的矛盾。经济高速增长是满足"人民日益增长的物质文化需要"的硬道理。因此，在经济增长目标选择上，政策当局理性地选择了增长速度目标。经济增长目标"倒逼"资源投入，从而人们观察到，我国的经济增长目标总是能够实现，而"转方式"等经济发展质量目标总是难以实现。党的十九大做出了与时俱进的判断，中国进入中国特色社会主义新时代，社会主要矛盾转变为人民日益增长的美好生活需要和不平衡、不充分的发展之间的矛盾。经济高质量发展是满足"人民日益增长的美好生活需要"的硬道理，过度强调经济增长速度目标会阻碍经济发展方式的转变，"侵蚀"经济发展质量。因此，在经济增长目标选择上，政策当局理性地转换到经济发展质量目标上来。

本章以下内容的结构安排为：第二节介绍识别策略；第三节介绍数据来源；第四部分是实证分析；第五部分是机制分析；最后是结论性评述。

第二节　识别策略

本节构建了一个由上下级政府（中央政府和地方政府）构成的简单经济体，讨论当中央政府制定较高经济增长目标时，地方政府如何权衡经济增长速度与发展质量。

假定经济体的总量生产函数为 $Y = AF(Z)$。其中，Y、A 和 Z 分别为经济体的总产出、技术水平和生产要素。本章把 Z 视为技术以外的生产要素，并没有特指某种或某些具体的生产要素。根据经济增长核算理论，经济体的经济增长速度可以表示为：

$$g_Y = g_A + \alpha g_Z \tag{9-1}$$

显然，式（9-1）是教科书式的经济增长核算方程。其中，g_Y、g_A、g_Z 和 α（$0 \leq \alpha \leq 1$）分别为经济增长速度、全要素生产率、要素增长速度和要素的产出弹性。

我们根据式（9-1）右边增长源泉的构成定义经济发展质量。党的十九大报告强调，高质量发展的核心是提高全要素生产率，实现创新驱动发展。据此，我们把经济发展质量定义为全要素生产率对经济增长的贡献份额 s_A，即：

$$s_A = \frac{g_A}{g_Y} \tag{9-2}$$

由于 g_A 只是一种增长源泉，我们显然可得，$0 \leq s_A \leq 1$，s_A 越大，经济体的经济发展质量越高。需要说明的是,这个定义与经济增长理论的基本结论是吻合的。无论是新古典经济增长理论还是新经济增长理论都发现,当经济体沿着平衡增长路径增长时,g_A 是经济体重要的,甚至是唯一的增长源泉。不过,在经济增长核算文献中,鲜有 $s_A = 1$ 的案例。①

接着,我们讨论中央政府的职责。假定中央政府制定经济增长目标 $\bar{g}$,地方政府对经济增长速度和发展质量负责。这时,经济增长速度与经济增长目标之间的关系存在两种可能性,$\bar{g} \geqslant g_Y$ 或 $\bar{g} < g_Y$。前者意味着,中央政府制定的经济增长目标较高,市场无法自发实现,地方政府需要保增长;后者则意味着,中央政府制定的经济增长目标较低,市场能够自发实现,地方政府乐见其成即可。因此,本章将考察:当 $\bar{g} \geqslant g_Y$ 时,地方政府如何权衡经济增长速度与发展质量。为简单起见,我们假定地方政府把经济增长目标 $\bar{g}$ 视为给定②,负责辖区的经济增长速度和发展质量,面临的问题可以表示为:

$$\max \omega g_Y + (1 - \omega) s_A$$
$$s.t. \quad \bar{g} \geqslant g_Y \tag{9-3}$$

其中,$0 \leqslant \omega \leqslant 1$ 是常数,度量地方政府对经济增长速度的重视程度,$1 - \omega$ 则是对经济发展质量的重视程度。式(9-3)的经济含义非常直白,当地方政府对经济增长速度和发展质量负责时,经济增长速度越快、经济发展质量越高,地方政府的效用越大。为了简单起见,我们假定地方政府的效用是二者的加权平均数。因此,地方政府面临中央政府给定的经济增长目标的约束,追求自身效应最大化。

最后,我们讨论地方政府的政策工具。由式(9-1)可知,在这个简单的经济体里,地方政府有两个可能的政策工具:一个是 g_Z,地方政府可以通过影响和改变生产要素积累,影响经济增长和发展质量;另一个是 g_A,地方政府致力于提高全要素生产率,影响经济增长和发展质量。

---

① 比如 1948—2007 年间,当美国的增长源泉包括资本、劳动和全要素生产率时,$s_A = 0.39$(保罗·萨缪尔森和威廉·诺德豪斯,2008)。

② 地方政府面临的经济增长目标可能是内生的。比如现有文献已经发现,地方政府会策略性调整经济增长目标(徐现祥和梁剑雄,2014)或层层加码(周黎安等,2015)。最近,徐现祥和刘毓芸(2017)也专门讨论了经济增长目标的内生性问题。本章假定地方政府面临的经济增长外生给定,只是为了简化分析,突出本章的核心问题是:当存在目标引领时,地方政府如何权衡经济增长速度与发展质量。

一、政策工具是要素投入的情形

这种情形与中国的实践大致吻合。早在1982年,党的十二大提出经济总量翻两番的增长目标时,就明确要求"要实现今后二十年的战略目标,必须由国家集中必要的资金,分清轻重缓急,进行重点建设"。同年,政府工作报告则具体规定通过投资审批"集中资金进行重点建设"。这表明中国目标引领从一开始就注重集中资金进行重点建设。时至今日,投资审批作为政府引导资金推动经济增长的工具依然存在。这说明,在目标引领的实际过程中,直接或间接控制资本积累是政府最重要的政策工具之一。

当地方政府的政策工具是 g_Z 时,其面临的问题就变为:

$$\max_{g_z} \omega g_Y + (1-\omega) s_A$$
$$s.t. \quad \bar{g} \geqslant g_Y$$

我们可以求出地方政府最优行动下的要素增长速度 $\bar{g}_Z^*$ 及相应的全要素生产率对经济增长的贡献份额 s_A^*。通过一些代数计算,可得命题1。

命题1:当 g_Z 是政策工具时,如果 $\bar{\omega} \leqslant \omega \leqslant 1$,则 $s_A^* = g_A/\bar{g}$ 和 $\bar{g}_Z^* = (\bar{g} - g_A)/\alpha$;如果 $0 \leqslant \omega < \bar{\omega}$,则 $s_A^* = 1$ 和 $\bar{g}_Z^* = 0$。其中,$\bar{\omega} = 1/(1+\bar{g})$ 是常数。

命题1具有两个清晰的经济含义。一是当地方政府对经济增长的重视程度 ω 高于临界值 $\bar{\omega}$ 时,$\frac{\partial s_A^*}{\partial \bar{g}} < 0$ 和 $\frac{\partial g_Z^*}{\partial \bar{g}} > 0$。这表明,经济发展质量与经济增长目标负相关,地方政府无法兼得高速增长与高质量发展,较高的经济增长目标将"侵蚀"发展质量。这个结论看似令人吃惊,其背后的机制却非常直观。当地方政府的政策工具是 g_Z 时,中央政府制定的经济增长目标 $\bar{g}$ 越高,越倒逼地方政府投入更多资源保增长($\frac{\partial g_Z^*}{\partial \bar{g}} > 0$),从而使得经济发展质量越低。

另一个经济含义是,当地方政府对经济增长速度的重视程度 ω 低于临界值 $\bar{\omega}$ 时,地方政府选择只对经济发展质量负责,经济体的发展质量最高,为 $s_A^* = 1$。其背后的机制是,地方政府主动放弃通过资源投入保增长,即 $\bar{g}_Z^* = 0$,从而提高经济发展质量。这意味着地方政府为了实现高质量发展,将主动放缓经济增长速度。

二、政策工具是技术进步的情形

这时,式(9-1)和式(9-2)分别对 g_A 求导,可得,$\frac{\partial g_Y}{\partial g_A} > 0$ 和 $\frac{\partial s_A}{\partial g_A} > 0$。这意味着,当地方政府通过提高全要素生产率落实经济增长速度和经济发展质量时,经济增长速度和经济发展质量都会随之提高。当地方政府的政策工具变为 g_A 时,其面临的问题则变为:

$$\max_{g_A} \omega g_Y + (1-\omega) s_A$$
$$s.t. \quad \bar{g} \geqslant g_Y$$

由于 g_Y 和 s_A 都是 g_A 的增函数,我们可得命题2。

命题2:当 g_A 是政策工具时,$s_A^* = 1 - \alpha \frac{g_Z}{\bar{g}}$;$g_A^* = (\bar{g} - \alpha g_Z)$。

命题2揭示了当地方政府的政策工具是 g_A 时,$\frac{\partial s_A^*}{\partial \bar{g}} > 0$ 和 $\frac{\partial g_A^*}{\partial \bar{g}} > 0$。这表明,经济发展质量是经济增长目标的增函数,对于地方政府而言,经济增长速度和经济发展质量可以兼得。其背后的机制也非常直观。当地方政府的政策工具是 g_A 时,经济增长速度和经济发展质量都会随着全要素生产率 g_A 的提高而提高,从而经济发展质量与经济增长速度将呈现出同方向变化。

三、识别策略

到目前为止,我们得到两个竞争性的结论。一个是关于经济发展质量与经济增长速度目标之间的关系。当地方政府的政策工具是 g_Z 时,二者负相关;当地方政府的政策工具是 g_A 时,二者正相关。这表明,经济增长目标是否"侵蚀"经济发展质量,因条件而异。因此,在后面的经验分析中,我们将规范性地识别二者的关系,以及地方政府的政策工具。

另一个结论是转向高质量发展是否伴随经济增长速度放缓。当地方政府的政策工具是 g_Z 时,转向高质量发展将伴随着经济增长放缓。当地方政府的政策工具是 g_A 时,高质量发展将与高速增长同步。这意味着转向高质量发展是否伴随经济增长速度放缓,同样也因条件而异,也需要规范的经验分析。

本章的经验分析策略是,首先检验经济增长目标与经济发展质量之间的关系，然后识别地方政府的政策工具。具体而言，我们设定的经验分析模型如下：

$$\log(s_{Ait}) = \chi + \beta\log(\bar{g}_{it}) + X_{it}\psi + \gamma_i + \lambda_t + \varepsilon_{it} \qquad (9-4)$$

其中，s_{Ait} 和 $\bar{g}_{it}$ 分别是省 i 在时期 t 的经济发展质量和经济增长目标。γ_i 和 λ_t 分别是省区固定效应和时间固定效应，X_{it} 和 ε_{it} 分别是控制变量和随机扰动项。β 是本章最关心的回归系数。当命题1成立时，预计 $\beta < 0$；当命题2成立时，预计 $\beta > 0$。

第三节 数据来源

本章采用中国各省政府工作报告公布的经济增长速度目标作为本章的经济增长目标变量。各省一般在每年年初公布经本级人大批准的经济增长速度目标，本章收集整理了中国除西藏、港澳台的31个省（自治区、直辖市，以下简称"省"）2000—2012年经济增长速度目标的平衡面板数据，数据来源于徐现祥和梁剑雄（2014）的研究。由表9-1中第二行可知，经济增长目标的均值是10%，最大值和最小值分别为15%和7%。本章还计算了与经济增长目标相匹配的每年实际经济增长速度。由表9-1中第三行可知，实际经济增长速度的均值是12%，最大值和最小值分别为23.8%和5.4%。

我们将基于经济增长核算框架来测算省的经济发展质量。假设 t 时期的省生产函数为 $Y_t = A_t K_t^{\theta} L_t^{1-\theta}$，其中 A_t、K_t 和 L_t 分别为技术水平、物质资本存量和劳动力，θ 为资本的产出弹性。在这一函数设定之下，技术进步率为 $g_A = g_Y - \theta g_K - (1-\theta)g_L$，$g_Y$、$g_K$ 和 g_L 分别为产出增长率、物质资本增长率和劳动力增长率。这是最常见的技术进步对增长贡献的测度，我们进一步将这一贡献度转化为比例，$s_A = g_A/g_Y$，以此指标度量经济发展质量。计算技术进步对增长的贡献率，除了需要实际GDP、物质资本存量以及劳动力的增长率数据，还需要确定资本的产出弹性。在经济增长理论中，如果市场结构为完全竞争，则上述生产函数的资本产出弹性等于资本收入份额。我们遵循彭国华（2005）的做法，将该弹性设定为0.4。[①]

[①] 在国民收入分配核算当中，彭国华（2005）发现美国的资本收入份额约为1/3。而很多文献认为中国劳动收入份额较低，因此本章将资本收入份额设定为0.4。

另外,我们在生产函数中还考虑人力资本增强型劳动力,即 $Y_t = A_t K_t^\theta H_t^{1-\theta}$,其中,人力资本增强型劳动力 $H = \varphi^{(E)} L$。E 为省劳动力平均受教育程度。此时,$g_A = g_Y - \theta g_K - (1-\theta) g_H$。人力资本增强型劳动力的计算方法与彭国华(2005)保持一致。遵循 Psacharopoulos(萨卡洛普洛斯)和 Patrinos(帕特尼斯)(2004)和彭国华(2005)的做法,我们设 $\varphi^{(E)}$ 为分段线性函数,受教育年数在 0~6 年之间 ($0 \leq E \leq 6$) 的系数确定为 0.18,6~12 年之间 ($6 < E \leq 12$) 为 0.134,12 年以上 ($E > 12$) 为 0.151。劳动力平均受教育程度数据来源于各年《中国人口统计年鉴》《中国劳动统计年鉴》及各省统计年鉴。为了与现有文献保持一致,本章采用更新后的张军等(2004)和单豪杰(2008)估计的省际资本存量,计算各省各时期的资本增长速度(见表 9-1)。由于资本存量数据截至 2012 年,因此我们的样本期也截至 2012 年,样本期为 2000—2012 年。

表 9-1 主要变量描述性统计

变量	样本数	均值	标准差	最小值	最大值
经济增长目标	400	0.100	0.015	0.070	0.150
实际 GDP 增速	403	0.120	0.023	0.054	0.238
经济发展质量 1 [张军等(2004)]	403	0.378	0.190	-0.747	1.613
经济发展质量 2 [单豪杰 1(2008)]	403	0.387	0.178	-0.714	1.607
经济发展质量 3 [单豪杰(2008)]	403	0.374	0.182	-0.668	1.637
经济发展质量 4 [张军等(2004)]	403	0.255	0.384	-3.299	1.568
经济发展质量 5 [单豪杰 1(2008)]	403	0.264	0.375	-3.174	1.562
经济发展质量 6 [单豪杰(2008)]	403	0.251	0.377	-3.270	1.591
上期人均实际 GDP(对数形式)	403	9.082	0.658	7.520	10.753
上期人均专利发明数(对数形式)	403	1.612	1.233	-1.803	4.933
上期开放度	403	0.314	0.405	0.032	1.721
上期人力资本(对数形式)	403	9.012	0.989	5.465	10.577

注:①样本区间是 2000—2012 年。②经济发展质量 1 至 3 采用劳动力计算劳动增长速度;经济发展质量 4 至 6 采用人力资本计算劳动增长速度。③张军等(2004)和单豪杰(2008)分别表示资本存量数据来自张军等(2004)和单豪杰(2008)的估计,其中单豪杰 1(2008)表示采用可变折旧率估计资本存量。

我们在回归当中考虑了一系列控制变量。蔡跃洲和付一夫（2017）发现，中国经济增长质量及其来源与经济发展阶段高度相关，因此我们以人均实际GDP（对数形式）度量经济发展阶段。何元庆（2007）发现中国的全要素生产率增长与对外开放度和人力资本水平密切相关，因此我们考虑了对外开放度（进出口总额与GDP的比率）和人力资本水平。蔡跃洲和付一夫（2017）还指出长期的增长动力来自技术进步，因此我们考虑了各省区的技术创新水平，以人均专利发明数来度量。

表9-1中第4—9行报告了经济发展质量的描述性统计。其中，第4—6行在计算劳动贡献份额时，采用的是劳动力数值。不难看出，无论是均值、标准差，还是最大、最小值，前三行的数值都非常接近。在不同的估计方法之下，以技术进步率度量经济发展质量的估计结果并无显著差异，表明测算结果较为可靠。第7—9行在计算劳动贡献份额时，采用的是人力资本数值，此时无论是均值、标准差，还是最大、最小值，第7—9行的数值也都非常接近。这进一步增强了测算结果的可靠性。

图9-1报告了2000—2012年间中国各省经济增长目标与经济发展质量之间的散点图。横轴是经济增长目标，纵轴是经济发展质量。从图形上看，二者明显负相关，地方政府设定的经济增长目标越高，经济发展质量越低。我们接下来以计量回归的方式更加稳健地对此逻辑关系进行验证。

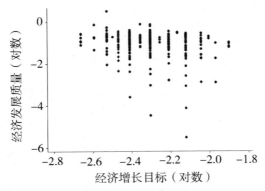

图9-1　经济增长目标与经济发展质量

第四节 实证分析

一、基本结果

表 9-2 基于回归方程报告了基本的回归结果。与命题 1 一致，在 2000—2012 年间，经济增长目标每提高 1 个百分点，经济发展质量将下降约 1 个百分点。

表 9-2 中第（1）列是对图 9-1 结果的再现，报告了没有引入任何控制变量的回归结果，经济增长目标的回归系数为 -1.028，能够通过显著性水平为 1% 的统计检验，与命题 1 的推论一致，2000—2012 年间，平均而言，经济增长目标每提高 1 个百分点，经济体的经济发展质量将下降约 1 个百分点。第（2）列的回归引入了时间和省份固定效应，回归方程的拟合优度从 0.060 上升到 0.150，经济增长目标的回归系数为 -1.003，绝对值略微变小，依然能够通过显著性水平为 1% 的统计检验。第（3）列进一步引入以初始人均 GDP 度量的经济发展阶段作为控制变量。与第（2）列的回归结果相比，第（3）列的结果没有发生本质变化，经济增长目标回归系数为 -0.993，绝对值略微变小，通过显著性水平为 5% 的统计检验。第（4）列进一步控制了度量研发活动的人均专利发明数、开放度及人力资本变量，经济增长目标的回归系数为 -0.970，通过显著性水平为 5% 的统计检验。本章把第（4）列的回归结果视为基准的回归结果。以上回归结果较为一致地表明，2000—2012 年间，经济增长目标每提高 1 个百分点，经济体的经济发展质量将下降约 1 个百分点。

表 9-2 第（5）至（6）列是采用单豪杰（2008）资本存量估计数据进行回归的结果。第（5）列和第（6）列分别为采用可变折旧率与固定折旧率计算资本存量，经济增长目标的回归系数分别为 -0.951 和 -0.553，分别通过显著性水平为 10% 和 5% 的统计检验。与第（4）列中的回归结果相比，第（5）列的回归系数的绝对值大小几乎没有改变，并且至少通过显著水平为 10% 的统计检验。

表 9-2 第（7）至（9）列报告了考虑人力资本的经济发展质量的回归结果。第（7）列采用张军等（2004）估计的资本存量，第（8）和第

表 9-2 经济增长目标与经济发展质量：中国省级 GDP 样本

变量	(1)	(2)	(3)	(4)	(5)	(6)	(7)	(8)	(9)
				被解释变量：经济发展质量（对数形式）					
经济增长目标（对数形式）	-1.028***	-1.003**	-0.993**	-0.970**	-0.951*	-0.553**	-1.028***	-1.096***	-0.921***
	(0.233)	(0.357)	(0.386)	(0.447)	(0.483)	(0.274)	(0.356)	(0.249)	(0.260)
初始人均 GDP（对数形式）	—	—	-0.038	-0.351	-0.551	-0.517	2.069*	1.286	1.075
			(0.663)	(0.695)	(0.547)	(0.384)	(1.022)	(0.776)	(1.062)
上期人均专利发明数（对数形式）	—	—	—	0.122	0.190	0.156*	-0.141	-0.184	0.016
				(0.157)	(0.142)	(0.086)	(0.201)	(0.214)	(0.202)
上期开放度	—	—	—	0.054	-0.210	0.209	0.305	0.023	0.003
				(0.260)	(0.298)	(0.247)	(0.609)	(0.587)	(0.471)
上期人力资本（对数形式）	—	—	—	-0.513	-0.465	-0.271	1.906***	2.424***	1.603**
				(0.629)	(0.543)	(0.335)	(0.464)	(0.792)	(0.599)
时间固定效应	无	控制	控制	控制	控制	控制	控制	控制	控制
省份固定效应	无	控制	控制	控制	控制	控制	控制	控制	控制
R^2	0.060	0.150	0.150	0.158	0.152	0.260	0.250	0.234	0.256
样本量	390	390	390	389	391	389	328	328	324

注：①第(1)至(6)列采用劳动力计算劳动力增长速度；第(5)至(6)列采用资本存量计算资本增长速度；第(6)列采用固定资产折旧率计算资本存量；估计的资本存量折旧率计算资本存量折旧率等(2004)，其中，第(5)列采用张军等(2004)，估计资本存量折旧率等(2004)；第(7)列采用单豪杰(2008)估计资本存量计算资本存量折旧率计算资本存量；第(7)至(9)列采用人力资本增长速度；第(8)列采用可变资本存量折旧率计算资本存量增长速度，其中，第(8)列采用单豪杰(2008)估计资本存量计算资本存量增长速度。②括号内是聚类(cluster)稳健标准误。③ ***、**和*分别表示通过显著水平为1%、5%和10%的统计检验。④没有报告常数项。

(9) 列采用单豪杰 (2008) 估计的资本存量。不论采取哪种估算方式，经济增长目标的回归系数都在 -1.0 左右，且至少通过显著性水平为 5% 的统计检验。

因此，我们的初步验证与命题 1 一致，2000—2012 年间，中国各省经济倾向于以要素积累和投入方式推动经济增长，经济增长目标每提高 1 个百分点，经济发展质量将显著下降约 1 个百分点。

二、稳健性检验 I：五年期样本

一般而言，各省会在五年计划（规划）之初公布经本级人大批准的经济增长速度目标，并在每年政府工作报告中将这一目标分解落实到接下来的五年里。本部分将根据这一特征，构建五年为一期的回归样本，对基本结果进行重现。

表 9-3 基于五年期样本的回归结果显示，2000—2012 年间，中国省区经济倾向于以要素积累和投入方式推动经济增长，经济增长目标对经济发展质量具有"侵蚀"影响。具体而言，经济增长目标每提高 1 个百分点，经济发展质量将下降 1.5～2 个百分点。前 4 列采用的是张军等 (2004) 估计资本存量计算资本增长速度。第 (1) 列报告了没有引入任何控制变量的结果，经济增长目标的回归系数为 -0.998，通过显著性水平为 10% 的统计检验。第 (2) 和第 (3) 列分别逐步控制时间、省份固定效应及代表发展阶段的初始人均 GDP 后，经济增长目标回归系数分别为 -1.774 和 -1.666，绝对值略有增加，通过显著性水平为 5% 的统计检验。第 (4) 列进一步控制了人均发明专利数、开放度及人力资本变量，经济增长目标的回归系数为 -1.952，绝对值比逐年回归系数的绝对值稍大，但仍然通过显著性水平为 5% 的统计检验。以上结果表明，基于五年期的样本回归时，2000—2012 年间，经济增长目标每提高 1 个百分点，经济发展质量将下降约 2 个百分点。

表 9-3 经济增长目标与经济发展质量：五年期样本

变量	(1)	(2)	(3)	(4)	(5)	(6)
	被解释变量：经济发展质量（对数形式）					
经济增长目标（对数形式）	-0.998* (0.520)	-1.774** (0.783)	-1.666** (0.826)	-1.952** (0.863)	-2.017** (0.987)	-1.506* (0.775)

续表 9-3

变量	(1)	(2)	(3)	(4)	(5)	(6)
	被解释变量：经济发展质量（对数形式）					
初始人均GDP（对数形式）	—	—	-0.516 (1.054)	0.174 (0.214)	-0.476 (0.916)	-0.760 (0.998)
上期人均发明专利数（对数形式）	—	—	—	-0.082 (0.626)	0.261 (0.270)	0.160 (0.186)
上期开放度	—	—	-1.532* (0.789)	-0.343 (0.741)	0.212 (0.548)	—
上期人力资本（对数形式）	—	—	—	0.174 (0.214)	-1.437* (0.786)	-1.285* (0.760)
时间固定效应	无	控制	控制	控制	控制	控制
省份固定效应	无	控制	控制	控制	控制	控制
R^2	0.040	0.697	0.698	0.722	0.520	0.574
样本量	91	91	91	91	92	92

第（5）和第（6）列采用单豪杰（2008）估计的资本存量计算资本增长速度，回归结果仍然与命题1一致，经济增长目标对经济发展质量有"侵蚀"影响。具体而言，第（5）列采用可变折旧率计算资本存量时，经济增长目标的回归系数为-2.017，与第（4）列回归系数绝对值相比略微变大，仍然通过显著性水平为5%的统计检验。第（6）列采用固定折旧率计算资本存量时，经济增长目标的回归系数为-1.506，其绝对值略有变小，通过显著性水平为10%的统计检验。

以上分析表明，在采用五年期的回归样本时，其结果仍然与命题1保持一致。在2000—2012年间，中国各省经济倾向于以要素积累和投入方式推动经济增长，经济增长目标每提高1个百分点，经济发展质量将显著下降1.5~2个百分点。

三、稳健性检验Ⅱ：分样本回归

接下来我们通过分样本回归的方式，考察追求经济增长速度目标"侵蚀"经济发展质量是否如我们所推断的属于一种系统性规律，还是在某些维度呈现异质性。

第九章 目标引领的挑战：目标冲突

首先，计算各省份面临的保增长压力，具体而言，以"当年的经济增长目标/当年的实际经济增长速度"即 $\log(\bar{g}/g_Y)$ 衡量保增长压力；其次，比较各省面临的保增长压力与全部省份的保增长压力均值，将全部样本分为"≥保增长压力均值样本"及"＜保增长压力均值样本"两个子样本。

表9-4中第（1）列报告了保增长压力大于等于均值样本的回归结果，当经济体确实面临相对较大的保增长压力时，经济增长目标对经济发展质量表现出显著的负向影响。具体而言，经济增长目标的回归系数为 -0.688，通过显著性水平为5%的统计检验。这意味着，在面临相对较大的保增长压力时，经济增长目标每提高1个百分点，经济发展质量将下降约0.7个百分点。

第（2）列报告了保增长压力小于均值样本的回归结果，当经济体面临相对较小的保增长压力时，经济增长目标对经济发展质量的影响将不再显著。第（2）列中，经济增长目标的回归系数为 -0.012，符号仍然为负，但不再显著。这说明，与理论预测的一致，只有当经济体需要保增长速度时，经济增长目标才会明显地"侵蚀"经济发展质量。

表9-4 分样本回归

变量	（1）	（2）
	保增长压力≥均值样本	保增长压力＜均值样本
	被解释变量：经济发展质量（对数形式）	
经济增长目标（对数形式）	-0.688**	-0.012
	(0.337)	(0.252)
初始人均GDP（对数形式）	-0.401**	-0.591***
	(0.176)	(0.145)
上期人均发明专利数（对数形式）	0.168	0.218***
	(0.130)	(0.076)
上期开放度	0.203	0.075
	(0.248)	(0.097)
上期人力资本（对数形式）	0.065	-0.020
	(0.103)	(0.046)
时间固定效应	控制	控制
省份固定效应	控制	控制

续表 9-4

变量	(1)	(2)
	保增长压力≥均值样本	保增长压力<均值样本
	被解释变量：经济发展质量（对数形式）	
R^2	0.107	0.132
样本量	191	198

注：①采用张军等（2004）估计资本存量计算资本增长速度。②括号内为聚类（cluster）标准误。③＊＊和＊＊＊分别表示通过显著性的5%和1%的统计检测。

鉴于表9-4所得结论，经济增长目标对经济发展质量"侵蚀"与面临的保增长压力有关，本部分将直接考察保增长压力对经济发展质量的影响。具体而言，保持所有控制变量不变，将经济增长目标替换成保增长压力变量重新进行检验。

表9-5的结果显示，经济体的经济发展质量与保增长压力显著负相关，保增长压力每上升1个百分点，经济发展质量将下降1～2个百分点。第（1）至（3）列报告的是采用劳动力计算劳动增长速度的回归结果，在采用不同方法估算资本存量计算资本增长速度时，保增长压力的回归系数分别为－1.399、－1.058和－1.143，全部通过显著性水平为1%的统计检验。第（4）至（6）列报告的是计算劳动增长速度时考虑人力资本的回归结果，不同资本存量计算资本增长速度时，保增长压力的回归系数分别为－1.101、－1.621和－2.208，均通过显著性水平为1%的统计检验。

表9-5 保增长速度压力与经济发展质量

变量	(1)	(2)	(3)	(4)	(5)	(6)
	被解释变量：经济发展质量（对数形式）					
保增长压力（对数形式）	－1.399＊＊＊	－1.058＊＊＊	－1.143＊＊＊	－1.101＊＊＊	－1.621＊＊＊	－2.208＊＊＊
	(0.366)	(0.252)	(0.226)	(0.424)	(0.458)	(0.526)
初始人均GDP（对数形式）	－0.587	－0.816＊	－0.685＊	1.461	0.585	0.682
	(0.489)	(0.424)	(0.354)	(1.057)	(0.685)	(1.139)
上期人均发明专利数（对数形式）	0.126	0.202	0.142	－0.097	－0.164	－0.020
	(0.145)	(0.135)	(0.103)	(0.162)	(0.162)	(0.219)
上期开放度	0.253	－0.037	0.371	0.428	0.193	0.283
	(0.298)	(0.288)	(0.240)	(0.455)	(0.501)	(0.497)

续表 9-5

变量	(1)	(2)	(3)	(4)	(5)	(6)
	被解释变量：经济发展质量（对数形式）					
上期人力资本（对数形式）	0.050 (0.565)	-0.009 (0.507)	0.046 (0.561)	2.182*** (0.612)	2.755*** (0.915)	1.952** (0.873)
时间固定效应	控制	控制	控制	控制	控制	控制
省份固定效应	控制	控制	控制	控制	控制	控制
R^2	0.207	0.177	0.313	0.323	0.287	0.321
样本量	389	391	389	328	328	324

注：①第（1）和第（4）列采用张军等（2004）估计资本存量计算资本增长速度；第（2）至（3）和第（5）至（6）列采用单豪杰（2008）估计的资本存量计算资本增长速度，其中，第（2）和第（5）列采用可变折旧率计算资本存量，第（3）和第（6）列采用固定资本折旧率计算资本存量。②括号内为聚类（cluster）标准误。③*、**和***分别表示通过显著水平为10%、5%和1%的统计检验。

以上回归结果表明，与命题1和2一致，当经济体需要保增长速度时，经济增长目标才会明显地"侵蚀"经济发展质量，保增长压力的回归结果进一步证明了这一点。

四、稳健性分析Ⅲ：省委书记、省长更替的影响

中国的省级地方政府领导更替是一种常态（王贤彬等，2009），省委书记和省长的平均任期不到4年（王贤彬和徐现祥，2008）。2000—2012年间，省委书记发生了97次更替，省长发生了95次更替，省委书记和省长同一年更替的有154次。当地方主要领导更替成为常态，目标引领所面临的常态将是，公布经济增长目标的主要领导离任后无须对其负责，而新接任的主要领导没有直接参与经济增长目标的制定与公布，却成为目标的实际负责人。省委书记和省长的更替会影响本章的基本发现吗？为了回答上述问题，我们收集了各省省委书记和省长的更替信息，在基本回归方程当中加入地方官员更替变量及其与经济增长目标变量的交互项作为解释变量，考察这些地方官员更替的单独以及联合影响。表9-6报告了相应的回归结果。

由表9-6中的回归结果可知，省级主要领导更替对经济发展质量没有显著影响，但是经济增长目标本身依然显著地"侵蚀"经济发展质量。

表9-6中第（1）至（3）列分别报告了省委书记、省长更替的单独影响以及联合影响。从回归结果看，本章所关心的经济增长目标变量的回归系数，依然能够通过显著性水平为5%的统计检验，大小约为-1.0至-0.8，与表9-2第（4）列的基准回归结果相比，几乎没有任何实质性变化。但地方官员更替的回归系数以及地方官员更替与经济增长目标交互项的回归系数都不显著。这也表明了地方官员更替并未显著改变经济增长目标对经济发展质量的"侵蚀"作用方向及强度。

表9-6 增长目标与经济发展质量：主要领导更替的影响

变量	(1) 书记	(2) 省长	(3) 书记+省长
	被解释变量：经济发展质量（对数）		
经济增长目标（对数）	-1.019**	-0.842**	-0.935**
	(0.483)	(0.427)	(0.442)
更替×经济增长目标	0.173	-0.455	-0.120
	(0.434)	(0.495)	(0.323)
更替	0.348	-1.042	-0.308
	(1.011)	(1.183)	(0.754)
初始人均GDP（对数）	-0.366	-0.331	-0.333
	(0.665)	(0.702)	(0.699)
上期人均专利发明数（对数）	0.121	0.123	0.122
	(0.158)	(0.158)	(0.157)
上期开放度	0.055	0.068	0.046
	(0.259)	(0.267)	(0.257)
上期人力资本（对数）	-0.518	-0.517	-0.504
	(0.623)	(0.627)	(0.623)
时间固定效应	控制	控制	控制
省份固定效应	控制	控制	控制
R^2	0.160	0.161	0.159
样本量	389	389	389

注：采用张军等（2004）估计资本存量计算资本增长速度。

第五节 机制分析

至此，本章已发现与命题1一致，2000—2012年间，省级政府选择了增长速度目标，经济增长速度与经济发展质量之间显著负相关。接下来，本节将直接检验命题1成立的一个关键假定：经济增长速度目标倒逼资源配置，$\bar{g}_z^* = \frac{1}{\alpha}\bar{g} - \frac{1}{\alpha}g_A$，即资源要素增长速度与经济增长速度目标成正比。在现实中，地方政府主要以推动固定资产投资的方式影响资源要素配置，因此我们以资本贡献份额为被解释变量，经济增长速度目标为解释变量，采用固定效应模型进行检验。

表9-7报告了相应的回归结果，支持了经济增长速度目标倒逼资源配置的机制。第（1）列是没有引入任何控制变量的回归结果，经济增长速度目标的回归系数为0.333，能够通过显著性水平为1%的统计检验。第（2）列引入了时间和省份固定效应，经济增长速度目标变量的回归系数为0.204，通过显著性水平为10%的统计检验。第（3）列进一步引入代表经济发展阶段的人均GDP，经济增长目标的回归系数为0.198，通过显著性水平为10%的统计检验。第（4）列继续加入其他控制变量，经济增长速度目标的回归系数为0.213，显著为正，与第（2）列中回归结果类似。

第（5）列报告了固定资产投资率对经济增长目标的回归结果。当地方政府为实现经济增长速度目标而投资时，期初的经济增长速度目标必然影响随后的投资率。本章采用全社会固定资产投资额占GDP比重度量投资率。① 第（5）列回归结果显示，经济增长目标的回归系数为0.358，通过显著性水平为1%的统计检验。这表明，与预期一致，经济增长速度目标每提高1个百分点，平均而言，平均投资率将提高约36%。

第（6）和第（7）列为采用工具变量后二阶段回归的结果，工具变量仍然为上一期的经济增长目标及上一期的GDP增长速度。第（6）列报告的是资本贡献份额的二阶段回归结果，第（7）列报告的是投资率的二阶段回归结果，二阶段的回归结果与第（4）和第（5）列结果类似。

---

① 数据来源于国家统计局网站。

表 9-7 经济增长目标倒逼资源配置

变量	(1)	(2)	(3)	(4)	(5)	(6)	(7)
	资本贡献份额（对数）				投资率	资本贡献份额（对数）	投资率
							二阶段
经济增长目标（对数）	0.333***	0.204*	0.198*	0.213*	0.358***	0.321*	0.639***
	(0.083)	(0.105)	(0.112)	(0.113)	(0.040)	(0.181)	(0.068)
初始人均GDP（对数）	—	—	0.022	0.279	0.335***	0.114	0.205***
			(0.149)	(0.171)	(0.055)	(0.182)	(0.065)
上期人均专利发明数（对数）	—	—	—	−0.108***	−0.008	−0.050	0.012
				(0.041)	(0.013)	(0.033)	(0.014)
上期开放度	—	—	—	−0.174	−0.062*	−0.244**	−0.028
				(0.107)	(0.037)	(0.116)	(0.041)
上期人力资本（对数）	—	—	—	0.141	−0.155***	0.205	−0.112**
				(0.135)	(0.044)	(0.136)	(0.049)
时间固定效应	无	控制	控制	控制	控制	控制	控制
省份固定效应	无	控制	控制	控制	控制	控制	控制
R^2	0.042	0.206	0.206	0.229	0.834	0.228	0.814
样本量	400	400	400	399	399	367	367

注：①第（1）至（4）列及第（6）列最后两列为工具变量回归的二阶段回归结果，一阶段回归结果没有报告。②第（6）列和（7）列分别代表通过了显著水平为10%、5%和1%的统计检验。③括号内为聚类（cluster）标准误。④*、**和***分别代表用张军等（2004）估计资本存量计算资本贡献份额。

表 9-8 将经济增长目标换成了保增长压力变量对资本贡献份额重新进行了回归。回归结果显示，不论采取哪种资本存量估计方法计算资本存量，不论是否包含控制变量，保增长压力的回归系数都在 0.5～0.6 之间，并且全部通过显著性水平为 1% 的统计检验。

综上所述，与命题 1 的关键假定一致，2000—2012 年间，增长速度目标显著地"倒逼"省级政府配置资本要素。具体而言，经济增长速度目标每提高 1 个百分点，资本贡献份额和固定资产投资率将分别提高约 0.2 个百分点和 36%，采用工具变量后的回归结果依然稳健，保增长压力的回归结果也进一步证明了上述结论。

表 9-8 保增长压力倒逼资源配置

变量	(1)	(2)	(3)	(4)	(5)	(6)
	被解释变量：资本贡献份额（对数形式）					
保增长压力（对数形式）	0.529*** (0.091)	0.605*** (0.081)	0.607*** (0.081)	0.581*** (0.080)	0.608*** (0.093)	0.645*** (0.079)
初始人均 GDP（对数形式）	—	—	0.131 (0.130)	0.233* (0.141)	0.229 (0.163)	0.169 (0.140)
上期人均专利发明数（对数形式）	—	—	—	-0.113*** (0.034)	-0.057 (0.039)	-0.031 (0.033)
上期开放度	—	—	—	-0.220** (0.099)	-0.152 (0.115)	-0.362*** (0.099)
上期人力资本（对数形式）	—	—	—	0.122 (0.118)	0.136 (0.136)	0.080 (0.117)
时间固定效应	无	控制	控制	控制	控制	控制
省份固定效应	无	控制	控制	控制	控制	控制
R^2	0.109	0.306	0.308	0.351	0.265	0.441
样本量	400	400	400	399	399	399

注：①第（1）至（6）列采用劳动力计算劳动增长速度；第（1）至（4）列采用张军等（2004）估计资本存量计算资本增长速度；第（5）至（6）列采用单豪杰（2008）估计的资本存量计算资本增长速度，其中，第（5）列采用可变资本折旧率计算资本存量，第（6）列采用固定折旧率计算资本存量。②括号内是聚类（cluster）稳健标准误。③ ***、** 和 * 分别表示通过显著水平为 1%、5% 和 10% 的统计检验。

本章小结

本章在一个经济学框架内考察政策当局进行目标引领时可能面临的速度目标与质量目标冲突行为。本章发现，当政策当局的政策工具是要素积累时，经济增长目标与经济发展质量负相关，政策当局无法兼得速度目标和质量目标，增长目标会"侵蚀"经济发展质量；当政策当局的政策工具不是要素积累，而是创新驱动发展时，经济发展质量是经济增长目标的增函数，经济增长速度和发展质量可以兼得。

在经验分析的基础上，本章采用 2000—2012 年中国各省的增长速度目标数据发现，经济增长目标与经济发展质量负相关。具体而言，经济增长目标每提高 1 个百分点，经济发展质量将下降约 1 个百分点。这个发现是相当稳健的，支持当政策当局的政策工具是要素积累时，增长目标"侵蚀"经济发展质量的理论预测。

增长目标"侵蚀"经济发展质量假说，为党的十二大以来的经济增长目标选择提供了内在逻辑一致的解释。党的十二大至十八大期间，中国社会主要矛盾是人民日益增长的物质文化需要同落后的社会生产之间的矛盾。经济高速增长是满足物质文化需要的硬道理。因此，在经济增长目标选择上，各级政府理性地选择了增长速度目标，结果"侵蚀"了经济发展质量，经济发展质量目标一直无法实现。进入新时代，中国社会的主要矛盾转变为人民日益增长的美好生活需要和不平衡、不充分的发展之间的矛盾。经济高质量发展是满足美好生活需要的硬道理。因此，各级政府开始理性地淡化经济增长速度目标，更加强调经济发展质量目标。

本章的经验分析结果表明，在过去很长一段时期内，我国的经济增长目标与发展质量之间呈现出显著的负相关关系。在这种情况下，我国转向高质量发展，不得不下调增长目标，这是当前中国政府的理性选择和务实之举。本章在理论上也证明，当地方政府的政策工具从要素积累转向创新驱动发展时，可以实现增长速度与发展质量的同步提高。因此，中国转向高质量发展的核心是转变地方政府的政策工具。总之，中国转向高质量发展，既要求中央政府降低经济增长目标，更要求地方政府的政策工具转向创新驱动，以实现速度目标与质量目标协调发展。

本章工作具有一般性的理论意义，经济增长速度目标和增长质量目标之间是否构成实质性冲突，取决于政府驱动经济增长的选择方式，当政府实施有效的超前引领时，选择创新驱动发展模式，将有可能实现增长速度目标和增长质量目标之间的相容，实现经济可持续高质量发展。这表明，政府实施目标引领仍然是可选项，简单摒弃目标引领模式并不一定可取。当然，本章的研究仍然有许多值得深化之处，特别是具体采取何种创新驱动方式、政府如何有效做到"有为引领"，都是未来值得研究的深层次重要问题。

思考讨论题

1. 结合文献或相关案例，谈一谈你对单一目标与多维目标的理解。
2. 速度目标与质量目标在什么条件下会发生冲突？
3. 请到官网下载相关数据和程序，再现本章的实证分析结果。你认为哪些实证分析还需要进一步完善？
4. 如果可能，请更新数据样本，再现本章的实证分析结果，重点考察相应的实证结果是否发生变化。
5. 结合相关案例，谈一谈区域政府在速度目标与质量目标上的选择。
6. 中国已开启全面建设社会主义现代化新征程，追求多维发展目标。你认为区域政府将会如何选择，如何形成新的区域竞争优势？

参考文献

[1] 陈云贤. 超前引领 [M]. 北京：北京大学出版社，2011.

[2] 陈云贤，顾文静. 区域政府竞争 [M]. 北京：北京大学出版社，2017.

[3] 陈云贤，顾文静. 中观经济学 [M]. 北京：北京大学出版社，2019.

[4] 陈云贤. 市场竞争双重主体论 [M]. 北京：北京大学出版社，2020.

[5] 曹春方. 政治权力转移与公司投资：中国的逻辑 [J]. 管理世界，2013（1）.

[6] 钞小静，任保平. 资源环境约束下的中国经济增长质量研究 [J]. 中国人口·资源与环境，2012（4）.

[7] 陈冬，孔墨奇，王红建. 投我以桃，报之以李：经济周期与国企避税 [J]. 管理世界，2016（5）.

[8] 陈邱惠，徐现祥. 全球视野下的稳增长：第二次世界大战以来的增长目标与政府支出 [J]. 经济学（季刊），2021（2）.

[9] 陈诗一，陈登科. 雾霾污染、政府治理与经济高质量发展 [J]. 经济研究，2018（2）.

[10] 董进. 宏观经济波动周期的测度 [J]. 经济研究，2006（7）.

[11] 樊纲，王小鲁，朱恒鹏. 中国市场化指数：各地区市场化相对进程2011年报告 [M]. 北京：经济科学出版社，2011.

[12] 范子英，彭飞，刘冲. 政治关联与地区经济增长：基于卫星灯光数据的考察 [J]. 经济研究，2016（1）.

[13] 盖庆恩，朱喜，史清华. 劳动力市场扭曲、结构转变和中国劳动生 [J]. 经济研究，2013（5）.

[14] 顾乃华，李江帆. 中国服务业技术效率区域差异的实证分析 [J]. 经济研究，2006（1）.

[15] 顾永昆，葛鹏. 地方官员变更对企业投资影响的空间范围：基于政企

联盟重建的逻辑分析南方经济[J]. 南方经济, 2018 (7).

[16] 郭婧, 马光荣. 宏观经济稳定与国有经济投资: 作用机理与实证检验[J]. 管理世界, 2019 (9).

[17] 韩博天, 奥利佛·麦尔敦. 规划: 中国政策过程的核心机制[J]. 开放时代, 2013 (6).

[18] 韩晶, 张新闻. 绿色增长是影响官员晋升的主要因素么? 基于2003—2014年省级面板数据的经验研究[J]. 经济社会体制比较, 2016 (5).

[19] 何爱平, 安梦天. 地方政府竞争、环境规制与绿色发展效率[J]. 中国人口·资源与环境, 2019 (3).

[20] 贺丹, 田立新. 基于低碳经济转型的产业结构优化水平实证研究[J]. 北京理工大学学报 (社会科学版), 2015 (3).

[21] 黄佳琳, 秦凤鸣. 中国货币政策效果的区域非对称性研究: 来自混合截面全局向量自回归模型的证据[J]. 金融研究, 2018 (12).

[22] 黄清煌, 高明. 环境规制对经济增长的数量和质量效应: 基于联立方程的检验[J]. 经济学家, 2016 (4).

[23] 江艇, 孙鲲鹏, 聂辉华. 城市级别、全要素生产率和资源错配[J]. 管理世界, 2018 (3).

[24] 江伟, 李斌. 制度环境、国有产权与银行差别贷款[J]. 金融研究, 2006 (11).

[25] 黎文靖, 汪顺, 陈黄悦. 平衡的发展目标与不平衡的发展: 增长目标偏离与企业创新[J]. 管理世界, 2020 (12).

[26] 李斌, 彭星, 欧阳铭珂. 环境规制、绿色全要素生产率与中国工业发展方式转变: 基于36个工业行业数据的实证研究[J]. 中国工业经济, 2013 (4).

[27] 李玲, 陶锋, 杨亚平. 中国工业增长质量的区域差异研究: 基于绿色全要素生产率的收敛分析[J]. 经济经纬, 2013 (4).

[28] 李胜兰, 初善冰, 申晨. 地方政府竞争、环境规制与区域生态效率[J]. 世界经济, 2014 (4).

[29] 李书娟, 徐现祥. 目标引领增长[J]. 经济学 (季刊), 2021 (5).

[30] 李艳, 杨汝岱. 地方国企依赖、资源配置效率改善与供给侧改革[J]. 经济研究, 2018 (2).

［31］林伯强，杜克锐. 要素市场扭曲对能源效率的影响［J］. 经济研究，2013（9）.

［32］刘淑琳，王贤彬，黄亮雄. 经济增长目标驱动投资吗？基于2001—2016年地级市样本的理论分析与实证检验［J］. 金融研究，2019（8）.

［33］刘勇，杨海生，徐现祥. 中国经济增长目标体系的特征及其影响因素［J］. 世界经济，2021（4）.

［34］龙观华. 中国地方"一五"计划的制定与实施：以广东省为例［M］. 北京：人民出版社，2013.

［35］鲁晓东，连玉君. 中国工业企业全要素生产率估计：1999—2007［J］. 经济学（季刊），2012（2）.

［36］罗知，徐现祥. 投资政策不确定性下的企业投资行为：所有制偏向和机制识别［J］. 经济科学，2017（3）.

［37］马亮. 官员晋升激励与政府绩效目标设置：中国省级面板数据的实证研究［J］. 公共管理学报，2013（2）.

［38］马亮. 绩效差距与目标调整：中国省级政府的实证分析［J］. 公共管理评论，2016（3）.

［39］马亮. 目标治国、绩效差距与政府行为：研究述评与理论展望［J］. 公共管理与政策评论，2017（6）.

［40］马亮. 目标治国［M］. 北京：社会科学文献出版社，2018.

［41］毛海涛，钱学锋，张洁. 企业异质性、贸易自由化与市场扭曲［J］. 经济研究，2018（2）.

［42］穆盛博. 洪水与饥荒：1938—1950年河南黄泛区的战争与生态［M］. 北京：九州出版社，2020.

［43］聂辉华，江艇，杨汝岱. 中国工业企业数据库的使用现状和潜在问题［J］. 世界经济，2012（5）.

［44］潘红波，夏新平，余明桂. 政府干预、政治关联与地方国有企业并购［J］. 经济研究，2008（4）.

［45］潘文卿. 中国区域经济发展：基于空间溢出效应的分析［J］. 世界经济，2015（7）.

［46］庞瑞芝，邓忠奇. 服务业生产率真的低吗？［J］. 经济研究，2014（12）.

[47] 钱金保，才国伟. 地方政府的税收竞争和标杆竞争：基于地市级数据的实证研究［J］. 经济学（季刊），2018（3）.

[48] 钱先航. 官员任期、政治关联与城市商业银行的贷款投放［J］. 经济科学，2012（2）.

[49] 宋马林，金培振. 地方保护、资源错配与环境福利绩效［J］. 经济研究，2016（12）.

[50] 孙铮，刘凤委，李增泉. 市场化程度、政府干预与企业债务期限结构：来自我国上市公司的经验证据［J］. 经济研究，2005（5）.

[51] 谭语嫣，谭之博，黄益平，等. 僵尸企业的投资挤出效应：基于中国工业企业的证据［J］. 经济研究，2017（5）.

[52] 王兵，吴延瑞，颜鹏飞. 中国区域环境效率与环境全要素生产率增长［J］. 经济研究，2010（5）.

[53] 王汉生，王一鸽. 农村基层政权的实践逻辑［J］. 社会学研究，2009（2）.

[54] 王美今，林建浩，余壮雄. 中国地方政府财政竞争行为特性识别："兄弟竞争"与"父子争议"是否并存？［J］. 管理世界，2010（3）.

[55] 王贤彬，徐现祥，李郇. 地方官员更替与经济增长［J］. 经济学（季刊），2009（4）.

[56] 王贤彬，黄亮. 地方经济增长目标管理：一个三元框架的理论构建与实证检验［J］. 经济理论与经济管理，2019（9）.

[57] 王贤彬，黄亮雄，徐现祥，等. 中国地区经济差距动态趋势重估：基于太空灯光亮度的考察［J］. 经济学（季刊），2017（4）.

[58] 王贤彬，徐现祥. 官员能力与经济发展：来自省级官员个体效应的证据［J］. 南方经济，2014（6）.

[59] 王义中，宋敏. 宏观经济不确定性、资金需求与公司投资［J］. 经济研究，2014（2）.

[60] 王印红，李萌竹. 地方政府生态环境治理注意力研究：基于30个省市政府工作报告（2006—2015）文本分析［J］. 中国人口·资源与环境，2017（2）.

[61] 魏婕，许璐，任保平. 财政偏向激励、地方政府行为和经济增长质量［J］. 经济科学，2016（3）.

[62] 魏四新,郭立宏. 我国地方政府绩效目标设置的研究:基于目标设置理论视角[J]. 中国软科学,2011(2).

[63] 谢荣辉. 环境规制、引致创新与中国工业绿色全要素生产率提升[J]. 产业经济研究,2017(2).

[64] 徐康宁,陈丰龙,刘修岩. 中国经济增长的真实性:基于全球夜间灯光数据的检验[J]. 经济研究,2015(9).

[65] 徐现祥,王贤彬,舒元. 地方官员与经济增长:来自中国省长、省委书记交流的证据[J]. 经济研究,2007(9).

[66] 徐现祥,李书娟,王贤彬,等. 中国经济增长目标的选择:以高质量发展终结"崩溃论"[J]. 世界经济,2018(10).

[67] 徐现祥,李郇. 中国城市经济增长的趋同分析[J]. 经济研究,2004(5).

[68] 徐现祥,梁剑雄. 经济增长目标的策略性调整[J]. 经济研究,2014(1).

[69] 徐现祥,刘毓芸. 经济增长目标管理[J]. 经济研究,2017(7).

[70] 徐现祥,王贤彬. 中国地方官员治理的增长绩效[M]. 北京:科学出版社,2011.

[71] 徐现祥,王贤彬,舒元. 地方官员与经济增长:来自中国省长、省委书记交流的证据[J]. 经济研究,2007(9).

[72] 杨海生,罗党论,陈少凌. 资源禀赋、官员交流与经济增长[J]. 管理世界,2010(5).

[73] 杨汝岱. 中国制造业企业全要素生产率研究[J]. 经济研究,2015(2).

[74] 杨子晖. 财政政策与货币政策对私人投资的影响研究[J]. 经济研究,2008(5).

[75] 姚洋,张牧扬. 官员绩效与晋升锦标赛:来自城市数据的证据[J]. 经济研究,2013(1).

[76] 殷宝庆. 环境规制与我国制造业绿色全要素生产率:基于国际垂直专业化视角的实证[J]. 中国人口·资源与环境,2012(12).

[77] 余靖雯,肖洁,龚六堂. 政治周期与地方政府土地出让行为[J]. 经济研究,2015(2).

[78] 余明桂,潘红波. 政府干预、法治、金融发展与国有企业银行贷款

[J]. 金融研究, 2008 (9).

[79] 余明桂, 夏新平, 邹振松. 管理者过度自信与企业激进负债行为 [J]. 管理世界, 2006 (8).

[80] 余泳泽, 刘大勇, 龚宇. 过犹不及 事缓则圆: 地方经济增长目标约束与全要素生产率 [J]. 管理世界, 2019 (7).

[81] 余泳泽, 张少辉, 杜运苏. 地方经济增长目标约束与制造业出口技术复杂度 [J]. 世界经济, 2019 (10).

[82] 余泳泽, 潘妍. 中国经济高速增长与服务业结构升级滞后并存之谜: 基于地方经济增长目标约束视角的解释 [J]. 经济研究, 2019 (3).

[83] 余泳泽, 孙鹏博, 宣烨. 地方政府环境目标约束是否影响了产业转型升级? [J]. 经济研究, 2020 (8).

[84] 余泳泽, 杨晓章. 官员任期、官员特征与经济增长目标制定: 来自 230 个地级市的经验证据 [J]. 经济学动态, 2017 (2).

[85] 余长林, 高宏建. 环境管制对中国环境污染的影响: 基于隐性经济的视角 [J]. 中国工业经济, 2015 (7).

[86] 原毅军, 谢荣辉. 环境规制的产业结构调整效应研究: 基于中国省际面板数据的实证检验 [J]. 中国工业经济, 2014 (8).

[87] 詹新宇, 方福前. 国有经济改革与中国经济波动的平稳化 [J]. 管理世界, 2012 (3).

[88] 詹新宇, 崔培培. 中国省际经济增长质量的测度与评价: 基于"五大发展理念"的实证分析 [J]. 财政研究, 2016 (8).

[89] 詹新宇, 刘文彬. 中国式财政分权与地方经济增长目标管理: 来自省、市政府工作报告的经验证据 [J]. 管理世界, 2020 (3).

[90] 张大永, 曹红. 国际石油价格与我国经济增长的非对称性关系研究 [J]. 经济学 (季刊), 2014 (2).

[91] 张军, 高远. 官员任期、异地交流与经济增长: 来自省级经验的证据 [J]. 经济研究, 2007 (11).

[92] 张军, 高远, 傅勇, 等. 中国为什么拥有了良好的基础设施? [J]. 经济研究, 2007 (3).

[93] 张天华, 张少华. 偏向性政策、资源配置与国有企业效率 [J]. 经济研究, 2016 (2).

[94] 赵红军. 中国历史气候变化的政治经济学: 基于计量经济史的理论

与经验证据 [M]．上海：格致出版社，2019．

[95] 郑思齐，万广华，孙伟增，等．公众诉求与城市环境治理 [J]．管理世界，2013（6）．

[96] 中国经济增长与宏观稳定课题组．外部冲击与中国的通货膨胀 [J]．经济研究，2008（5）．

[97] 中华人民共和国民政部．中华人民共和国行政区划简册：2004 [M]．北京：中国地图出版社，2004．

[98] 周黎安．中国地方官员的晋升锦标赛模式研究 [J]．经济研究，2007（7）．

[99] 周黎安．行政发包制 [J]．社会，2014（6）．

[100] 周黎安，刘冲，厉行，等．"层层加码"与官员激励 [J]．世界经济文汇，2015（2）．

[101] 周黎安，赵鹰妍，李力雄．资源错配与政治周期 [J]．金融研究，2013（3）．

[102] Acemoglu D, Aghion P, Zilibotti F. Distance to frontier, selection, and economic growth [J]. Journal of the European economic association, 2006 (1): 37 – 74.

[103] Acemoglu D, Johnson S, Robinson J A. The colonial origins of comparative development: an empirical investigation [J]. American economic review, 2001 (5): 1369 – 1401.

[104] Acemoglu D, Naidu S, Restrepo P, et al. Democracy does cause growth [J]. Journal of political economy, 2019 (1): 47 – 100.

[105] Aghion P, Howitt P. A model of growth through creative destruction [J]. Econometrica, 1992 (2): 323 – 351.

[106] Aghion P, Howitt P W. The economics of growth [M]. Cambridge, MA: MIT Press, 2008.

[107] Aghion P, Cai J, Dewatripont M, et al. Industrial policy and competition [J]. American economic journal: macroeconomics, 2015 (7): 1 – 32.

[108] Alesina A, Wacziarg R. Openness, country size and government [J]. Journal of public Economics, 1998 (3): 305 – 321.

[109] Alesina A, Giuliano P. Culture and institutions [J]. Journal of economic

literature, 2015 (4): 898-944.

[110] Alesina A, Devleeschauwer A, Easterly W, et al. Fractionalization [J]. Journal of economic growth, 2003 (2): 155-194.

[111] Arora V, Vamvakidis A. The impact of US economic growth on the rest of the world: how much does it matter? [J]. Journal of economic integration, 2004 (1): 1-18.

[112] Ashraf Q, Galor O. The "Out of Africa" hypothesis, human genetic diversity, and comparative economic development [J]. American economic review, 2013 (1): 1-46.

[113] Asker J, Collard-Wexler A, De Loecker J. Dynamic inputs and resource (Mis) allocation [J]. Journal of political economy, 2014 (5): 1013-1063.

[114] Backus D K, Kehoe P J. International evidence on the historical properties of business cycles [J]. The American economic review, 1992 (4): 864-888.

[115] Bai Y, Kung J. Climate shocks and sino-nomadic conflict [J]. Review of economics and statistics, 2011 (3): 970-981.

[116] Barro R J, Sala-i-Martin X. Economic growth [M]. New York: McGraw-Hill Companies, 1995.

[117] Barro R J. Convergence and modernization revisited [J]. National bureau of economic research, 2012.

[118] Barro R J. Determinants of economic growth in a panel of countries [J]. Annals of economics and finance, 2003 (4): 231-274.

[119] Barro R J, Lee J W. Sources of economic growth [J]. In Carnegie-Rochester conference series on public policy, 1994 (40): 1-46.

[120] Barro R J, McCleary R. Religion and economic growth across countries [J]. Harvard university department of economics, 2003.

[121] Baxter M, King R G. Measuring business cycles: approximate band-pass filters for economic time series [J]. Review of economics and statistics, 1999 (4): 575-593.

[122] Bayoumi T, Bui T. Deconstructing the international business cycle: why does a US sneeze give the rest of the world a cold? [J]. IMF working

papers, 2010: 1 - 28.

[123] Bell C. The rulers, elections, and irregular governance dataset (REIGN) [J]. Broomfield, CO: OEF research. available from oef research. org, 2016.

[124] Blanchard O, Perotti R. An empirical characterization of the dynamic effects of changes in government spending and taxes on output [J]. The quarterly journal of economics, 2002 (4): 1329 - 1368.

[125] Brandt L, Biesebroeck J V, Zhang Y. Creative accounting or creative destruction? Firm-level productivity growth in Chinese manufacturing [J]. Journal of development economics, 2012 (97): 339 - 351.

[126] Brandt L, Tombe T, Zhu X. Factor market distortions across time, space and sectors in China [J]. Review of economic dynamics, 2013 (16): 39 - 58.

[127] Caselli F, Coleman II, John W. The world technology frontier [J]. American economic review, 2006 (3): 499 - 522.

[128] Caselli F, Wilson D J. Importing technology [J]. Journal of monetary economics, 2004 (1): 1 - 32.

[129] Cheibub J A. Political regimes and the extractive capacity of governments: taxation in democracies and dictatorships [J]. World politics, 1998 (3): 349 - 376.

[130] Chen X, Nordhaus W D. Using luminosity data as a proxy for economic statistics [J]. Proceedings of the national academy of sciences, 2011 (108): 8589 - 8594.

[131] Chen K, Higgins P, Waggoner D F, et al. China pro-growth monetary policy and its asymmetric transmission [J]. NBER working papers, 2016.

[132] Chudik A, Pesaran M H. Theory and practice of GVAR modelling [J]. Journal of economic surveys, 2016 (1): 165 - 197.

[133] Chung Y H, Fare R, Grosskopf S. Productivity and undesirable outputs: a directional distance function approach [J]. Journal of environmental management, 1997 (3): 229 - 240.

[134] David K B, Patrick J K. International evidence on the historical proper-

ties of business cycles [J]. American economic review, 1992 (4): 864–888.

[135] Dees S, Mauro F D, Pesaran M H, et al. Exploring the international linkages of the Euro area: a global VAR analysis [J]. Journal of applied econometrics, 2007 (1): 1–38.

[136] Mauro D F, Pesaran M H. The GVAR handbook: structure and applications of a macro model of the global economy for policy analysis [M]. Oxford: Oxford University Press, 2013.

[137] Easterly W. The lost decades: developing countries' stagnation in spite of policy reform 1980—1998 [J]. Journal of economic growth, 2001 (2): 135–157.

[138] Elvidge C D, Baug K E, Hobson V R, et al. Satellite inventory of human settlements using nocturnal radiation emissions: a contribution for the global toolchest [J]. Global change biology, 1997 (3): 387–395.

[139] Elvidge C D, Baugh K E, Kihn E A, et al. Mapping city lights with nighttime data from the DMSP operational linescan system [J]. Photogrammetric engineering and remote sensing, 1997 (63): 727–734.

[140] Farzin Y H, Bond C A. Democracy and environmental quality [J]. Journal of development economics, 2006 (1): 213–235.

[141] Feenstra R C, Inklaar R, Timmer M P. The next generation of the penn world table [J]. American economic review, 2015 (10): 3150–3182.

[142] Felbermayr G, Gröschl J. Naturally negative: the growth effects of natural disasters [J]. Journal of development economics, 2014 (111): 92–106.

[143] Fredriksson P G, Millimet D L. Strategic interaction and the determinants of environmental policy across US States [J]. Journal of urban economics, 2002 (1): 101–122.

[144] Galí J, López-Salido J D, Vallés J. Understanding the effects of government spending on consumption [J]. Journal of the european economic association, 2007 (1): 227–270.

[145] Georgiadis G. Examining asymmetries in the transmission of monetary

policy in the Euro area: evidence from a mixed cross-section global VAR model [J]. European economic review, 2015 (75): 195 – 215.

[146] Gray W B, Shadbegian R J. Environmental regulation, investment timing, and technology choice [J]. Journal of industrial economics, 1998 (2): 235 – 256.

[147] Gross M, Kok C. Measuring contagion potential among sovereigns and banks using a mixed-cross-section GVAR [J]. ECB working paper, 2013.

[148] Guiso L, Guiso P. Investment and demand uncertainty [J]. The quarterly journal of economics, 1999 (1): 185 – 227.

[149] Hall R E, Jones C I. Why do some countries produce so much more output per worker than others? [J]. The quarterly journal of economics, 1999 (1): 83 – 116.

[150] Heilmann S, Oliver M. The reinvention of development planning in China, 1993 – 2012 [J]. Modern China, 2013 (6): 580 – 628.

[151] Henderson J V, Storeygard A, Weil D N. Measuring economic growth from outer space [J]. American economic review, 2012 (102): 994 – 1028.

[152] Hendrix C S. Measuring state capacity: theoreticaland empirical implications for the study of civil conflict [J]. Journal of peace research, 2010 (3): 273 – 285.

[153] Hodrick R, Prescott E C. Post-war U.S. business cycles: an empirical investigation [J]. Journal of money credit and banking, 1997 (29): 1 – 16.

[154] Holz C A. China's reform period economic growth: how reliable are angus maddison's estimates [J]. Review of income and wealth, 2006 (52): 85 – 119.

[155] Hsieh C T, Klenow P J. Misallocation and manufacturing TFP in China and India [J]. The quarterly journal of economics, 2009 (124): 1403 – 1448.

[156] Hsieh C T, Klenow P J. Relative prices and relative prosperity [J]. American economic review, 2007, 97 (3): 562 – 585.

[157] Islam B N. Growth empirics: a panel data approach [J]. The quarterly journal of economics, 1995, 110 (4): 1127-1170.

[158] Jiang J. Making bureaucracy work: patronage networks, performance incentives, and economic development in China [J]. American journal of political science, 2018 (4): 982-999.

[159] Kalkuhl M, Wenz L. The impact of climate conditions on economic production. evidence from a global panel of regions [J]. Journal of environmental economics and management, 2020 (103): 102-360.

[160] Kugler J, Tammen R L. Performance of nations [J]. Rowman and littlefield, 2012.

[161] Kung K S, Chen S. The tragedy of the nomenklatura career incentives and political radicalism during China's great leap famine [J]. American political science review, 2011 (1): 27-45.

[162] Porta L, Lopez F, Shleifer A. Government ownership of banks [J]. Journal of finance, 2002 (1): 265-301.

[163] Porta L, Lopez-de-Silanes R F, Shleifer A. The economic consequences of legal origins [J]. Journal of economic literature, 2008 (2): 285-332.

[164] Leahy J, Whited T. The effect of uncertainty on investment: some stylized facts [J]. Journal of money, credit and banking, 1996 (1): 64-83.

[165] Li X, Liu C, Weng X, et al. Target setting in tournaments: theory and evidence from China [J]. The economic journal, 2019 (623): 2888-2915.

[166] Locke E A, Latham G P. A theory of goal setting & task performance [M]. NJ: Prentice-Hall, Inc, 1990.

[167] Lütkepohl H. New introduction to multiple time series analysis [M]. Berlin/Heidelberg, Germany: Springer Science & Business Media, 2005.

[168] Ma L. Performance feedback, government goal-setting and aspiration level adaptation: evidence from Chinese provinces: feedback, goal-setting and aspiration in China [J]. Public administration, 2016 (2):

452 - 471.

[169] Maddison A. Do official statistics exaggerate China's GDP growth? A reply to carstenHolz [J]. Review of income and wealth, 2006 (51): 121 - 126.

[170] Mankiw, Romer N G, Weil D. A contribution to the empirics of economic growth [J]. Quarterly journal of economics, 1992 (107): 407 - 437.

[171] Melitz M J. The impact of trade on intra-industry reallocations and aggregate industry productivity [J]. Econometrica, 2003 (71): 1695 - 1725.

[172] Meltzer A H, Richard S F. A rational theory of the size of government [J]. Journal of political economy, 1981 (5): 914 - 927.

[173] Michalopoulos S, Papaioannou E. National institutions and subnational development in Africa [J]. The quarterly journal of economics, 2014 (1): 151 - 213.

[174] Miller J, Thornton J. Effort, uncertainty, and the new soviet incentive system [J]. Southern economic journal, 1978 (2): 432 - 446.

[175] Murphy K J. Performance standards in incentive contracts [J]. Journal of accounting and economics, 2000 (3): 245 - 278.

[176] Nicholas B. Fluctuations in uncertainty [J]. Journal of economic perspectives, 2014 (2): 153 - 176.

[177] Peng D J, Shi K, Xu J Y. SOE and Chinese real business cycle [EB/OL]. HKIMR working paper, No. 02/2016. Available at SSRN: https://ssrn.com/abstract = 2728171 or http://dx.doi.org/10.2139/ssrn.2728171.

[178] Persson T, Tabellini G. Constitutional rules and fiscal policy outcomes [J]. American economic review, 2004 (1): 25 - 45.

[179] Persson T, Tabellini G. The size and scope of government: comparative politics with rational politicians [J]. European economic review, 1999 (4 - 6): 699 - 735.

[180] Pesaran M H, Schuermann T, Weiner S M. Modeling regional interdependencies using a global error-correcting macroeconometric model [J].

Journal of business & economic statistics, 2004 (2): 129 – 162.

[181] Porter M E, Linde C V D. Toward a new conception of the environment-competitiveness relationship [J]. Journal of economic perspectives, 1995 (4): 97 – 118.

[182] Ram R. Government size and economic growth: a new framework and some evidence from cross-section and time-series data [J]. The American economic review, 1986 (1): 191 – 203.

[183] Ram R. Openness, country size, and government size: additional evidence from a large cross-country panel [J]. Journal of public economics, 2009 (1 – 2): 213 – 218.

[184] Ram R. Wagner's hypothesis in time-series and cross-section perspectives. Evidence from "real" data for 115 countries [J]. The review of economics and statistics, 1987 (2): 194 – 204.

[185] Rasmussen T N. Macroeconomic implications of natural disasters in the caribbean [J]. IMF working paper WP/04/224. Washington, DC: International Monetary Fund, 2004.

[186] Ravn M O, Uhlig H. On adjusting the hodrick-prescott filter for the frequency of observations [J]. Review of economics and statistics, 2002 (2): 371 – 376.

[187] Revelli F. On spatial public finance empirics [J]. International tax public finance, 2005 (4): 475 – 492.

[188] Rodrik D. Why do more open economies have bigger governments? [J]. Journal of political economy, 1998 (5): 997 – 1032.

[189] Romer P M. Endogenous technological change [J]. Journal of political economy, 1990 (5): S71 – S102.

[190] Sala-i-Martin X. I just ran two million regressions [J]. American economic review, 1997 (2): 178 – 183.

[191] Sala-i-Martin X. Regional cohesion: evidence and theories of regional growth and convergence [J]. European economic review, 1996 (6): 1325 – 1352.

[192] Shi X, Xi T. Race to safety: political competition, neighborhood effects, and coal mine deaths in China [J]. Journal of development e-

conomics, 2018 (131): 79 – 95.

[193] Shi X, Xi T, Yao Y. Better than on-the-job training: political leaders' work experience and economic performance [J]. CCER working paper series, 2018.

[194] Smith K G, Locke E A. Macro vs. micro goal setting research: a call for convergence [J]. A theory of goal setting & task performance, 1990: 320 – 336.

[195] Smith L, Galesi A. GVAR toolbox 2.0-user guide [J]. University of Cambridge: Judge Business School, 2014.

[196] Solow R M. A contribution to the theory of economic growth [J]. The quarterly journal of economics, 1956 (1): 65 – 94.

[197] Timoney N. Economic planning in France [J]. Journal of the statistical and social inquiry society of Ireland, 1984.

[198] Wallace J L. Juking the stats? authoritarian information problems in China [J]. British journal of political science, 2016 (46): 11 – 29.

[199] Wang A L. The search for sustainable legitimacy: environmental law and bureaucracy in China [J]. Social science electronic publishing, 2013 (2): 365 – 440.

[200] Wang Z H, Lin Y, Yin J H, et al. Assessment and prediction of environmental sustainability in China based on a modified ecological footprint model [J]. Resources conservation and recycling, 2018 (132): 301 – 313.

[201] Weitzman M L. The new soviet incentive model [J]. The bell journal of economics, 1976 (1): 251 – 257.

[202] Xi T, Yao Y, Zhang M. Capability and opportunism: evidence from city officials in China [J]. Journal of Comparative Economics, 2018 (46): 1046 – 1061.

[203] Yao Y, Zhang M. Subnational leaders and economic growth: evidence from Chinese cities [J]. Journal of economic growth, 2015 (4): 405 – 436.

[204] Yergin D, Stanislaw J. The commanding heights: the battle for the world economy [J]. Simon and schuster, 2002.

[205] Young A. The razor's edge: distortions and incremental reform in the People's Republic of China [J]. The quarterly journal of economics, 2000 (115): 1091 – 1135.

[206] Young G, Smith K G. Units, divisions, and organizations: macro-level goal setting [J]. In new developments in goal setting and task performance, Routledge, 2013: 335 – 352.

[207] Yu J, Zhou L, Zhu G. Strategic interaction in political competition: evidence from spatial effects across Chinese cities [J]. Regional science urban economics, 2016 (57): 23 – 37.

[208] Zhang X, Tan K Y. Incremental reform and distortions in China's product and factor markets [J]. The world bank economic review, 2007 (21): 279 – 299.

[209] Zhangkai H, Lixing L, Guangrong M H. Local information, and commanding heights: decentralizing state-owned enterprises in China [J]. American economic review, 2017 (8): 2455 – 2478.

[210] Zimbalist A, Sherman H J. Comparing economic systems: a political-economic approach [M]. Academic Press, 2014.

后　记

　　本书的面世是团队多年研究的又一个重要的印记和节点。团队自2006年以来，以地方领导干部的视角研究中国经济增长，至今已经十余年。在开展地方领导干部的经济行为研究过程中，我们寻找区域政府或者地方官员驱动和引领经济增长的抓手。我们发现，中国各级政府和领导干部倾向于采用规划来推动经济增长。我们切入了产业政策的研究，特别是从政府五年规划的视角出发，挖掘各级政府如何通过目标来推动产业发展和经济升级。在此过程中，我们认识到，中国政府的典型做法是以规划或者目标来引领经济增长。因此，我们直接切入了以经济增长目标为代表的政府目标管理研究。如果说五年规划当中的产业规划信息代表了政府对产业发展的引领，那么五年规划或者政府工作报告中的经济增长目标则更加直接地代表了政府对整个经济增长的引领，并且是一种更加明确的引领。

　　我们的相关研究大约从2014年开始，至今已经形成了相对成体系的研究成果。

　　我们的研究涉及以下重要的话题：经济增长目标是否具有实际效应，不是对未来的简单预测，而是影响未来的实际增长？如果经济增长目标具有实际效应，那么，其产生实际效应的逻辑是什么？

　　在不断推进经济增长目标的研究过程中，我们接触到了陈云贤教授所创立的中观经济学理论，特别是其中所强调的政府超前引领理论。在其理论体系当中，陈云贤教授深入地探讨了政府与市场这对经典关系。政府超前引领理论与我们的系列研究在思想和逻辑上具有高度的一致性。我们发现，无论是陈云贤教授所创立的政府超前引领理论，还是我们所开展的目标引领系列研究，都根植于中国经济转型与发展的伟大实践中，并且致力于对此提供逻辑一致的一个解释框架，最终希望能够指导国家和区域的经济发展实践。

　　在政府超前引领理论的基础上，我们对经济增长目标的系列文献进行

后 记

和提炼，形成了目标引领理论。经济增长目标管理属于一种……体现了政府的主动作为。正如政府超前引领理论所强调的……领与凯恩斯主义所强调的宏观经济干预思想有很大差异。……观经济调控思想更多的是事中和事后的应对和干预，政府需要……控思路，而目标引领理论一开始就立场鲜明地强调……领实际经济……的视野，做好事前规划，进而通过政策举措来引领……

我们借助……长目标管理实践来验证理论推论，用中国样本来证实相关理论……也将目光投向了更广泛的全球范围，并且也找到了相关的证据……这一系列的研究，使得目标引领理论有了更加一般性的证据与……逻辑上，我们在致力于验证目标引领理论基本判断的同时，也……引领的工具手段的分析，我们的分析贯通了宏观和微观两个层面……既采用宏观意义上的财政手段，也对微观意义上的企业主体产生……响，政府和企业成为市场竞争的双重主体。

中国的经济发展展现出丰……和多元的图景，这是一片理论的沃土。我们的目标引领研究不仅……标引领的积极效应，也挖掘出了目标引领所带来的成本与挑战。……标引领的积极效应，也挖掘出了目过程中积极的一面，也应该能够解……论框架不仅仅能够解释经济发展论才具有生命力。在推进目标引领研……其中的问题和风险。这样的理确产生了一系列负面效应。这些负面效……程中，我们发现，目标引领的要素配置的扭曲，这些显然并非有为政……反映为全要素生产率和资源此，从当前的研究来看，目标引领的负面效……政府超前引领的初衷。因的具体方式引起的。到目前为止，这些与目标……所以出现，是由目标引领于为政府与市场或者经济的关系提供一个更具……相关联的研究，都致力来看，这个目标在某种程度上是可以达成的。……性的解释框架。从本书

在本书的编撰过程中，陈云贤教授亲自阅读了书……并进行了批注，对全书的理论立意、章节安排等提出了指导性意见，使得全书的理论层次更加凸显。本书的许多章节已经作为学术论文公开发表于期刊，这些期刊包括《经济研究》《经济学季刊》《世界经济》等。感谢各期刊编辑部专家和同行专家的宝贵意见，感谢十多年来为中国经济发展的政治经济学分析提供支持和帮助的师长、同仁和学生，正是你们十多年如一日的坚持，才

不断地引领理论走向深入。我们也要感谢本书作者……青年研究
提供的优越而宽松的环境和氛围。本书的作者集……是无数经济学
力量，团队在研究的过程中不断成长，令人欣慰……然而，"不积跬
探索政府与市场关系这一经济学最为经典……经济学者提供了
家的追求。本书所提炼的目标引领理论只是……只求中国特色社
步，无以至千里"，中国改革开放 40 多年的……
无比宝贵的机会。我们置身其中，深感幸运……洞见。
会主义伟大实践，为人类经济社会发展提……引领的自身运行机制，

毋庸置疑，本书的工作是阶段性的……何在理论上做更好的提
目标引领实践如何更加有为，整个目标……继续关注和参与目标引领
炼，等等，都需要进一步的研究。期待……
理论的研究，共同推动中观经济学的……

王贤彬
2022 年 2 月